Schöningh

EinFach Deutsch
Unterrichtsmodell

Bertolt Brecht

Die heilige Johanna der Schlachthöfe

Von
Annegret Kreutz

Herausgegeben von
Johannes Diekhans

Baustein 3: Die Antipoden: Mauler – Heilsarmee – Arbeiter

3.1	Mauler als gespaltene Persönlichkeit	ges. Text S. 7 – 9	Textarbeit Schreibauftrag szenisches Spiel Tafelbild
3.2	Mauler als vermeintlicher Menschenfreund	S. 22 – 25, 31, 50 – 53, 59 – 66	Textarbeit Schreibauftrag Zusatzmaterial 7
3.3	Mauler als Kapitalist und seine religiös motivierten Rechtfertigungsversuche	S. 82 – 85 S. 119 – 122 S. 129 – 133 S. 125 – 128	Textarbeit szenisches Spiel Tafelbild Arbeitsblätter 20 – 21
3.4	Die Bedeutung der Heilsarmee – Die Macht der Religion	S. 68 – 69 S. 70	Textarbeit Tafelbild szenisches Spiel
3.5	Die Arbeiter	S. 96 – 97 S. 105 – 106 S. 7 ff.	Textarbeit Tafelbild szenisches Spiel Arbeitsblatt 22 Zusatzmaterial 8

Baustein 4: Brecht in der Kritik

4.1	Theaterkritiken	ges. Text	Textarbeit Arbeitsblätter 23 – 31
4.2	Die Aktualität des Dramas	ges. Text	Schreibauftrag szenisches Spiel

Die heilige Johanna der Schlachthöfe

Baustein 1: Zugänge zum Schauspiel – Möglichkeiten des Einstiegs

1.1	Lesehilfe	ges. Text	Schreibauftrag Arbeitsblätter 1 – 2
1.2	Rollenbiografie	ges. Text	Schreibauftrag Arbeitsblatt 3
1.3	Personenkonstellation und Handlungsverlauf	ges. Text	Textarbeit Schreibauftrag Tafelbild
1.4	Zum Verständnis des epischen Theaters – Bertolt Brecht: Der Ingwertopf		Textarbeit Tafelbild szenisches Spiel Arbeitsblätter 4 – 5 Zusatzmaterial 2

Baustein 2: Johannas Erkenntnisprozess

2.1	Johannas erster Gang in die Tiefe	ges. Text S. 7 – 17 S. 19 – 21	Textarbeit Tafelbild szenisches Spiel
2.2	Johannas zweiter Gang in die Tiefe	S. 33 – 41	Textarbeit Tafelbild Arbeitsblätter 6 – 8
2.3	Exkurs: Die Theaterkonzeption Brechts	Bild 4	Textarbeit Tafelbild Arbeitsblätter 9 – 12
2.4	Johannas Reformidee	S. 50 – 53 S. 15 – 17	Textarbeit Tafelbild Zusatzmaterial 3
2.5	Johannas Rede an die Fleischkönige im Haus der Schwarzen Strohhüte – Wege zur Revolution?	S. 73 – 74	Textarbeit szenisches Spiel Tafelbild Schreibauftrag
2.6	Johannas dritter Gang in die Tiefe		
2.6.1	Johannas Traum	S. 87 – 88	Textarbeit Tafelbild
2.6.2	Johannas Ambivalenz – Solidarität mit den Arbeitern (Bild 9) – Das klassische Menschenbild	S. 98 – 99, 109 S. 105 – 109 S. 106 – 107, 111 S. 88	Textarbeit Tafelbild Arbeitsblätter 13 – 14 Zusatzmaterial 5 – 6
2.6.3	Johannas innerer Konflikt – Solidarität mit den Arbeitern – Das klassische Menschenbild	S. 116 – 118 S. 136 – 138 S. 139 – 145	Textarbeit Tafelbild szenisches Spiel Schreibauftrag Arbeitsblätter 15 – 17
2.7	„Die heilige Johanna der Schlachthöfe" und „Die Jungfrau von Orleans" von Friedrich Schiller	ges. Text S. 15 – 17, 33 ff., 52 f., 73 ff.	Textarbeit Tafelbild Arbeitsblätter 18 – 19

Bildnachweis:
S. 9: Foto: Gianmarco Bresadola – **S. 91:** akg-images GmbH – **S. 130:** Deutsches Literaturarchiv Marbach – **S. 152:** Picture-Alliance GmbH

www.schoeningh-schulbuch.de
Schöningh Verlag, Jühenplatz 1 – 3, 33098 Paderborn

Druck A 5 4 3 2 1 / Jahr 2020 19 18 17 16
Die letzte Zahl bezeichnet das Jahr des Druckes.
Alle Drucke der Serie A sind im Unterricht parallel verwendbar.

Umschlaggestaltung: Jennifer Kirchhof
Druck und Bindung: westermann druck GmbH, Braunschweig

ISBN 978-3-14-022642-4

Vorwort

Der vorliegende Band ist Teil einer Reihe, die Lehrerinnen und Lehrern erprobte und an den Bedürfnissen der Schulpraxis orientierte Unterrichtsmodelle zu ausgewählten Ganzschriften und weiteren relevanten Themen des Faches Deutsch bietet.
Im Mittelpunkt der Modelle stehen Bausteine, die jeweils thematische Schwerpunkte mit entsprechenden Untergliederungen beinhalten.
In übersichtlich gestalteter Form erhält der Benutzer/die Benutzerin zunächst einen Überblick zu den im Modell ausführlich behandelten Bausteinen.

Es folgen:

- Hinweise zu den Handlungsträgern
- Zusammenfassung des Inhalts und der Handlungsstruktur
- Vorüberlegungen zum Einsatz des Romans im Unterricht
- Hinweise zur Konzeption des Modells
- Ausführliche Darstellung der einzelnen Bausteine
- Zusatzmaterialien

Ein besonderes Merkmal der Unterrichtsmodelle ist die Praxisorientierung. Enthalten sind kopierfähige Arbeitsblätter, Vorschläge für Klassen- und Kursarbeiten, Tafelbilder, konkrete Arbeitsaufträge, Projektvorschläge. Handlungsorientierte Methoden sind in gleicher Weise berücksichtigt wie eher traditionelle Verfahren der Texterschließung und -bearbeitung.
Das Bausteinprinzip ermöglicht es dabei den Benutzern, Unterrichtsreihen in unterschiedlicher Weise und mit unterschiedlichen thematischen Akzentuierungen zu konzipieren. Auf diese Weise erleichtern die Modelle die Unterrichtsvorbereitung und tragen zu einer Entlastung der Benutzer bei.

Das vorliegende Modell bezieht sich auf folgende Textausgabe:
Bertolt Brecht: Die heilige Johanna der Schlachthöfe. Edition Suhrkamp.
ISBN: 978-3-518-10113-1

Die Texte von Bertolt Brecht sind nicht in reformierter Rechtschreibung abgedruckt.

- Arbeitsfrage
- Einzelarbeit
- Partnerarbeit
- Gruppenarbeit
- Unterrichtsgespräch
- Schreibauftrag
- szenisches Spiel, Rollenspiel
- Mal- und Zeichenauftrag
- Bastelauftrag
- Projekt, offene Aufgabe

Inhaltsverzeichnis

Bertolt Brecht: Die heilige Johanna der Schlachthöfe

Schaubühne am Lehniner Platz
Foto: Gianmarco Bresadola, 2013
Regie: Peter Kleinert

„In Zeiten, wo für sehr große Massen des Volkes das herrschende gesellschaftliche System, das Arbeit und Broterwerb regelt, unerträgliche Härten verursacht, kann es nicht wundernehmen, wenn diese Massen (selber oder durch den Mund derer, die für sie sprechen) die großen geistigen Systeme überprüfen, welche die Lebenshaltung in moralischer und religiöser Hinsicht zu gestalten suchen."

Bertolt Brecht: Schriften zum Theater 2. Suhrkamp Verlag Frankfurt/M. 1963, S. 141

Hauptpersonen

Johanna	ist von religiös-ethischen Motiven bewegt und sieht in der Institution der Heilsarmee die Möglichkeit, die Liebe Gottes zu den Menschen unter den Arbeitern zu vermitteln, damit sie ihre Situation leichter ertragen können. Schließlich möchte sie den Grund für die Armut und die Arbeitslosigkeit erfahren. Allmählich entfremdet sie sich von der Bewegung der Heilsarmee und deren Denkstrukturen. Sie bietet den Arbeitslosen ihre Hilfe an und scheitert schließlich.
Pierpont Mauler	erscheint sowohl als kalkulierender Geschäftsmann, als Repräsentant des Kapitalismus und zugleich als Philanthrop. Als kühl kalkulierender Unternehmer ruiniert er seine Konkurrenten. Andererseits eröffnet er Krankenhäuser als Stiftung an die Stadt und unterstützt die Heilsarmee materiell. Als skrupelloser Vertreter eines brutalen Kapitalismus nutzt er in menschenverachtender Weise die Arbeiter auf den Schlachthöfen aus und treibt sie in absolute Armut und Verzweiflung.
Cridle/Lennox/ Graham	agieren als Fleischfabrikanten und werden von Mauler für seine Zwecke instrumentalisiert und als Handlanger benutzt.
Slift	fungiert als Makler und regelt weitestgehend die finanziellen Transaktionen Maulers. Er wird zudem beauftragt, dafür zu sorgen, dass Johanna das menschenverachtende Bild von den Arbeitern im Sinne Maulers während einer Führung durch die Schlachthöfe kennenlernt.
Snyder	ist der Major der Schwarzen Strohhüte und regelt die Finanzgeschäfte der Institution. Sein Denken und Handeln orientiert sich ausschließlich am Profit. Durch Taktieren und durch Propaganda gelingt es ihm auf der Seite der Reichen, die Armen zu beschwichtigen.
Luckerniddle/ Gloomb	gehören beide zum Proletariat. An ihnen wird exemplarisch das soziale Elend der Arbeiter verdeutlicht. Frau Luckerniddle trauert um ihren Mann, der während der Arbeit auf den Schlachthöfen in den Sudkessel gefallen ist. Aufgrund ihrer existenziellen Not wird sie jedoch gezwungen, die Wahrheit über das Verschwinden ihres Mannes zu verheimlichen. Gloomb verliert seine Hand während des Arbeitens an einer Maschine. Auch er leidet unter existenzieller Not und wird gezwungen, das Ungefährliche seiner Arbeit herauszustellen, um einen Nachfolger zu finden. Nur auf diese Weise kann er wieder Arbeit finden.
Arbeiter/Volk	treten als Kollektiv und auch als Einzelpersonen auf. Sie sind Repräsentanten der verelendenden Massen im kapitalistischen System.

Inhalt

Von seinen New Yorker Börsenfreunden beraten, verkauft Chicagos Fleischkönig Mauler das Geschäft an seinen Kompagnon unter der Bedingung, den Bankrott des gefährlichsten Konkurrenten herbeizuführen.
Die Schwarzen Strohhüte der Heilsarmee unter ihrem Leutnant Johanna Dark können das wachsende Elend der ausgesperrten Arbeiter nicht mit Suppen, Gesängen und Reden aufhalten. Johanna wendet sich deshalb an Mauler mit der Bitte um Hilfe. Er will ihr seinerseits beweisen, dass die Armen durch ihre Schlechtigkeit ihr Unglück selbst verschulden, aber Johanna erkennt auf dem Schlachthof den Grund für diese Schlechtigkeit: die Armut.
Sie zieht mit den Schwarzen Strohhüten in die Viehbörse, um Ordnung zu schaffen. Scheinbar gelingt ihr das, aber Mauler hat den Markt nur gerettet, weil seine New Yorker Freunde ihm inzwischen wieder den Fleischkauf empfohlen haben. Johanna, überall wegen ihrer erfolgreichen Vermittlung gerühmt, begreift zu spät, dass Maulers erneute Monopolstellung die Not in kurzer Zeit vergrößern muss. Nun bietet sie den Arbeitslosen ihre rückhaltlose Unterstützung an; doch als der Generalstreik mit dem Aufruf zur Gewalt vorbereitet wird, verrät sie – Opfer falscher Informationen und Anhängerin der Gewaltlosigkeit – ihre Verbündeten. Der Streik wird niedergeschlagen, Sieger ist Mauler. Unter der Last ihrer Schuld bricht Johanna zusammen.
Um die Verbreitung ihrer Erfahrungen und Einsichten zu verhindern, beschließen die Fleischhändler, die Sterbende, die den Unterdrückern so gelegen kam, als Märtyrerin der Mildtätigkeit zu kanonisieren. Ihr Schrei „Es hilft nur Gewalt, wo Gewalt herrscht, und/Es helfen nur Menschen, wo Menschen sind“ (S. 146) geht unter in einem Furioso von Lobreden, Gesang und Musik.
Dieses erste der drei Johanna-Stücke Brechts zeigt – wie auch *Die Gesichte der Simone Machard* (1940–1943) und *Der Prozeß der Jeanne d'Arc zu Rouen 1431* (1952) – den notwendigen Widerstand gegen Ausbeutung und Unterdrückung, zugleich ist es eine umfassende Darstellung der Praxis des Klassenkampfes, weil die Auswirkungen der ökonomischen Verhältnisse in der Weltwirtschaftskrise – vorgeführt an einem auf Kosten der Besitzlosen manipulierten Börsencoup – den unmittelbaren Hintergrund der Fabel abgeben.

Handlungsübersicht

Szene	Seite Beginn	Figuren	Inhalt/Hauptgedanke	Schauplatz
1	7	Mauler Cridle	Mauler erhält einen Brief von seinen Freunden aus New York; Fabrikant Lennox soll ausgeschaltet werden.	Chicago Schlachthöfe
2a	9	Arbeiter Zeitungsjungen	Protest der Arbeiter wegen der Lohnsenkung; Lennox muss seine Fabriken schließen.	vor den Lennox-schen Fleisch-fabrik
2b	11	Zeitungsjungen Mauler andere Passanten	Mauler begibt sich in Beglei-tung von Detektiven zur Eröffnung seiner Kranken-häuser.	Straße
2c	12	Johanna	Erste Rede Johannas	vor dem Haus der Schwarzen Strohhüte
2d	13	Arbeiter Schwarze Strohhüte Johanna Martha	Johannas Rede an die Arbeiter; Versuch einer Besänftigung der Massen; sie will wissen, woher das Übel kommt.	vor den Lennoxschen Fleischfabriken
3	22	Graham Martha Johanna Cridle Fleischpacker Detektive Slift	Lennox ist ausgeschaltet. Johanna trifft Mauler, um sich nach den Gründen für die Schließung der Schlachthöfe zu erkundigen. Johanna will die Arbeiter auf den Schlachthöfen sehen.	vor der Viehbörse
4	33	Slift Vorarbeiter Bursche Johanna Frau Luckerniddle Gloomb	Johanna erlebt das Elend der Menschen und erkennt, dass die Armut der Grund für ihr Handeln ist.	Gegend der Schlachthöfe
5	43	Packherren Aufkäufer Mauler Slift Viehzüchter Makler Graham Cridle Spekulanten Schwarze Strohhüte Die Armen	Johanna sucht Mauler an der Börse auf und zeigt ihm die Armen. Sie versucht, Mauler umzu-stimmen, und schlägt ihm vor, die moralische Kaufkraft zu heben. Mauler bricht zusammen; er übernimmt alle Lagerbe-stände; Johanna glaubt an das Wohlwollen Maulers und an die Schaffung von Arbeits-plätzen.	Die Viehbörse

Szene	Seite Beginn	Figuren	Inhalt/Hauptgedanke	Schauplatz
6	58	Mauler Slift Johanna Viehzüchter	Mauler hat Angst vor einem möglichen Aufstand; an der Börse kauft er den gesamten Viehbestand auf in Absprache mit seinen Börsenfreunden in New York; Johanna glaubt an Maulers Güte und damit an die Schaffung von Arbeitsplätzen.	Haus des Maklers
7	67	Schwarze Strohhüte Snyder Luckerniddle Gloomb Maulbery Cridle Graham Meyers Slift Johanna	Geldmangel der Schwarzen Strohhüte; Snyder besänftigt die Arbeiter durch religiöse Ansprache und wird von den Viehkönigen finanziell unterstützt. Johanna wirft die Reichen und Mächtigen aus dem Haus.	Haus der Schwarzen Strohhüte
8	78	Mauler Slift Johanna	Johanna und Mauler über den Zusammenhang von Religion und Kapitalismus; Johanna verzichtet auf Maulers Geld.	Maulers Kontor
9a	87	Johanna Gloom Luckerniddle	Johannas Traum	Gegend der Schlachthöfe
9b	89	Mauler Packherren Viehzüchter Spekulanten	Gesetze des Marktes	Viehbörse
9c	91	Arbeiter und Arbeiterinnen Schwarze Strohhüte Martha Johanna Frau Luckerniddle Gloomb	Gespräche der Arbeiter über ihre Situation; Johanna empfindet die Aktion der Heilsarmee in dieser Situation unangemessen; Verweis auf die Kommunisten, die zu sozialen Änderungen bereit sind	Lokal
9d	93	Packherren Viehzüchter Mauler Slift	Mauler fordert Büchsenfleisch; Packherren müssen von ihm Vieh kaufen.	Viehbörse
9e	96	Johanna Arbeiterführer Arbeiter Luckerniddle	Aufruf zum Generalstreik; Johanna betont ihren Einsatz für die Lage der Arbeiter.	anderer Teil der Schlachthöfe
9f	99	Kleine Spekulanten Aufkäufer Slift Mauler Graham Detektive	Detektive melden Unruhen der Arbeiter, während an der Börse der Preis für Vieh in die Höhe getrieben wird; man hört Schusswechsel. Mauler liefert Vieh an Schlachthöfe.	Viehbörse

Szene	Seite Beginn	Figuren	Inhalt/Hauptgedanke	Schauplatz
9g	104	Leute Johanna Zeitungsjungen Arbeiter Chor-Gegenchor Luckerniddle	Verschiedene Meinungen über das Verhalten der Fleischkönige in Bezug auf das Öffnen der Fabriken; Johanna verbringt die Nacht draußen bei den Arbeitern und erkennt, dass sie nicht proletarisiert werden möchte; gewohnte Lebensqualität will sie nicht einbüßen; sie hält das Gerücht über die Öffnung der Schlachthöfe für wahr und glaubt an die Güte Maulers. Sie entscheidet sich für Gewaltlosigkeit.	Schlachthöfe
9h	113	Mauler Detektive	Zusammenbruch der Börse	Straßenecke in Chicago
	116	Johanna Luckerniddle	Frau Luckerniddle fragt nach dem Brief; Johanna betont ihren Verzicht auf Gewalt und gesteht, den Brief nicht abgegeben zu haben.	menschenleere Gegend der Schlachthöfe
9k		Arbeiter Johanna Stimmen	Johanna macht sich Selbstvorwürfe, nicht richtig gehandelt zu haben; Gewissensbisse	andere Gegend
10	119	Martha Maulbery Snyder Viehzüchter Graham	Warten auf Mauler; seine Selbstanklage und Reue; Erinnerung an die Schlacht an der Börse; Slifts Preistreiberei an der Börse; Mauler erfährt jetzt vom Kampf an der Börse; er erhält einen Brief aus New York; er trifft ein Abkommen mit den Viehzüchtern; die Viehzahl wird beschränkt.	bei den Schwarzen Strohhüten
11	135	Johanna Der Mann Ein Soldat Der Eine Der Andere Die Zeitungsleute	Die Schlachthöfe sind fast leer; Gespräche unter den Arbeitern über die herrschende Ungerechtigkeit. Verhaftungen und Todesurteile; Schlachthöfe öffnen für zwei Drittel der Belegschaft.	Schlachthöfe, Gegend vor dem Lagerhaus der Grahamwerke
11b	138	Die Arbeiter	Suche nach Johanna	vor dem Lagerhaus der Grahamwerke
12	139	Snyder Die Polizisten Johanna Slift Mauler Die Schwarzen Strohhüte Die Packherren Graham Die Schlächter und Viehzüchter	Johanna wird wieder in die Uniform der Heilsarmee gekleidet; sie macht sich schwere Vorwürfe, versagt zu haben; eine Veränderung der gesellschaftlichen Verhältnisse hat es nicht gegeben; der alte Zustand ist wiederhergestellt.	bei den Schwarzen Strohhüten

Vorüberlegungen zum Einsatz des Dramas im Unterricht

Als Schullektüre ist Brechts Schauspiel „Die heilige Johanna der Schlachthöfe" eher ein wenig gelesenes Stück. Lange Zeit galt das Stück als überholt und vor dem Hintergrund eines reformierten kapitalistischen Systems, das z. B. geprägt ist durch Sozialgesetzgebung, den Dialog zwischen Arbeitgebern und Gewerkschaften und wirtschaftlich-technischen Fortschritt, als wenig aktuell.
Neuere Forschungen haben aber nun gezeigt, dass gerade in diesem Schauspiel unmenschliche, sinnlose Marktmechanismen greifen, die eben auch in einem marktorientierten kapitalistischen Produktionssystem durchaus herrschen. Aus diesem Grund gewinnt das Stück einerseits seine gegenwartsbezogene Relevanz. Daneben – auch das sind Komponenten eines kapitalistischen Systems, das sich durch einen Wertepluralismus auszeichnet – bestimmen ethisch-religiöse Werte das Zusammenleben.
Im Stück ist es Johanna, eine Vertreterin der Institution der Heilsarmee, die den Arbeitslosen religiös-christliche Werte zu vermitteln sucht und schließlich scheitert, da ihre Worte den Einzelnen in seinem Kampf ums Überleben nicht erreichen. Auch hier lässt sich eine Verknüpfung zur Gegenwart herstellen. Zu fragen bleibt, welchen Stellenwert moralisch-ethische Werte in einem System haben, in dem es z. B. um Gewinnmaximierung um jeden Preis, Rationalisierungsmaßnahmen, Spekulationen an der Börse geht.
Wirtschaftlich-ökonomische Interessen sind immer verbunden mit Macherhalt auf der einen Seite und möglicher Eskalation von Gewalt auf der anderen Seite. Brecht gibt hierauf auf der Grundlage der marxistischen Theorie eine eindeutige Antwort. Der Generalstreik scheitert zwar, weil die Protagonistin Johanna wichtige Informationen vorenthält und offene Gewalt fürchtet und so den Streik verhindert, aber letztlich könne nur Gewalt helfen. Auch hier bleibt zu fragen, inwiefern Gewalt als Lösung des Problems von Arbeitslosigkeit und Ausbeutung angesehen werden kann, und schließlich, ob Gewalt überhaupt zur Beseitigung gesellschaftlicher Probleme eine menschenwürdige Lösung bietet.

Die Aktualität dieses Stücks ist also evident und daher für die Behandlung im Unterricht lohnend. Inhaltlich regt es die Lernenden an, Marktmechanismen zu durchschauen und Machenschaften der Besitzenden zu erkennen und kritisch zu hinterfragen.
Das Theater ist für Brecht eine Lehrstätte. Nicht der einzelne Mensch, der dem Geschehen hilflos, gleichsam als Opfer ausgeliefert ist, steht im Mittelpunkt, sondern die Zeit selbst, die durch den Einzelnen zu verändern ist. Damit übernimmt der Einzelne eine gesellschaftliche Funktion. So ist es gerade die Intention Brechts, den Einzelnen und damit den Zuschauer zur kritischen Sicht auf die gesellschaftlichen Verhältnisse zu erziehen. Das gelingt jedoch nur mit bestimmten technischen Mitteln, die sich von herkömmlichen, nach aristotelischem Prinzip gestalteten Aufführungen unterscheiden. Die Theaterkonzeption, Brechts und die ihm zugrunde liegende marxistische Maxime „Das gesellschaftliche Sein bestimmt das Bewusstsein" exemplifizieren sich vorrangig an der Johanna-Figur und an Mauler.

Dieses grundsätzliche Verständnis der Brecht'schen Theaterkonzeption soll den Lernenden vermittelt werden. Dazu dienen handlungs- und produktionsorientierte Verfahren. Die Konzeption des Modells konzentriert sich auf einen primär textgestützten Zugriff, wobei o. g. Verfahren einbezogen werden.

Eine Lektürekenntnis vor Beginn der Arbeit mit dem Primärtext und dem Modell ist nicht zwingend notwendig. Ein sukzessives Arbeiten mithilfe des Modells ist ebenso möglich.

Vorschläge für **Klausuren und Facharbeiten** finden sich im **Zusatzmaterial 1, 11 und 12**, S. 147 f.

Konzeption des Unterrichtsmodells

„Die heilige Johanna der Schlachthöfe" eignet sich angesichts des Schwierigkeitsgrades für die Arbeit im Leistungskurs oder Grundkurs der Oberstufe. Bei den einzelnen Bausteinen und den Zusatztexten handelt es sich um Angebote, aus denen die Lehrperson mit Blick auf die Vorkenntnisse, die Leistungsfähigkeit und die spezifischen Interessen der Lernenden auswählt und eine Unterrichtsreihe zusammenstellt. Bei dem im Modell vertretenen didaktisch-methodischen Ansatz geht es einerseits um genaues textnahes Lesen und Analysieren, um den Erwerb von Kenntnissen und die Fähigkeit, Zusammenhänge zu durchschauen und sich intertextuellen Fragestellungen zu öffnen. Andererseits sollen z.B. mit produktionsorientierten Verfahren emotionale Beteiligung und kreative Auseinandersetzung angestrebt werden.

Baustein 1 eröffnet Möglichkeiten der Annäherung an den Text und des Einstiegs. Wesentlich ist hier, den Lernenden die das Schauspiel beherrschende Atmosphäre und die Thematik näherzubringen. Die gewählten Möglichkeiten stellen Ergänzungen dar zum bekannten allgemeinen Erfahrungsaustausch über die Leseeindrücke. Zudem geht es darum, die Theaterkonzeption Brechts für die Lernenden erfahrbar zu machen.

Baustein 2 gilt ausschließlich der Erarbeitung der Johanna-Figur als Repräsentantin einer humanistisch geprägten Lebenseinstellung. Ziel ist es, das Beziehungsgeflecht, in dem sie sich befindet, sowohl inhaltlich als auch dargestellungstechnisch zu durchschauen. Zudem werden die Begründungszusammenhänge ihres Handelns und ihrer Entscheidungen erarbeitet.

Im **Baustein 3** geht es um die Untersuchung einzelner Figuren. Insbesondere wird die Mauler-Figur betrachtet. Seine Beziehung zur Religion und seine Auffassung vom Zusammenwirken von Religion und kapitalistischem Denken sind wesentliche Bestandteile der Erarbeitung.
In den Blick rücken zudem die religiöse Institution der Heilsarmee, repräsentiert durch Snyder, sowie die Lage der Arbeiter. Die inhaltliche Erarbeitung ist gebunden an die Sprache einzelner Figuren bzw. Figurengruppen vor dem Hintergrund ihrer ökonomischen und auch moralischen Interessen.

Baustein 4 wendet sich Sekundärtexten zu. Er soll zu einer Reflexion über die Inhalte des Dramas auf einer theoretisch-analytischen Ebene anregen. Indem die Lernenden anhand eines erarbeiteten Kriterienkatalogs zunächst eigene Rezensionen verfassen und sich erst im Anschluss mit öffentlichen Rezensionen auseinandersetzen, bleibt ihr Erfahrungs- und Verstehenshorizont im Sinne eines rezeptionsästhetischen Ansatzes dominierender Bezugspunkt.

Die thematischen Bausteine des Unterrichtsmodells

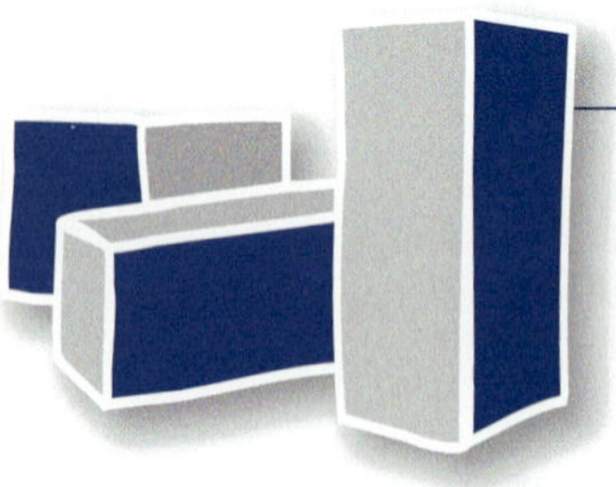

Baustein 1

Zugänge zum Schauspiel – Möglichkeiten des Einstiegs

Im Baustein 1 soll sichergestellt werden, dass die Schülerinnen und Schüler trotz des vermutlich zunächst als verwirrend erscheinenden Aufbaus in die Thematik hineinfinden. Aus diesem Grund werden verschiedene Verfahren für die erste Begegnung mit dem Schauspiel aufgezeigt, die nicht aufeinander aufbauen, sich aber zum Teil ergänzen.

1.1 Lesehilfe

Das Lesen einer Ganzschrift, die sich aufgrund möglicher inhaltlicher Schwierigkeiten dem Leser nicht sofort erschließt, kann sinnvoll durch eine Lesehilfe unterstützt werden. Sie dient den Schülerinnen und Schülern zur Orientierung über Aufbau und Inhalt des Textes sowie zur Dokumentation der persönlichen Leseerfahrung. Aus diesem Grund sollte die lektürebegleitende Mitschrift eine Rubrik für persönliche Notizen enthalten.

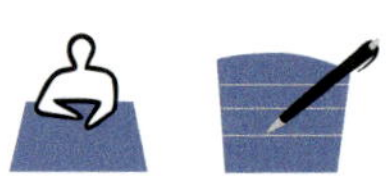

- *Fertigen Sie zu jedem Bild als Orientierungshilfe eine Mitschrift an. Notieren Sie dabei, was Ihnen an der Deutung wichtig, bemerkenswert, fragwürdig erscheint.*

Bild/Seite	Person(en)	Inhalt	Notizen

Beim Lesen werden sich Schwierigkeiten, aber auch Auffälligkeiten zeigen, die es im Stück gibt, z. T. werden es – bedingt durch das fachspezifische Vokabular und die damit verbundene Handlung an der Börse – Verständnisschwierigkeiten sein. Die lose Aneinanderreihung einzelner Bilder gibt Anlass zur Diskussion und erfordert eine Sequenz zum Verständnis des epischen Theaters.
Wichtige Hinweise auf Charakter, Verhaltensweisen und Lebenseinstellungen der Figuren sollten in der Lesehilfe vermerkt werden, denn sie können als Grundlage für die weitere Arbeit genutzt werden.

Zur Aufbereitung des inhaltlichen Verständnisses können den Schülerinnen und Schülern begleitend zur Lektüre der Text „Übersicht über die Wirtschaftshandlung" (**Arbeitsblatt 1**, S. 26 f.) und der Text über die Bedeutung der „Heilsarmee" (**Arbeitsblatt 2**, S. 28) ausgeteilt werden.

1.2 Rollenbiografie

Bei diesem Verfahren zum Einstieg wird vorausgesetzt, dass alle das gesamte Schauspiel gelesen haben. Diese Möglichkeit, in die Behandlung des Schauspiels einzusteigen, kann unmittelbar im Anschluss an einen allgemeinen Erfahrungsaustausch über die Leseeindrücke erfolgen. Bei einer Rollenbiografie versetzen sich die Schülerinnen und Schüler in eine oder mehrere der dramatischen Figuren und stellen sich einem imaginären Publikum vor. Die Arbeit erfolgt dabei zunächst in Gruppen, da auf diesem Weg ein Austausch über die Handlung und die Personenkonstellation stattfindet. Die Gruppen wählen zwei oder drei der Figuren aus und bereiten einen mündlichen Vortrag mithilfe von Stichwörtern vor. Dabei können einige Leitfragen (**Arbeitsblatt 3**, S. 29 f.) vorgegeben werden. Bei der Auswahl sollte darauf geachtet werden, dass nach Möglichkeit die wichtigsten Handlungsträger Johanna, Mauler, die Arbeiter (vertreten durch Gloom und Luckerniddle), Snyder (als Vertreter der Heilsarmee) bearbeitet werden.
Diese Methode gewährleistet zum einen eine differenzierte Auseinandersetzung mit dem Inhalt, zum anderen werden so ebenfalls Deutungsakzente gesetzt, die für den weiteren Verlauf der Unterrichtsreihe fruchtbar gemacht werden können.
Die Besprechung erfolgt so, dass jeweils ein Schüler oder eine Schülerin nach vorne kommt und die Rollenbiografie vorträgt. Andere, die dieselbe Figur bearbeitet haben, treten anschließend hinzu und ergänzen entsprechend. Im weiteren Verlauf können die Rollenbiografien in einem zusammenhängenden Text ausgearbeitet werden.

- *Erarbeiten Sie in Gruppen zu jeweils zwei von Ihnen ausgewählten Dramenfiguren eine vorläufige Rollenbiografie (Stichworte) und stellen Sie sich anschließend in Ihrer Rolle einem imaginären Publikum vor.*

1.3 Personenkonstellation und Handlungsverlauf

Wenn der Einstieg über die Rollenbiografie gewählt wird, bietet es sich an, im Anschluss die Beziehungen der dramatischen Figuren untereinander und auch die miteinander vernetzten Handlungsstränge darzustellen und zu erarbeiten, weil diese zumindest im Ansatz angeklungen sein dürften. Dies kann unmittelbar geschehen. Sofern eine lektürebegleitende Mitschrift (s.1.1) erstellt worden ist, sollte an dieser Stelle darauf zurückgegriffen werden, um den Handlungsverlauf nachvollziehen zu können.

- *Verdeutlichen Sie den Handlungszusammenhang, indem Sie in Gruppen- oder Partnerarbeit jeweils ein Bild bearbeiten. Führen Sie das dramatische Personal der einzelnen Szenen auf, fassen Sie den jeweiligen Inhalt in einem Satz zusammen und notieren Sie, welche Angaben zu der Beziehung der einzelnen Figuren gemacht werden. Übertragen Sie die Ergebnisse auf ein DIN-A4-Plakat.*

Mithilfe der Aufzeichnungen präsentieren die Gruppen ihre Ergebnisse. Die Plakate können gegebenenfalls aufgehängt werden. Ausgehend davon sollen die Lernenden in einem Schaubild ein zusammenhängendes Beziehungsgefüge der Personen bzw. Personengruppen erstellen.

- *Verdeutlichen Sie, ausgehend von der Handlungsübersicht und Ihrer Kenntnis des Schauspiels, die Beziehung der Figuren zueinander.*

Folgendes Schaubild wird vorgeschlagen:

Beziehung der Figuren im Drama

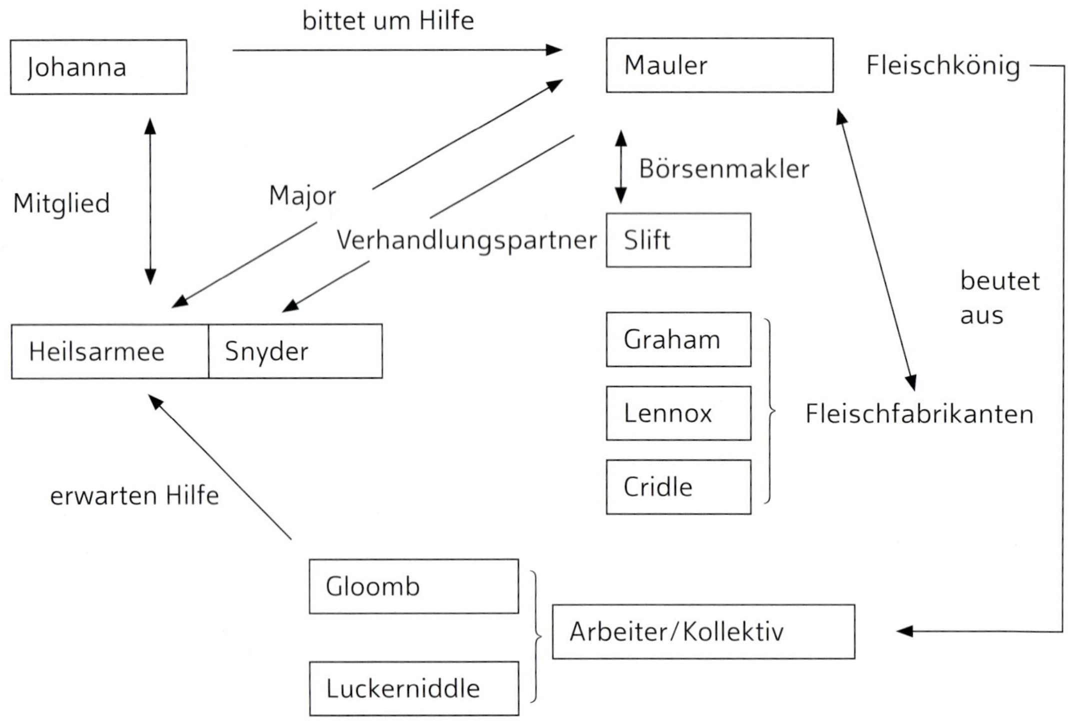

1.4 Zum Verständnis des epischen Theaters – Bertolt Brecht: Der Ingwertopf

Das hier vorgestellte Verfahren zum Einstieg kann genutzt werden, wenn das Schauspiel vor Beginn der unterrichtlichen Arbeit noch nicht gelesen ist.
Die Szene „Der Ingwertopf" (**Arbeitsblatt 4,** S. 31 f.) ist der einzige ausgearbeitete Teil zu einem von Brecht geplanten Stück mit dem Titel „Leben des Konfutse", geschrieben für Kinder! Brecht hat die Szene 1941 verfasst, zu dem geplanten Stück ist es nicht gekommen. Diese Szene eignet sich dazu, den Schülerinnen und Schülern durch einen handlungsorientierten Zugang Merkmale und Funktionsweisen des epischen Theaters anschaulich zu vermitteln.
Im Mittelpunkt dieser Szene steht eine rational agierende Person, ein Lehrer. Er ist ausgestattet mit der „Kraft des Verstandes" (Z. 7 f.), er glaubt nicht an Geister, sicher auch nicht an Wunder, und er hat die Intention, erzieherisch auf seine Umwelt einzuwirken, er ist „sehr auf sein Schulespielen aus" (Z. 34 f.). In der Grundanlage dieser Figur gibt es durchaus Parallelen zur Johanna-Figur. Kung möchte seinen Spielkameraden Anstand vermitteln, indem er sie lehrt, in einen dargereichten Ingwertopf nicht gierig hineinzulangen, sondern ihn zurückhaltend

entgegenzunehmen und bescheiden zuzugreifen. Nach einigen Ratschlägen scheint die Lehrstunde erfolgreich zu enden, bis Kung bemerkt, dass der Ingwertopf leer ist, sodass nicht zu klären ist, ob die Beherrschung tatsächlich gelernt worden ist.
Kung geht es vordergründig um „schickliches Benehmen" und „würdige Zurückhaltung", dahinter verbergen sich moralische Werte wie Rücksicht, Menschlichkeit und Nächstenliebe. Auch in diesen Punkten sind sich beide Figuren ähnlich. Auch für Johanna spielen moralische Werte im Umgang mit Menschen eine entscheidende Rolle. Beide Figuren, Johanna und Kung, bleiben in ihrer Vermittlung moralischer Werte schließlich erfolglos. Kung fehlt es am Schluss an Ingwer – der Topf ist leer –, um seinen Spielkameraden ein angemessenes Verhalten zu vermitteln. Er stellt am Ende fest: „Zu wenig Ingwer/Zu wenig Anstand!" (Z. 170 f.), Johanna klagt über „folgenlose Güte" (S. 142).
„Die kleine Parabel plädiert nicht für eine idealistische und asketische Moral, die sich aus der Überwindung aller sinnlichen Bedürfnisse oder aus absoluter Bedürfnislosigkeit speist, sondern für eine menschliche Moral, die erst auf der angemessenen Befriedigung unserer sinnlichen Bedürfnisse aufbaut. Anders gewendet: Erst wenn die Verhältnisse so sind, dass jedermann am Angenehmen teilhat, kann man von ihm auch Anstand verlangen. [...] Reizvollerweise realisiert das Stück selber, wofür es plädiert: Mit dem materiellen Anreiz des Ingwers, der in dieser ‚Schulstunde' abfällt, gelingt es Kung, seine Spielkameraden freiwillig vom Ball- zum Schulespielen zu bringen. Ein Appell an den ‚höheren' Wert des ‚Geistigen' wäre sicher erfolglos geblieben."[1] Anders ausgedrückt: Das Straßenmädchen oder die Gang müssten in menschlichen Verhältnissen leben, um menschlich handeln zu können: Ein Appell an mögliche moralische Qualitäten dürfte scheitern, denn sie „wären gut – anstatt so roh/ Doch die Verhältnisse, sie sind nicht so." (Dreigroschenoper, 1. Akt, 1. Finale)
Die kleine Szene sollte in jedem Fall in Gruppen inszeniert werden, da die eigentliche Aussage des Stückes sich daraus erschließt. Als Requisiten sind lediglich notwendig: Topf, Bank/ drei Stühle, Einzelstuhl. Etwas schwierig ist auf den ersten Blick die Abfolge der von Kung verlangten Gesten. Sie sollten vorab kurz schriftlich fixiert werden, ebenso wie die im Text geforderten Rollenwechsel.

■ *Bereiten Sie in Gruppen zu viert eine Aufführung der Szene vor, indem Sie den Text zunächst dialogisch lesen und sich über mögliche Deutungsschwerpunkte austauschen.*

■ *Listen Sie auf, welche Gesten Kung von seinen Mitspielern verlangt.*

■ *Die einzelnen Figuren wechseln häufiger ihre Rolle. Schreiben Sie für jede Person die Abfolge der unterschiedlichen Rollen auf.*

Gesten, die Kung verlangt

- verbeugen
- zurückweisen
- verbeugen
- den Topf ruhig entgegennehmen
- lässig hineingreifen
- mit zwei Fingern das kleinste Stück herausnehmen
- das Stück lächelnd in den Mund nehmen

[1] Klaus Gerth u. a., 1973, S. 163 f.

Rollenwechsel

Kung → Lehrer → König Yen → General Go
der Größte → Schüler → General Fu
der Mittlere → Schüler → General Tao
der Kleinste → Schüler → König Yen → General Go

Erst nach dem Vorspielen, das dem von Brecht geforderten Grundgestus des „Zeigens“ gerecht werden soll, sollte im Unterrichtsgespräch die Aussage der Szene weitergehend thematisiert werden.

- *Kung versucht, auf seine Mitmenschen einzuwirken. Was will er erreichen? Was ist seine Methode, um erfolgreich zu sein?*
- *Warum gelingt es Kung nicht, seine Mitspieler hinreichend zu belehren? Ziehen Sie zur Deutung auch die von Karl Marx stammende, verkürzt wiedergegebene These „Das Sein bestimmt das Bewusstsein“ heran.*

Das methodische Vorgehen Kungs

- Einführung in die Situation (Z. 53 f.)
- Aufforderung an die Mitspieler, sich in den zugewiesenen Rollen am Ingwer zu bedienen (Z. 65 ff.)
- Vorgabe von Regeln und Demonstration des richtigen Verhaltens (Z. 83 f.)
- Wiederholung des Vorgangs durch die Mitspieler, vornehmlich des Größten und des Mittleren (Z. 110 ff.)
- Lob des vorbildlichen Verhaltens des Kleinsten, Kopfschütteln über das schlechte Verhalten der beiden anderen (Z. 144 ff.)
- Zurücknahme des Lobs an den Kleinsten; seine Selbstbeherrschung sei im Falle eines gefüllten Ingwertopfes ggf. nicht vorhanden (Z. 157 ff.)

⬇

Kung demonstriert das richtige Verhalten und versucht, erzieherisch auf die Mitspieler einzuwirken. Dabei lernt er selbst.

Ziele Kungs

Verhaltensänderung: „sich schicklich benehmen“:

- Bescheidenheit
- Rücksichtnahme auf andere
- Menschlichkeit
- Höflichkeit
- …

Wenn die Möglichkeit besteht, sollten die Kursteilnehmer die Szene jüngeren Schülern und Schülerinnen vorspielen, um deren Reaktion zu erfahren. Wichtig ist dabei vor allem die Frage, ob die Kinder die Aussage des Textes so wahrnehmen, wie Brecht dieses intendiert hat. Wird deutlich, dass Kung das Problem nur lösen kann, indem er mehr Ingwer zur Verfügung stellt? Möglicherweise werden sich die Reaktionen auch darauf beziehen, dass der Jüngste ungerecht behandelt wird und es Lösungen geben muss, die über einfache moralische Appelle hinausgehen.

Kung scheitert mit seiner Belehrung, weil er nicht sieht, dass die Mitspieler, der Größte und der Mittlere, Interesse am Ingwer haben und nicht daran, erzieherisch belehrt zu werden. Der Mittlere äußert deutlich: „[...] es wird Schule gespielt. Ausessen eines Ingwertopfes." (Z. 47/48)
Zudem erweist sich Kung im Verlauf der Handlung zunächst selbst als unbelehrbar wie seine Schüler. Sein erzieherisches Verhalten ändert er, trotz wiederholten Scheiterns, nicht. Die Schüler ihrerseits reagieren, da sie nur die Ingwerstücke begehren, unbeherrscht und gierig.
Kung selbst kommentiert sein Scheitern: Es seien „zwei Dinge nötig, damit würdige Zurückhaltung beim Ausessen eines Ingwertopfes bewahrt werden kann: erstens feines Anstandsgefühl, zweitens ein voller Topf" (Z. 163 ff.)
Der Ingwer hier hat nicht ausgereicht. „Es müßte mehr im Topf sein." (Z. 168) Der an das Publikum gerichtete Song „Zu wenig Ingwer/Zu wenig Anstand!" hält die Lösung des Problems bereit: Sind die gesellschaftlichen Verhältnisse menschlich, ist auch menschliches Verhalten möglich. Dies muss auch Kung erkennen. In diesem Sinn formuliert Johanna: „Heben Sie die moralische Kaufkraft, dann haben Sie auch die Moral" (S. 53).

Kungs Ergebnis des Lernprozesses

Menschliches Handeln setzt menschenwürdige gesellschaftliche Verhältnisse voraus.

In einem nächsten Schritt können sich die Schülerinnen und Schüler in einer kurzen Partnerarbeitsphase über die Darstellungsmittel noch einmal austauschen, um sie dann im Plenum zusammenzutragen. Zu klären bleibt, welche Fragen der Zuschauer an den vermittelten Inhalt stellt.

■ *Welche Fragen soll sich der Zuschauer stellen?*

Folgende Fragen könnte sich der Zuschauer stellen:

- Wie hätte Kung seine Vorstellungen realisieren können?
- Der Kleinste geht leer aus. Wie sieht eine gerechte Handlung aus?

■ *Mit welchen Mitteln wird der Inhalt der Szene dem Zuschauer vermittelt? Was ist das Besondere an dieser Art, Theater zu spielen? Worin unterscheidet sich diese Art, Theater zu spielen, von traditionellen (klassischen) Stücken, die Sie vielleicht kennen?*

Die Ergebnisse, die aus dem konkreten praktischen Spiel der Schülerinnen und Schüler resultieren, können in folgendem Tafelbild gesammelt werden:

Mittel der Darstellung

- Spielkameraden ohne Namen (Typisierung)
- Rollenwechsel
- Spiel im Spiel
- direkte Ansprache an das Publikum
- Grundgestus des Zeigens
- unmittelbare Kommentierung des Geschehens durch Kung („Es müßte mehr im Topf sein.“)

Nach der Erarbeitung dieser Szene kann die Theaterkonzeption Brechts anhand eines Sachtextes vertieft erarbeitet werden. Informationen zum Verständnis des Begriffs „Das epische Theater“ liefert das **Arbeitsblatt 5** (S. 33). Der Text „Über experimentelles Theater“ (**Zusatzmaterial 2**, S. 149) bietet weitere Informationen.

- *Formulieren Sie fünf Fragen, auf die dieser Text von Brecht eine Antwort gibt, und lassen Sie diese Fragen von Ihrem Sitznachbarn oder Ihrer Sitznachbarin beantworten. Tauschen Sie sich anschließend über die Ergebnisse aus.*
- *Listen Sie auf, welche Zielsetzungen das epische Theater hat und welcher Mittel es sich bedient.*

In Partnerarbeit kann folgendes Folienbild entstehen:

Das epische Theater

Ziele:

- „Entlarvung der Illusionen“ (Z. 36)
- Kunst ist Belehrung (vgl. Z. 42)
- Sie ist „Fremdmachung des Bekannten“ (Z. 37), um dem Zuschauer neue Sichtweisen (vgl. Z. 38 f.) und „Kenntnisse [...] über das menschliche Zusammenleben“ (Z. 44 f.) zu eröffnen.

Mittel:

- „[V]erfremdende Elemente“ (Z. 11 f.)
- Schauspieler zeigt, dass er eine Rolle spielt (vgl. Z. 12 ff.).
- Er zeigt, zu welcher sozialen Klasse er gehört (vgl. Z. 20 f.).
- sichtbare Distanzierung der Schauspieler von Handlung und Gefühlen (vgl. Z. 22 f.)
- keine Absicht, die emotionale Teilnahme der Zuschauer zu evozieren (vgl. Z. 28 ff.)
- „Kommentare eines Erzählers oder Chors“ (Z. 24)
- Titel, Projektionen oder Prologe, die das Interesse des Zuschauers von der Spannung der Handlung weg auf die Inszenierung lenken (vgl. Z. 24 ff.)

Dieser Baustein kann auf der Grundlage der erarbeiteten Texte mit einer vorläufigen Definition des epischen Theaters, die sprachlich verkürzt in das Tafelbild übernommen werden kann, abgeschlossen werden. Am Ende der Unterrichtsreihe besteht die Möglichkeit, diese Definition zu revidieren bzw. zu ergänzen. Eine weitergehende Ausdifferenzierung findet im Baustein 2 statt. Folgende Definition könnte formuliert werden:

> Das epische Theater ist eine moderne Form der szenischen Darstellung auf der Bühne.
> Sie hat belehrende Funktion. Verfremdende Elemente sorgen dafür, dass der Zuschauer eine kritische Distanz zum Geschehen einnimmt und alternative Entscheidungsmöglichkeiten in Betracht zieht.

Notizen

Übersicht über die Wirtschaftshandlung

Die Aktionen an der Börse hebt Brecht als typisch kapitalistisches Handeln hervor, um zu zeigen, dass durch Spekulationen eines Einzelnen Massenschicksale entschieden werden.
Die folgenden Erläuterungen geben Aufschluss über die Wirtschaftshandlung des Stücks und sollen das Agieren Maulers an der Börse und die entsprechenden Reaktionen auf seine Finanzentscheidungen verdeutlichen.

1. Ausgangspunkt: Der Inlandsmarkt ist gesättigt; eine Erweiterung ist vorerst nicht möglich (Zollgesetze); es beginnt eine Absatzkrise; Mauler, mit guten Verbindungen zur Börse, erfährt davon eher als seine „Kompagnons" (= 1. Szene)
2. Folge der Absatzkrise wird sein, dass die Aktienkurse der Fleischfabriken fallen (Baisse); Mauler verkauft deshalb seine Anteile zu 10 Millionen an seinen Kompagnon Cridle (= 1. Szene)
3. Cridle bindet den Kauf an ein Junktim[1]: Nur wenn Mauler mithilft, die Konkurrenz auszuschalten, übernimmt er die Anteile Maulers. Er merkt nicht, dass er damit die – Mauler schon bekannte – Baisse-Entwicklung[2] nur noch verschärft (= 1. Szene)
4. Cridle und Mauler konkurrieren Lennox nieder, und zwar mit Niedrigpreisen; die Folge ist zwar, dass Lennox aufgeben muss, zugleich jedoch ist der Markt noch mehr vollgepumpt worden, das heißt, die Absatzkrise verschärft sich rapide, die Anteilwerte fallen intensiv (= Szenen 2 und 3)
5. Mauler fordert von Cridle die Einlösung des Kaufvertrags; aufgrund des rapiden Werteverlusts der Anteile durch die Baisse sind nun die gesamten Anteile nicht mehr wert als die geforderten 10 Millionen. Das heißt, so die scheinbar merkwürdige Konsequenz: Indem Mauler seine Anteile (ein Drittel) an Cridle verkauft, erwirbt er – durch die Baisse – die gesamten Anteile (nämlich zwei Drittel von Cridle); Mauler ist „Fleischkönig" geworden (= 3. Szene, auch 5. Szene)
6. Mauler erhält Nachricht, dass die Auslandszölle fallen werden, dass folglich der Markt sich erweitern wird. Das z. Zt. scheinbar unverkäufliche Fleisch wird bald in großen Mengen absetzbar sein. Da die Baisse für Niedrigpreise sorgt, ist jetzt die Gelegenheit zum Aufkauf. Die Baisse kommt an ihr Ende, der Umschlag erfolgt, der „Corner"[3] beginnt (= 5. Szene)
7. Scheinbar als humane Geste und auf dringliche Bitten Johannas hin kauft Mauler sämtliches Büchsenfleisch sowie die Produktion der kommenden zwei Monate auf, und zugleich erwirbt er heimlich das gesamte angebotene Vieh; Mauler hat das Fleisch, das auf dem Markt ist, gecornert (den anderen erscheint dies irrwitzig) (= 5. bis 7. Szene)
8. Mauler fordert von den Packherren (Konkurrenz) die Lieferung des Büchsenfleisches (Produktion der kommenden zwei Monate); diese können jedoch nicht produzieren, weil kein Vieh mehr auf dem Markt ist; ihr einziger Ausweg: das Vieh bei Mauler kaufen, und zwar zu Preisen, die weit über dem des Endprodukts liegen (ruinöses Auspressen der Konkurrenz durch Mauler); die Hausse-Entwicklung[4] ist auf vollen Touren (= 7. und 8. Szene)
9. Die Hausse-Entwicklung kommt auf ihren Höhepunkt und schlägt um: Slift überreizt im Auftrag Maulers an der Börse, die zusammenkracht; die hohen Viehpreise kann niemand mehr zahlen; alle sind pleite. Der Corner bricht zusammen, und Maulers Bestände sind praktisch wertlos geworden. Eine bloße Spekulationshandlung müsste hier ihr Ende haben; Brechts Handlungsverlagerung jedoch ermöglicht einen erneuten Umschlag (bis hierher Szenen 9b, d, f, h, 10)
10. Die New Yorker Briefe erinnern Mauler, der sich selbst ruiniert wähnt, dass er ja noch über die Produktionsmittel verfügt, dass folglich mit ihnen die Produktion wiederaufzunehmen ist. Voraussetzung dafür ist ein Kontrakt mit den Viehzüchtern über Fleischlieferungen. Mauler veranlasst, die Produktionsmittel zusammenzulegen und einen „Fleischring" zu bilden (= Monopol); die Phase des Konkurrenzkampfes ist beendet. Um den Markt wieder flott zu bekommen, ist es notwendig, das Überangebot künstlich zu drosseln (Fleisch- und Viehvernichtung), und um die Macht der Arbeiter zu schwächen, ist es notwendig, ein Drittel der Arbeiter auszusperren (Erhaltung des Konkurrenzkampfes unter den

---

1 notwendige Verbindung zwischen zwei Verträgen oder Gesetzesvorlagen wegen innerer Zusammengehörigkeit

2 Baisse: Fallen der Börsenkurse

3 Corner: Der „Corner" besteht aus einer kombinierten und damit besonders raffinierten „Baisse"- und „Hausse"- Spekulation. Die Baisse-Spekulation rechnet, nachdem die Preise eine gewisse Zeit stabil gewesen sind, mit stetig fallenden Preisen einer lebensnotwendigen Ware. Lebensnotwendig muss die Ware für einen „Corner" deshalb sein, weil sonst die Nachfrage nach ihr nicht gewährleistet ist (Jan Knopf, s. o. S. 87).

4 Steigen der Börsenkurse

Arbeitern – um Arbeitsplatz und unmittelbaren Lebensunterhalt). Ergebnis ist, dass der sich langsam wieder konsolidiert[1], dass die Preise wieder steigen und das „System" wieder funktioniert (= 10. Szene)

Aus: Jan Knopf (Hg.): Brechts „Heilige Johanna der Schlachthofe" Materialien. Frankfurt am Main: Suhrkamp Verlag 1986, S. 110 – 111

[1] konsolidieren: sich in seinem Bestand festigen

■ *Verschaffen Sie sich eine Übersicht über die Wirtschaftshandlung.*

Bruno R. Friedrich/James Heim: Die Heilsarmee [Auszug]

Der folgende Textauszug informiert über das Wesen, die Ziele und die Tätigkeit der Heilsarmee.

[...]

Die Heilsarmee ist unseres Herrgotts Stoßtrupp. Der Gedanke, dass dieses Leben ein Kampf für Gott ist, der schon bei dem größten aller Apostel so lebendig zutage tritt, feiert in der Heilsarmee seinen höchsten Triumph. Ihr ist das Leben kein Pilgerstand, sondern ein immerwährendes gegen zu-Felde-Liegen widergöttliche Mächte, gegen Sünde und Schuld. Da sie nun aus „Geretteten" besteht, die den großen Unterschied zwischen dem „Einst" und „Jetzt" selbst erfahren haben, die erkannt haben, dass, um das paulinische[1] Wort anzuwenden, alles andere nur Schaden ist, wenn man Christus gewinnt, so drängt es sie hinzugehen zu denen, die diese Erfahrung noch nicht gemacht haben, und sie, wie es im Evangelium heißt, „zu nötigen" hereinzukommen. Das bedeutet schweren Kampf, ständige „Alarmbereitschaft". Darum ist das Stoßtruppenbild ein so treffendes, weil es alles ausdrückt, was man bei der Heilsarmee findet.

[...]

So ist die Heilsarmee wirklich, wie die offizielle Antwort lautet, „eine Streitmacht von Männern und Frauen, die in Liebe zu Gott und den Menschen eins geworden sind, der ganzen Welt Sein Heil zu verkünden". [...] Von Anfang an hat sich die Heilsarmee besonders eine Klasse, zu der sie die Gewissheit des göttlichen Rufs treibt, erwählt: die Allerschlimmsten, die, um die sich niemand kümmert, ihnen gilt ihre Sorge. Sie will sie zu allererst mit der Botschaft der Gnade erreichen, für sie sind ihre lauten, frohen Gottesdienste, ihr feuriges Werben bestimmt. Mögen Angehörige anderer Klassen die Versammlungen lärmhaft, den Bekehrungseifer aufdringlich nennen, was tut's? Die Hauptsache ist, dass die, die die Heilsarmee erreichen will, den Ton verstehen.

Und diese Allerärmsten zeigen Verständnis für die Botschaft, die ihnen die Heilsarmee bringt, und kommen und finden bei ihr die Erfahrung, dass auch sie von der Gottesliebe umfasst werden.

[...]

Die Heilsarmee soll nach dem Wort ihres Gründers eine Antwort auf jede menschliche Not haben. So mannigfaltig wie diese Nöte soll die vorbeugende, rettende, bewahrende Arbeit der Heilsarmee sein. Dabei wartet sie nicht, bis der Notschrei zu ihr dringt. Sie sucht die Not auf. Hinein in die verrufenen Quartiere der Weltstädte, deren Existenz der gewöhnliche Sterbliche kaum ahnt, hinein in die Lasterhöhlen der Hafenstädte, in die Armenviertel, die Keller, die Bodenwohnungen voll Schmutz und Unrat, Krankheit und Siechtum.

Aus: 60 Jahre Heilsarmee. Festschrift zum 5. Juli 1925, hg. v. Bruno R. Friedrich und Johannes Hein, Berlin 1925, S. 3–6. Wiederabdruck in: Jan Knopf (Hg.): Brechts „Heilige Johanna der Schlachthöfe". Suhrkamp Verlag Berlin 1986, S. 206 ff.

[1] paulinisch: Adj., zum biblischen Apostel Paulus

■ *Welche Aufgaben, Ansprüche und Zielvorstellungen der Heilsarmee werden in diesem Text genannt?*

Rollenbiografien – Die Figuren stellen sich einem imaginären Publikum vor

Erarbeiten Sie in Gruppen zu jeweils zwei von Ihnen ausgewählten Dramenfiguren eine vorläufige Rollenbiografie (Stichworte) und stellen Sie sich anschließend in Ihrer Rolle einem imaginären Publikum vor.

Folgende Fragen können Sie dabei berücksichtigen:

- Welchen Namen tragen Sie?
- In welcher Beziehung stehen Sie zu anderen Figuren?
- Welche Eigenschaften haben Sie nach eigener Wahrnehmung und wie werden Sie von anderen wahrgenommen?
- Was ist Ihre Vorgeschichte?
- Welche zentralen Ereignisse widerfahren Ihnen im Verlauf der Handlung?
- Gibt es eine wichtige Erkenntnis, die Sie dem Publikum mitteilen möchten?

Figur 1:

AB 3

Figur 2:

BS 1

Bertolt Brecht: Der Ingwertopf

KUNG: Ich bin Kung, der Sohn Kungs, des Soldaten. Mein Vater ist arm gestorben, und meine Mutter erzieht mich in Abscheu gegen alles Gewalttätige. Ich bin sehr kräftig für mein Alter und könnte alle meine Schulkameraden im Nu auf den Rücken legen, aber meine Mutter sagt, es kommt nicht auf die Muskelkraft, sondern auf die Kraft des Verstandes an. Sie hat mir gesagt, daß es keine Geister gibt, keinen schwarzen Mann und keinen Drachen. Ist hier jemand, der an Geister glaubt? An Drachen? Ich weiß alle fünf Gründe, warum es keine solchen Dinge geben kann. Aber jetzt kommen meine Spielkameraden. Wir spielen vornehmlich Schule.

Drei Spielkameraden treten auf. Der größte trägt einen Ball.

DER GRÖSSTE: Kung, komm mit, Ball spielen!

DER MITTLERE: Yen hat den Ball denen von der Münzgasse genommen. Sie sind ihm nachgerannt, aber er kann viel schneller rennen. Wenn du mitkommst zum Spielen, macht es nichts, wenn sie uns erwischen, denn du bist der Stärkste.

KUNG: Ich dachte, wir wollten Schule spielen.

DER MITTLERE: Aber jetzt haben wir doch den Ball.

KUNG: Aber ich habe auch die Bank und den Tisch für die Schule aufgebaut, wie ihr seht.

DER MITTLERE: Wir wollen darüber abstimmen. Kommt!

Sie treten beiseite.

DER MITTLERE: Ballspielen ist viel lustiger, aber er ist stark. Er würde auch mit uns zusammen fertig werden.

DER KLEINSTE: Aber er rauft nie.

DER GRÖSSTE: Er ist nur so sehr auf sein Schulespielen aus, daß er das vielleicht einmal vergißt, daß er nie rauft.

KUNG: In unserer heutigen Schulstunde würde es sich um das schickliche Ausessen eines Ingwertopfes handeln, den ich von meiner Mutter bekommen habe.

DER KLEINSTE: Oh.

DER MITTLERE: Das ist etwas anderes. Das letztemal war es das Grüßen, das hat gar keinen Sinn.

KUNG: Das Grüßen müßte aber zuerst wiederholt werden, weil es beim Betreten der Schule stattfindet.

DER GRÖSSTE: Ich bin immer noch für Ballspielen.

DER MITTLERE: Nein, es wird Schule gespielt. Ausessen eines Ingwertopfes.

Sie gehen wieder hinaus und treten wieder ein, sich verbeugend vor Kung. Auch Kung verbeugt sich. Die drei setzen sich auf die Bank, Kung setzt sich hinter den Tisch.

KUNG: Meine jungen Freunde, wir fahren heute fort in unserem Kursus über schickliches Benehmen. Ich habe das letztemal bemerkt, daß die Hirsefladen, die ich am Schluß der Stunde austeilte, so gierig verschlungen wurden, daß das Grüßen, welches wir geübt hatten, wieder vergessen wurde. Es ist das also unser neues Thema. *Er steht auf.* Ich bin jetzt der große sagenhafte König Yen. Ihr seid meine Generäle. Ihr kehrt von einer Schlacht zurück, die ihr gewonnen habt, und zwar dadurch, daß ihr die Kriegskunst studiert habt. Ich empfange euch sehr gnädig und biete euch als Zeichen meiner Anerkennung den königlichen Ingwertopf an. Tritt vor, General Fu! *Er deutet auf den Größten, welcher vortritt und den Ingwertopf überreicht bekommt.* Bediene dich, General!

Der Größte faßt gierig hinein und schoppt sich so viel wie möglich in den Mund.

KUNG *ihm den Topf wegnehmend:* Schlecht, sehr schlecht. Aber ich sage noch nicht, warum. Er wendet sich an den Mittleren. Nun zu dir, General Tao. Auch dir überreiche ich den königlichen Ingwertopf. Gleichzeitig beobachte ich dich scharf, vergiß das nicht.

Der Mittlere nimmt den Topf in Empfang und bedient sich ebenso gierig.

KUNG: Schlimm, schlimm. Ich sehe leider, daß ihr im anständigen Benehmen noch sehr weit zurück seid. Zum Kleinsten: Hast du bemerkt, wie gierig sie nach dem Topf gegriffen haben? Und wie häßlich das aussah? Als ob Hunde nach einem Knochen schnappten. *Der Kleinste nickt und greift eifrig nach dem Topf, den Kung vor sich hin hält.* Ich will euch sagen, wie ihr den königlichen Topf entgegennehmen müßt, wenn ihr Anstand zeigen wollt. Feinstes Anstandsgefühl ist nötig, damit in würdiger Zurückhaltung gegessen werden kann. *Zum Kleinsten:* Halt du den Topf! *Da er gierig danach greift:* Nein, mit beiden Händen, da jetzt du der große sagenhafte König Yen bist, während ich den General Go darstelle. *Der Kleinste hält den Topf.* Zuerst verbeuge ich mich. So. Dann weise ich mit beiden Händen das Geschenk zurück. So. Damit habe ich angedeutet, daß ich das Geschenk für zu groß halte. Da jedoch der König Yen mir den Topf zum zweitenmal anbietet, nehme ich ihn entgegen, nachdem ich mich noch einmal verbeugt habe, um zu zeigen, daß ich den Topf nur nehme, um ihm zu gehorchen. Aber wie nehme ich den Topf entgegen? Gierig? Wie ein Schwein eine Eichel überfällt? Nein. Ruhig und würdig – *er tut es* –, beinahe gleichgültig, wenn auch mit großer Wertschätzung. Ich greife lässig hinein, wie greife ich hinein?

DER KLEINSTE: Lässig.

KUNG: Und mit zwei Fingern nehme ich das kleinste Stückchen heraus, das ich finden kann, und führe es lächelnd zum Mund. *Er tut es.* Habt ihr alles genau gesehen, oder soll ich alles wiederholen?

DER MITTLERE: Nein. Laß uns noch einmal probieren.

KUNG: Ja, ihr habt noch viel zu lernen. General Fu, bediene dich!

Der Größte fischt sich wieder gierig einen großen Brocken Ingwer.

KUNG: Falsch! Wo ist die abweisende Geste, wo die Verbeugung des Gehorchens, wo das Lächeln der Wertschätzung?

DER GRÖSSTE: Der Ingwer ist zu gut, Kung. Es geht nicht. Laß es mich noch einmal versuchen.

DER MITTLERE: Nein, jetzt komme ich, du lernst es nicht.

Er vollführt hastig die verlangten Gesten, greift verhältnismäßig gleichgültig nach dem Topf.

KUNG: Besser.

DER MITTLERE *sich ein enormes Stück fischend und in den Mund stopfend:* Es ist schwer.

DER KLEINSTE: Aber er hat schrecklich viel genommen.

KUNG: Ja, das war noch falsch.

DER MITTLERE: Ein zweites Mal könnte ich es noch besser machen, Kung. Besonders das Herausfischen eines kleineren Stücks. *Er greift noch einmal hinein und fischt ein kleineres Stück.*

KUNG *nimmt den Topf:* Jetzt kommt Li dran. General Go, bediene dich aus dem königlichen Topf!

Der Kleinste macht schnell die Geste der Abweisung, sodann die Verbeugung. Die beiden andern lachen.

KUNG: Lacht nicht! Ihr bringt ihn in Verwirrung. Die Verbeugung war sehr gut. Weiter!

DER KLEINSTE *nimmt den Topf entgegen, sieht hinein, sieht dann auf die beiden Lachenden und fragt:* Ich hab vergessen, was jetzt kommt, Kung.

KUNG: Jetzt kommt das schickliche Hineingreifen, Li.

Der Kleinste greift sehr lässig hinein und bringt nichts hervor.

KUNG: Sehr gut! Aber du hast ja gar nichts gefischt! Das ist ausgezeichnet, noch besser, als ich es zeigte! General Go, ich bin zufrieden, sehr zufrieden, ich ernenne dich zum Marschall und Vorbild aller meiner Generäle. Ich habe nicht die geringste Gier bei dir entdeckt, nur Würde und Anstand.

Die beiden Größeren lachen, nehmen den Ball und laufen hinaus.

KUNG *ihnen kopfschüttelnd nachschauend:* Sie haben sehr schlecht abgeschnitten. Du sollst zur Belohnung für dein schickliches Benehmen den Rest des Ingwers bekommen, Li. *Er blickt in den Topf.* Aber er ist ja leer. *Der Kleinste nickt traurig.*

KUNG: Das ist mir unangenehm, Li. Ich sehe, daß für dich nichts mehr da war, als die andern den Anstand probiert hatten. Leider kann ich jetzt auch dich nicht mehr aus vollem Herzen loben, Li, auch dich nicht. Denn woher kann ich wissen, ob deine Selbstbeherrschung ausgereicht hätte, wenn sie sich noch gelohnt hätte? Ich fürchte, es sind zwei Dinge nötig, damit würdige Zurückhaltung beim Ausessen eines Ingwertopfes bewahrt werden kann: erstens feines Anstandsgefühl, zweitens ein voller Topf. Der Ingwer hier hat nicht ausgereicht. Es müßte mehr im Topf sein.

Beide gehen nach vorn und singen zu einer Musik:

Zu wenig Ingwer
Zu wenig Anstand!
Würde ist etwas Schönes
Ingwer ist etwas Süßes.

Aus: Bertolt Brecht: Werke. Große kommentierte Berliner und Frankfurter Ausgabe, Band 10. Aus lizenzrechtlichen Gründen nicht in reformierter Schreibung.

- *Bereiten Sie in Gruppen zu viert eine Aufführung der Szene vor, indem Sie den Text zunächst dialogisch lesen und sich über mögliche Deutungsschwerpunkte austauschen.*
- *Listen Sie auf, welche Gesten Kung von seinen Mitspielern verlangt.*
- *Die einzelnen Figuren wechseln häufiger ihre Rolle. Schreiben Sie für jede Person die Abfolge der unterschiedlichen Rollen auf.*
- *Versuchen Sie, die Szene mit dem Text in der Hand zu spielen.*

Georg Patzer: Das epische Theater (2001)

Der Begriff verweist auf die Herkunft des neuen Ansatzes: Statt der relativ strengen Struktur des klassischen Theaters zu folgen, übernahm Brecht für das Theater die erzählende Struktur der epischen Dichtung. Obwohl Elemente daraus schon ab und an benutzt wurden, war Brecht der Erste, der die Struktur selbst übernahm und konsequent ausbaute. Es gab dem Theater bis heute eine neue Qualität. Um die Erzählerinstanz der epischen Struktur übernehmen zu können, baute er gewisse Distanzierungen in seine Stücke und Inszenierungen ein, verfremdende Elemente. Eines betraf die Kühlheit des Schauspielers selbst, der sich mit seiner Rolle nicht identifiziert, wie das später im berühmten New Yorker Actor's Studio auch Marlon Brando und Dustin Hoffman lernten, sondern sich von ihr distanziert und deutlich macht, dass er eine Rolle spielt. Brecht verlangte einen einfachen, direkten Stil vom Schauspieler, kein Pathos. Der Schauspieler sollte im Spiel zeigen, dass er spielt. Wichtig war auch der soziale Gestus, die Schauspieler sollten exemplarisch zeigen, zu welcher Klasse sie gehörten.

Andere Elemente der Verfremdung sind die Distanzierung von Handlung und Gefühlen auf der Bühne durch Kommentare eines Erzählers oder Chors, vorangestellte Titel, Projektionen oder Prologe, die die Handlung vorwegnehmen und so das Interesse des Publikums von der Spannung weg zur Inszenierung selbst führen. Die Zuschauer sollten sich nicht mitreißen lassen, sondern ebenso distanziert bleiben wie die Schauspieler. Dazu zählt auch, dass die Bühne nicht versteckt, hinter dem Vorhang, umgebaut wird, dass das Publikum direkt angesprochen wird, dass die Musik das Geschehen kommentiert und die Schauspieler aus ihren Rollen fallen.

Ziel der sogenannten Verfremdungseffekte war die Entlarvung der Illusionen, Abstand von der Verführung zu Gefühlen, Fremdmachung des Bekannten und Zusammensetzung in einer neuen, ungewohnten Sichtweise, die Vorgänge unter den Menschen, ihr Verhalten zueinander sollen dem Befremden der Zuschauer ausgeliefert werden. Brecht glaubte nicht an die Trennbarkeit von Kunst und Belehrung. Die Freude an neuen Erfahrungen und neuen Kenntnissen, besonders Kenntnissen über das menschliche Zusammenleben, sei eine der Hauptquellen des Kunstmachens und des Kunstgenießens, sagt er.

Aus: Georg Patzer: Das epische Theater. In: ders.: Brecht kennenlernen. Lichtenau: AOL-Verlag 2003, S. 16f.

- *Formulieren Sie fünf Fragen, auf die dieser Text von Brecht eine Antwort gibt, und lassen Sie diese Fragen von Ihrem Sitznachbarn oder Ihrer Sitznachbarin beantworten. Tauschen Sie sich anschließend über die Ergebnisse aus.*
- *Listen Sie auf, welche Zielsetzungen das epische Theater hat und welcher Mittel es sich bedient.*

Baustein 2

Johannas Erkenntnisprozess

In diesem Baustein geht es ausschließlich um die Analyse der Johanna-Figur. Dabei steht ihre Entwicklung, vor allem ihr Erkenntnis- und Lernweg, im Mittelpunkt.
Johanna Dark agiert im Zentrum der ökonomischen Macht und damit der wirtschaftlichen Interessen im Kapitalismus, bei denen es speziell um Viehpreise an der Börse geht, um Marktmechanismen und Konkurrenzkämpfe. Ihre Haltung innerhalb dieses Gefüges ist zwiespältig: Zum einen möchte sie die Gründe für die Armut der Arbeiter erforschen, zum anderen verfällt sie den Täuschungen der Kapitalisten und wählt dafür dreimal den Gang in die Tiefe.
Es gelingt ihr nicht, sich vorbehaltlos für die Arbeitslosen einzusetzen, da sie den Versprechungen des Fleischkönigs Mauler immer wieder Glauben schenkt.
Hinzu kommt ihre Ablehnung von Gewalt, die sie daran hindert, den geplanten Generalstreik zu unterstützen. Durch eigenes Erleben und Agieren erkennt sie schließlich, dass ihre Vorstellung von einem gesellschaftlichen Zusammenleben auf der Basis von Güte und Humanität eine Illusion ist, eine Erkenntnis, die auch zentral für den Zuschauer ist.
Den Schülerinnen und Schülern sollen Johannas wechselseitige Beziehungen zu den Besitzenden und ihre Auseinandersetzung mit ihnen, ihre Einstellung zum religiösen Anspruch der Heilsarmee und ihr Einsatz für die Anliegen der Arbeiter deutlich werden (s. auch Baustein 1, Personenkonstellation und Handlungsverlauf).
Im Einzelnen geht es um folgende Aspekte:

- Johannas religiöser Anspruch gemäß den Vorstellungen der Heilsarmee
- Johannas Auseinandersetzung mit Mauler
- Johannas Auseinandersetzung mit den Arbeitern

Eingefügt ist eine differenzierte Erarbeitung der Theaterkonzeption Brechts, welche die Schülerinnen und Schüler bereits im Baustein 1 im Grundsatz kennengelernt haben, wenn Sie die Szene „Der Ingwertopf" inszeniert haben.

2.1 Johannas erster Gang in die Tiefe

Erfolgen kann der Einstieg in die Johanna-Handlung mit einer Einzel- und Partnerarbeitsphase. Die Schülerinnen und Schüler erhalten den Auftrag, zunächst in Einzelarbeit eine Skizze anzufertigen, aus der ersichtlich wird, in welchem Handlungsgefüge sich Johanna befindet. Durch beschriftete Pfeile soll die Beziehung zwischen Johanna und den einzelnen Personen bzw. Personengruppen deutlich werden. Dabei sollte auch, sofern dies bereits möglich ist, der Charakterzug Johannas als Mensch, der nur das Gute will, durch die soziale Realität jedoch daran gehindert wird, angedeutet werden. Ihren eigenen verinnerlichten Grundsätzen bleibt sie treu, und gerade deshalb scheitert sie in entscheidender Situation; zu spät bereut sie ihr Versagen.
Ihr Engagement zur Beseitigung der existenziellen Not der Arbeiter gründet zunächst auf religiösem Fundament und ist überdies geprägt von der Sicht auf die Polarität von Arm und Reich. Sozialpolitisch möchte sie sich für die elenden Massen engagieren und deren Not beseitigen.

Dabei gerät sie zu Beginn in Auseinandersetzung mit den inhaltlichen Vorstellungen der Heilsarmee und verlässt demzufolge die Institution.
Ihr Engagement bleibt letztlich im weiteren Verlauf erfolglos, weil sie sich nicht mit den Proletariern identifizieren kann und durch eigenes Versagen den geplanten Aufstand verhindert.
Im Verlauf ihres Kampfes für Gerechtigkeit lässt sich Johanna mehrfach von der scheinbaren Gutmütigkeit und Hilfsbereitschaft der Fleischkönige täuschen, eben weil sie an das Gute im Menschen glaubt. So zweifelt sie nicht an Maulers Versprechen, die Schlachthöfe zu öffnen und Arbeitsplätze zu schaffen. Zu der Erkenntnis, letztendlich getäuscht und betrogen worden zu sein, gelangt sie erst, als es zu spät ist.
Vollends zerbricht ihr idealistisch geprägtes Menschenbild, als sie erfahren muss, dass sich ein Zusammenleben, basierend auf Nächstenliebe und Güte, in einem menschenverachtenden System als illusorisch erweist.

- *Erstellen Sie eine Skizze mit beschrifteten Pfeilen, aus der hervorgeht, mit welchen Personengruppen sich Johanna auseinandersetzen muss. Verdeutlichen Sie stichpunktartig Johannas Position innerhalb dieses Gefüges.*

Johanna im Geflecht ihrer sozial-ökonomischen Beziehungen

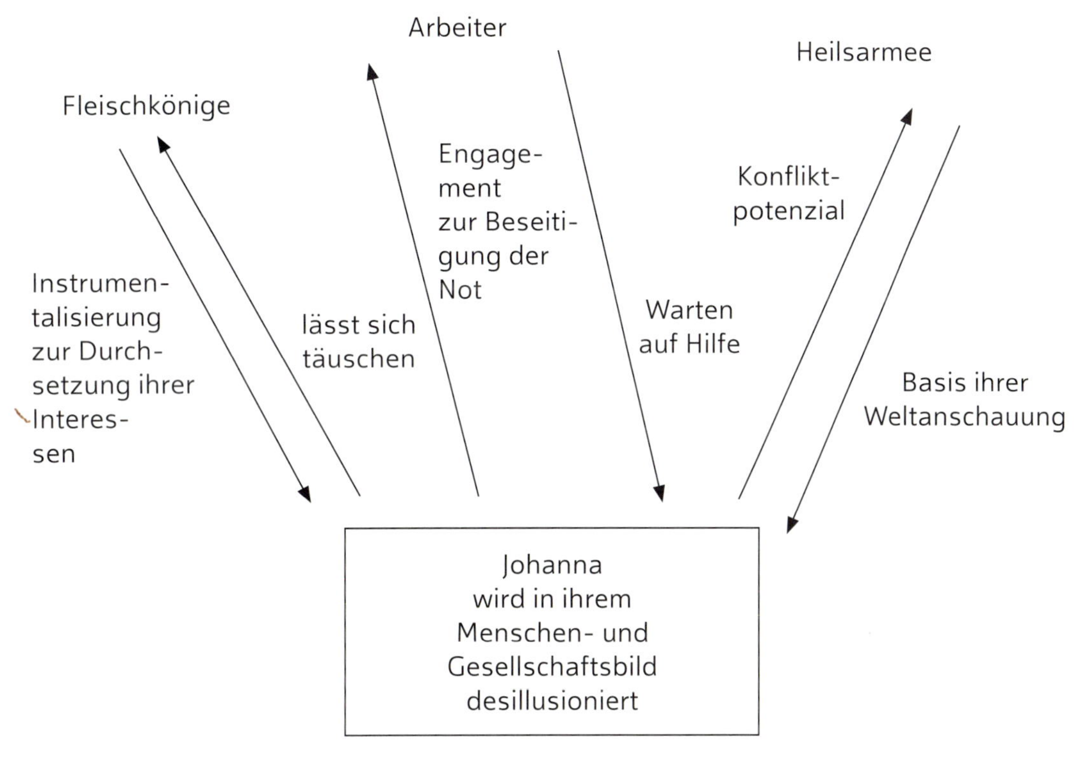

Nach einem Austausch über die angefertigte Skizze in Partnerarbeit werden die Ergebnisse im Plenum diskutiert. Ausgehend hiervon lassen sich Vorschläge für die thematische Weiterarbeit ermitteln. Dieses methodische Vorgehen dient zum einen einer nochmaligen inhaltlichen Orientierung über den Gesamtzusammenhang des Dramas, zum anderen trägt es zur Transparenz der weiteren unterrichtlichen Arbeit bei.
Erst im zweiten Bild wird Johanna, als wichtigste Figur, eingeführt, während Mauler und Cridle das Schauspiel eröffnen, indem sie ein Gespräch über Börsengeschäfte führen. Es empfiehlt sich, die Struktur der ersten Bilder nachzuzeichnen, denn sie entsprechen auf formaler

Ebene der inhaltlichen Konzeption der Johanna-Figur. Dies spiegelt Johannas Position im Gefüge der sie umgebenden Personengruppen (Heilsarmee, Fleischkönige, Arbeiter) und damit ihre Position innerhalb des sozialpolitischen Systems.

- *Beschreiben Sie den inhaltlichen Aufbau der Eingangsszenen (S. 7 – 17).*
- *Was wird hinsichtlich der Konzeption der Johanna-Figur anhand dieses Aufbaus deutlich?*

Der Aufbau kann in folgender Weise an der Tafel festgehalten werden:

Struktur der Eingangsszenen

•	S. 7 – 9:	Gespräch zwischen Mauler und Cridle über Börsengeschäfte
•	S. 12 – 13:	Rede Johannas „Vor dem Haus der Schwarzen Strohhüte“
•	S. 14:	Gesang der Schwarzen Strohhüte „Vor den Lennoxschen Fleischfabriken“
•	S. 15:	Johannas Rede an die Arbeiter (Teil 1)
•	S. 16 – 17:	Johannas Rede an die Arbeiter (Teil 2)

In einem nächsten Erarbeitungsschritt soll überprüft werden, inwieweit Johanna in ihren Entscheidungen den religiösen Grundsätzen der Heilsarmee folgt bzw. in Anbetracht des erlebten Elends der Arbeiter überhaupt noch folgen kann. Dabei stehen die Szenen 2c und 2d im Mittelpunkt der Sequenz.
Die Szenenüberschrift (2c) nennt den Auftrag der Institution der Heilsarmee, nämlich „dem Jammer der Schlachthöfe Trost zu spenden“ (S. 12). Bereits in dieser Formulierung zeigen sich eine Objektivierung des Menschen und eine subtile Verfremdung, es geht weniger um die Menschen als vielmehr um die Schlachthöfe. Inhaltlich eröffnet diese Szene dem Zuschauer einen fundierten Einblick in die Arbeit der Institution Heilsarmee und damit auch in die Denkstruktur Johannas.
Ihre erste Rede (Vor dem Haus der Schwarzen Strohhüte, S. 12 – 13) ist zugleich ihr erster Auftritt; sie greift gesellschaftspolitische und soziale Missstände auf und unterscheidet sich damit bereits hier in ihrem inhaltlichen Anspruch von der Konzeption der religiösen Institution, die sich als apolitisch versteht.
Der sich anschließende Gesang der Schwarzen Strohhüte vor den Fleischfabriken (Szene 2d, S. 14) wendet sich an die Arbeiter, denen die Mitglieder der Institution „während des Singens [...] ihr Traktätchen *Der Schlachtruf*, Löffel, Teller und Suppe“ (S. 14) verteilen. Deutlich präsentieren sie ihre Ziele und Intention, mithin ihre Grundsätze.
Die sich anschließende Rede Johannas umschließt eine Auseinandersetzung mit den Arbeitern über deren miserable soziale Lage und weist deshalb zwei Teile auf (S. 15 – 17).

Bevor die beiden Reden Johannas im Mittelpunkt der Erarbeitung stehen, bietet es sich an, diese Sequenz mit dem Credo der Schwarzen Strohhüte (S. 14) einzuleiten, um so den inhaltlichen Anspruch der Heilsarmee als Institution herauszustellen. Als Basisinformation kann an dieser Stelle auf den Text „Die Heilsarmee“ (**Arbeitsblatt 2**, Baustein 1) zurückgegriffen werden.
Konkret zu fragen ist, inwiefern die Schwarzen Strohhüte ihrem Anspruch, Hilfe zu leisten, nachkommen und diesen überzeugend vermitteln, wie ihr Hilfsangebot von den Bedürftigen angenommen wird und welche Position sie zu den Ansichten der Mächtigen einnehmen.

Singend verkünden die Schwarzen Strohhüte ihr Programm. Ihr Kampflied richtet sich an jeden einzelnen Arbeiter, an jede einzelne Arbeiterin: „Wir sehen dich, Mann, der versinkt [...] Wir sehen dich Frau, die winkt“ (S. 14). Die Personalpronomina „wir“ betonen die Nähe und die Zuwendung der Heilsarmee zu den Angesprochenen. Die eigentliche und auch einzige Leistung und Hilfe der Heilsarmee besteht in der Versorgung mit Nahrungsmitteln: „Wir bringen dir zu essen/Wir haben nicht vergessen/Daß du noch draußen stehst“ (S. 14). Diese Hilfeleistung werde erfolgreich sein, wenn sich die Arbeiter dieser Institution anschlössen. Ziemlich deutlich wird die apolitische Ausrichtung dieser Institution: „Sag nicht, es hilft nichts, denn jetzt wird es anders/Das Unrecht dieser Welt kann nicht bestehn/Wenn alle mit uns kommen und marschieren/Und kümmern sich um nichts und helfen gehen“ (S. 14). Imperative („Haltet [...] an“, „Sieh uns, Bruder“, S. 14) dienen als Aufforderung, dem Anspruch der Heilsarmee zu folgen. Die apolitische Grundhaltung und der Aufruf zur asketischen Lebensform stehen damit deutlich im Widerspruch zu dem Anliegen der Arbeiter.
Zudem scheint die Sprache des Krieges nicht zur Hilfeleistung der Heilsarmee zu passen, sie wird erst unter dem Anspruch, „Soldaten des lieben Gottes“ (S. 15) zu sein, verständlich: „Tanks [...] Kanonen [...] Flugzeuge [...] Kriegsschiffe“ (S. 14) werden eingesetzt, um „einen Teller Suppe zu erobern“ (S. 14) für die „große Armee“ der „armen Leute“ (S. 14). Der Inhalt des Lieds ist im Vergleich zur sprachlichen Gestaltung nicht nur unverhältnismäßig, sondern auch widersprüchlich: Soldaten Gottes als Kämpfer mit Kanonen und Kriegsschiffen für Recht und Gerechtigkeit, die zudem „[z]um Sturm an das Gewehr“ (S. 14) aufrufen, zu benennen, ist letztlich ein Mittel der Verfremdung.
Um die Wirkung dieses Kampfliedes hervorzuheben, erproben die Schülerinnen und Schüler in Kleingruppen einen Sprechvortrag mit der Intention, Handlung (Austeilen der Suppe) und sprachliche Gestaltung (Kriegsmetaphorik) deutlich zum Ausdruck zu bringen.

- *Bereiten Sie das Kampflied der Schwarzen Strohhüte (S. 14) für einen szenischen Vortrag vor. Markieren Sie dabei Begriffe oder Satzfragmente, die Sie besonders hervorheben wollen.*
  Berücksichtigen Sie bei Ihrem Vortrag auch die Regieanmerkungen. Präsentieren Sie Ihren Vortrag im Kurs.

Nach einem Austausch über die Präsentation und Wirkung der Vorträge im Plenum erfolgt in Einzelarbeit, oder auch als Hausaufgabe denkbar, der Auftrag:

- *Lesen Sie noch einmal das Kampflied der Schwarzen Strohhüte (S. 14). Worin besteht deren Hauptanliegen? Beachten Sie dabei auch den Sprachgebrauch.*
- *Wie soll ihre konkrete Hilfeleistung realisiert werden? Wie bewerten Sie diese?*
- *Lesen Sie die Regieanmerkung auf S. 14. Ihr Traktat nennen die Schwarzen Strohhüte „Schlachtruf“. Vergleichen Sie diesen Begriff mit dem Inhalt des Liedes (S. 14) und ihrem Anliegen.*

Die Ergebnisse lassen sich in folgendem Tafelbild sichern:

Gesang der Schwarzen Strohhüte

- Aufruf, sich der Institution anzuschließen
- Eintritt in die Institution zur Vermeidung von Unrecht in der Welt
- Erzeugung einer Untergangsstimmung
- Kriegsmetaphorik als Ausdruck der eigenen Stärke

...

⟶ soziale Fürsorge für den Einzelnen; apolitische Lebensform; Verzicht auf gesellschaftliche Veränderungen

In einem nächsten Schritt wird vor dem Hintergrund der inhaltlichen Konzeption des Kampfliedes der Schwarzen Strohhüte die Rede Johannas (Vor dem Haus der Schwarzen Strohhüte, S. 12 – 13) erarbeitet.

Johanna hat innerhalb der Heilsarmee einen Auftrag, nämlich den Menschen zu helfen. Sie identifiziert sich (zunächst) mit den Grundsätzen der Institution, geht aber noch darüber hinaus, indem sie einen bewusst religiösen Bezug herstellt und expressis verbis auf „Gott" (S. 12) verweist. Schließlich muss sie erkennen, dass die Zielsetzung dieser Institution ihren Vorstellungen von sozialer Hilfe nicht entspricht. Hervorzuheben ist bei der Erarbeitung, dass Johanna durchaus über die Absichten der Institution hinausgehende Beweggründe zu helfen hat, denn sie möchte die Ursachen des Elends erforschen.

Johannas erste Rede „Vor dem Haus der Schwarzen Strohhüte" (S. 12 – 13) nimmt insofern eine Sonderstellung ein, als hier die sozialen Missstände von ihr gesehen und allgemein angesprochen werden.

Der Einfluss der Religion wird – im Sinne der Schwarzen Strohhüte – auf die „Untersten" (S. 12) der Gesellschaft beschränkt, deren „einzige Rettung" (S. 12) Gott ist.

Mit dem Ziel, „Trost zu spenden" (S. 12), beabsichtigt sie, in einer „Zeit blutiger Verwirrung/ Verordneter Unordnung/Planmäßiger Willkür" (S. 12) und „entmenschter Menschheit" (S. 12) den Ärmsten das Wort Gottes zu vermitteln. Es gibt Mechanismen und Mächte, die Unordnung und Willkür bewusst betreiben und für ein gesellschaftliches Chaos verantwortlich sind. Dessen ist sie sich bewusst.

Sie spricht von einer Menschheit, die sich von sich selbst entfernt habe, die sie eine „entmenschte Menschheit" (S. 12) nennt. Die Wortwahl ist durch die gewählten Begriffe wie „blutig, Schlachthaus, Gewalt" (S. 12) drastisch und greift an dieser Stelle die Schlachthof-Thematik auf. Wie das Vieh würden die Menschen geschlachtet.

Johanna glaubt an eine moralische, gewaltlose Veränderbarkeit der Welt. Sie möchte verhindern, dass „rohe Gewalt des kurzsichtigen Volkes/Zerschlag das eigene Handwerkszeug und/Zertrample den eigenen Brotkorb" (S. 12). Die Vernachlässigung religiöser Werte „an den Stätten des wirklichen Lebens" (S. 12), d.h. in Regionen, die nicht von Armut geprägt sind, kennt sie; nur die Ärmsten, die „Untersten" (S. 12) sehen in der Religion „die einzige Rettung" (S. 12) und Hoffnung auf Beseitigung der existenziell bedrohlichen Lage und der sozialen Missstände.

Johanna spricht durchaus eine Sprache, die das Anliegen der Heilsarmee zum Ausdruck bringt. Allerdings verrät die Verknüpfung von einem Substantiv und einem diesem widersprechendem Attribut (Paradoxon), wie z.B. „Verordnete Unordnung/Planmäßige Willkür" (S. 12), eine kritische Sicht auf die sozialen Missstände.

Sie spürt eine schwelende Gewaltbereitschaft unter der Arbeiterschaft. Den Grund dafür sieht sie in der Kurzsichtigkeit des Volkes (vgl. S. 12) und unterstellt ihm damit mangelnde Einsicht in die die eigene Existenz bedrohenden Zusammenhänge wirtschaftlichen Lebens. Wie sich herausstellen wird, erweist sich nicht die Arbeiterschaft als naiv, sondern z. T. Johanna selbst. Ihre Botschaft ist deutlich formuliert: Das Wort Gottes wird unter den Armen verbreitet, aber nicht vor dem Hintergrund eines sozialen Engagements, um ihre Not zu lindern, sondern aus ideologisch-religiöser Motivation heraus. Durch die Verkündigung der Liebe Gottes zu den Menschen soll eine Revolution, also „rohe Gewalt" (S. 12), abgewendet werden: „Drum haben wir uns entschlossen/Für ihn die Trommel zu rühren/Auf daß er Fuß fasse in den Quartieren des Elends/Und seine Stimme erschalle auf den Schlachthöfen" (S. 13).
Die Menschen sollen auf das Leben im Jenseits, in dem weder Not noch Elend herrschen, vorbereitet werden. Jeder Versuch einer Abwendung von Gott, vor allem durch Gewalt, erscheint als Frevel.
Zum Schluss ihrer ersten Rede vor dem Haus der schwarzen Strohhüte verweist Johanna jedoch auch auf die eingeschränkten Möglichkeiten derartiger „Hilfeleistung": „Und dies unser Unternehmen ist sicher/Das letzte seiner Art. Letzter Versuch also/Ihn (sc. Gott) noch einmal aufzurichten in zerfallender Welt, und zwar/Durch die Untersten" (S. 13).

- *Bereiten Sie die Rede Johannas (S. 12 – 13) für einen szenischen Vortrag vor. Markieren Sie dabei Begriffe und Satzfragmente, die Sie besonders hervorheben wollen.*
- *Berücksichtigen Sie bei Ihrem Vortrag auch die Regieanmerkungen. Präsentieren Sie Ihren Vortrag im Plenum.*
- *Wie stellt Johanna die gesellschaftspolitischen und sozialen Missstände sprachlich dar?*
- *Mit welchen Mitteln möchte sie diesen Missständen entgegenwirken? Welche Funktion hat in diesem Zusammenhang die Religion?*
- *Wie bewerten Sie das Anliegen Johannas?*

Folgendes Tafelbild wird als Ergebnissicherung vorgeschlagen:

Johannas erster Gang in die Tiefe
Vor dem Haus der Schwarzen Strohhüte

Unrecht in der Welt

- finstere Zeit, blutige Verwirrung
- Orientierungslosigkeit (vgl. S. 12)
- geplante „Unordnung“ (S. 12) und „Willkür“ (S. 12)
- „entmenschte Menschheit“ (S. 12)
- „Unruhen“, „Schlachthaus“ (S. 12)
- Gewalttaten

↓

von Menschen zu verantwortendes Kriegsszenarium;
Schlachthof-Thematik in der Sprache gespiegelt

Bekämpfung der Missstände

- Verhinderung von Gewalt als einzige Rettung für die Ärmsten
- Hinwendung zu Gott impliziert den Gedanken an das Leben im Jenseits und verhindert Gewalt

↓

ausschließlich religiös motivierte Hilfe

➡ Religion als Mittel zur Beruhigung, zur Verhinderung von Gewalt und zur Stabilisierung gesellschaftlicher Verhältnisse
Verschleierung gesellschaftlicher Missstände
Aufgaben der Heilsarmee: „Rettung“ der Ärmsten und Verweis auf das Jenseits

Im folgenden Schritt geht es darum, die entscheidende erste Wende im Denken Johannas transparent zu machen und zu begründen.
Durch die Konfrontation mit der Situation der Arbeiter auf den Schlachthöfen erkennt sie, dass religiöser Zuspruch allein kein wirkungsvolles Hilfsangebot zur Rettung aus existenzieller Not darstellt. Die Religion dient durch ihre Jenseitsorientierung im Gegenteil dazu, ungerechte gesellschaftliche Verhältnisse im Diesseits zu stabilisieren.
Ihre Rede auf den Schlachthöfen (S. 15 – 17) ist zweigeteilt und wird durch ein Gespräch mit den Arbeitern unterbrochen. In beiden Teilen bekundet sie ihr Interesse, nach den Ursachen der Armut und des Elends zu forschen.
Im Mittelpunkt beider Redeteile steht der Appell, an die Güte des Menschen und an das Wohlwollen Gottes zu glauben und demzufolge nach Höherem zu streben, wobei im zweiten Redeteil dieser Appell intensiviert wird. Indem sie den existenziellen Notstand der Arbeiter als „grobe sinnliche Genüsse“ (S. 16) bezeichnet, während „Gottes Wort aber [...] ein raffinierterer Genuß“ (S. 16) sei, entsteht im Kontext ihrer inhaltlichen Ausführungen der Anschein einer objektiven Wahrheit und einer unbedingten Notwendigkeit, die eigene existenzielle Lage zu missachten und dem Höheren, dem Metaphysischen, zu folgen. Ihr ist dabei nicht bewusst, dass sie den Arbeitern jegliche Art von Lebensqualität letztlich abspricht.
Ziel dieser Erarbeitungsphase ist es, sowohl die Situation Johannas und den Beginn ihres Erkenntnisprozesses als auch die Lage der Arbeiter herauszustellen.
Für die Erarbeitung der gesamten Rede wird eine arbeitsteilige Gruppenarbeit vorgeschlagen. Die eine Gruppe erarbeitet den ersten Redeteil (S. 15 – 16) und die zweite Gruppe den zweiten Redeteil (S. 16 – 17).

Es ergeben sich folgende Arbeitsaufträge:

Gruppe 1:

- *Erarbeiten Sie die Rede Johannas (S. 15) unter besonderer Berücksichtigung ihres Vorsatzes, den Arbeitern zu helfen. Beziehen Sie dabei auch das sich anschließende kurze Gespräch zwischen den Arbeitern mit ein (S. 15: Ein Esser: „Von Lennox & Co" – S. 16: „Denn sonst wird euch das Süppchen entzogen").*
  Folgende Fragen können Sie dabei berücksichtigen:
  - *Wie ist die Rede aufgebaut?*
  - *Welchen Trost spendet Johanna den Arbeitern?*
  - *Wie begründet sie die Notwendigkeit des Gottesglaubens?*
  - *Wie begründet sie die Ursachen des wirtschaftlichen Niedergangs?*
  - *Woran zeigt sich ihr über die Religion hinausgehendes Interesse an der Misere der Arbeiter?*
  - *Wie ist die Rede sprachlich gestaltet?*
  - *Wie reagieren die Arbeiter?*

Gruppe 2:

- *Erarbeiten Sie die Rede Johannas (S. 16: „Liebe Freunde, warum seid ihr wohl arm?" – S. 17: „so macht man das Chaos") unter besonderer Berücksichtigung ihres Vorsatzes, den Arbeitern zu helfen.*
  Folgende Fragen können Sie dabei berücksichtigen:
  - *Wie ist die Rede aufgebaut?*
  - *Welche Gründe für das Elend der Arbeiter nennt Johanna?*
  - *Welchen Trost spendet sie den Arbeitern?*
  - *Wie begründet sie die Notwendigkeit des Gottesglaubens?*
  - *Welche sprachlichen Mittel verwendet sie?*
  - *Welche Einstellung hat sie zur Gewalt?*
  - *Warum wenden sich die Arbeiter ab?*

Erster Redeteil

Die Szenenüberschrift erläutert die Situation: Trotz Arbeit auf den Schlachthöfen haben die Schwarzen Strohhüte, „als es Abend wurde [...] nichts erreicht" (2d, S. 13).
Im folgenden Redeteil – nach dem Gesang der Strohhüte – wendet sich Johanna ganz im Dienst der christlichen Lehre direkt an die Arbeiter in dem Glauben, „Löffel, Teller und Suppe" (S. 14) reichten aus, um im Kampf um tägliches Überleben bestehen zu können. Die Begründung Johannas, als „Soldaten des lieben Gottes [...] mit dem Verbrechen und dem Elend, jenen Mächten, die uns nach unten ziehen wollen" (S. 15), kämpfen zu müssen, klingt wenig überzeugend, wenn lediglich Suppe an die Armen ausgeteilt wird.
Sie stellt das Programm vor: auf Unruhe und Gewalttaten durch die Erinnerung „an den lieben Gott, ... den alle vergessen haben" (S. 15), eben durch ein Bekenntnis zur Religion Einfluss zu nehmen. Eine warme Mahlzeit, so glaubt sie, werde die Arbeiterschaft besänftigen. Zugleich appelliert sie an die Arbeiter, den Wohltätern zumindest gedanklich dankbar zu sein. Es sei wichtig, einen Platz im Jenseits zu haben, auf irdisches Glück sei kein Verlass: „Oben streben und nicht unten streben. Oben sich nach einem guten Platz anstellen und nicht unten. Oben der erste sein wollen und nicht unten" (S. 15). Der Dualismus von „oben"

und „unten" meint hier den Gegensatz von göttlichem bzw. himmlischem und irdischem Glück. In Bezug auf das skrupellose Verhalten der Fleischkönige bezieht sich der Dualismus von „oben" und „unten" selbstredend auf die Mächtigen und die Armen.
Das sichtbare „Unglück" (S. 15), gemeint sind die sozialen Missstände, komme „wie der Regen, den niemand machet und der doch kommt" (S. 15). Damit erhält die gesellschaftspolitische Situation den gleichen Rang wie eine Naturkatastrophe, die unvermeidbar ist und die sich jeglicher menschlichen Einflussnahme und Verantwortung entzieht. In der Sprache der Mächtigen bezeichnet Johanna das Unglück als Naturereignis und somit als unabänderliches Schicksal.
Als ein Arbeiter auf ihre die Rede beendende Frage, woher das ganze Unglück denn komme, antwortet: „Von Lennox & Co." (S. 15), sieht sie sich gezwungen, den Fleischkönig zu verteidigen: „Der Herr Lennox hat jetzt vielleicht mehr Sorgen als ihr. Was verliert denn ihr? Das geht doch in die Millionen, was der verliert!" (S. 15) Das Kriterium zur Beurteilung der sozialen Not bzw. Situation ist rein quantitativ. Die Größe des Leidens wird gemessen an der Höhe des finanziellen Risikos des Verursachers.

Folgendes Tafelbild dient der Ergebnissicherung:

Johannas Appell an die Arbeiter: Redeteil I (S. 15)

Aufgabe der Schwarzen Strohhüte:

Kampf gegen das Verbrechen, gegen Mächte, die „uns nach unten ziehen wollen" (S. 15)

Regieanmerkung als Hinführung zum religiösen Bezug:

Appell, dankbar und zufrieden zu sein

- Hinwendung zu Gott als das wahre Glück
- irdisches Glück als Illusion

Menschliches Elend entsteht wie eine Naturkatastrophe:

Gesellschaftspolitische Missstände entstehen ohne menschlichen Einfluss und sind deshalb unvermeidbar. vs. Die Mächtigen sind für das Elend verantwortlich.

Sprache:

Kriegsvokabular („Soldaten ... Trommeln ... Fahnen ... Armee ... Kampf", S. 15);
Dualismus zwischen „oben und unten" (S. 15)

Reaktion der Arbeiter:

Wissen um das ausbeuterische Verhalten der Fleischkönige;
Abwertung der Mahlzeit

Auf formaler Ebene leitet das kurze Gespräch mit den Arbeitern (vgl. S. 15) zu dem folgenden Redeteil über. Inhaltlich wird die kritische Sicht der Arbeiter auf ihre eigene Arbeitssituation und darüber hinaus auf die gesellschaftlichen Verhältnisse im Allgemeinen sichtbar.
Mit ihrer Frage greift Johanna die prekäre Lage der Arbeiter noch einmal auf: „Liebe Freunde, warum seid ihr wohl arm?" (S. 16)
In tiefer Überzeugung ihrer Wohltätigkeit setzt sie ihre Rede an die Arbeiter fort.

Zweiter Redeteil

Als Lösung für deren Situation – die Johanna zu diesem Zeitpunkt noch nicht einschätzen kann und ebenso wenig versteht – sagt sie ihnen, es sei primäres Ziel, einen „Sinn für das Höhere" zu entwickeln (S. 16); da dieser fehle, seien sie „arm" (S. 16). Die Armut liege nicht am Mangel an „irdischen Gütern" (S. 16), sondern in mangelndem Sinn für das „Höhere" (S. 16), in der Abwendung von Gott. Die Lebenswirklichkeit in ihrer vollen Brisanz wird ignoriert und damit abgewertet. Ein Recht auf eine materielle Basis wird den Armen abgesprochen: „Diese niederen Genüsse, nach denen ihr strebt, nämlich dieses bißchen Essen und hübsche Wohnungen und Kino, das sind ja nur ganz grobe sinnliche Genüsse." (S. 16) Existenzielles wie „Essen" und „Wohnungen" werden mit „Kino" auf eine Ebene gestellt und erhalten die Bedeutung des Überflüssigen und Luxuriösen. In den Ohren der Arbeiter – und wohl auch des Zuschauers – muss dies wie purer Zynismus klingen.
Eindringlich appelliert sie an die Arbeiter, auf „rohe Gewalt" (S. 17) zur Durchsetzung ihrer Rechte zu verzichten und sich stattdessen um den „ganzen inneren Menschen" (S. 17), also um das Seelenheil, zu kümmern; nur dann könne man „hinaufkommen" (S. 17). Gewalt, so sagt sie, führe zur Zerstörung und zu chaotischen Zuständen (vgl. S. 17).
Der Rückgriff auf das Bibelzitat aus der Bergpredigt (vgl. Matthäus Kap. 5–7; bes. Kap. 6) in brauchbarer Abwandlung – „Ihr Kleingläubigen, die Vögel unter dem Himmel haben keine Stellungsnachweise und die Lilien auf dem Felde haben keine Arbeit und er ernähret sie doch, weil sie lobsingen zu seinem Preis" (S. 16) – muss den hungernden und darbenden Arbeitermassen erneut zynisch erscheinen. Das geforderte Trachten nach der Ewigkeit Gottes, die eindringliche Mahnung, nicht nach irdischen Gütern zu streben, bedeutet für die Arbeitslosen Langmut, Geduld und Passivität gegenüber dem Arbeitgeber. Durch Frömmigkeit soll die soziale Not angenommen und akzeptiert werden; das bewirkt eine Bewahrung der sozialpolitischen Verhältnisse, sodass die Gruppe der Mächtigen unbeirrt ihr blutiges Geschäft der Ausbeutung betreiben kann.
Auf ihre Frage „Was muß einer haben, daß er überhaupt hochkommt?" (S. 16) antwortet ein Arbeiter: „[E]inen Stehkragen" (S. 16). Diese Antwort entspricht nicht der von Johanna erwarteten, nämlich „Gott", sondern offenbart die Lebensmaxime der Arbeiter: Nicht absolute Gottergebenheit ist Voraussetzung für den Erfolg, sondern materielle Mittel, die allein Ansehen, Erfolg und Aufstieg garantieren.

Die Ergebnissicherung kann folgendermaßen gestaltet werden:

Johannas Appell an die Arbeiter: Redeteil (S. 16 – 17)

Eröffnung:	Beantwortung der Frage nach den Gründen der Armut: „Mangelnder Sinn für das Höhere“ (S. 16) bei durchaus existenziellem Auskommen
Gegenüberstellung:	irdische Bedürfnisse vs. göttliches Wort Wertlosigkeit irdischer Güter vs. Streben nach dem Seelenheil
Beantwortung der Frage nach dem Lebensziel:	Das Streben „nach oben“ (S. 16) nur durch Gewaltlosigkeit möglich Gewalt bedingt Zerstörung und Chaos Gewaltlosigkeit als Voraussetzung, dem Elend zu entkommen
Sprache:	bildhafte Sprache; Bibelzitate in brauchbarer Abwandlung; rhetorische Fragen
Reaktion der Arbeiter:	Streben nach oben bedeutet für sie Streben nach materieller Sicherheit

Nach Auswertung der Gruppenarbeit sollte die Wirkung der Rede Johannas auf die Arbeiter thematisiert werden.
Als das Gerücht von einem freien Arbeitsplatz aufkommt, laufen verständlicherweise die Arbeiter weg und hören zur Empörung Johannas (vgl. S. 17) nicht mehr zu. Johanna zeigt ihr Unverständnis: „Hallo, ihr, wo lauft ihr denn hin? Wenn man euch von Gott erzählt! Das wollt ihr nicht hören! Was?!“ (S. 17) Schließlich muss Johanna erkennen, dass die existenzielle Not der Arbeiter den Glauben an Gott besiegt hat: „Denen/Ist nur mehr der Hunger gewachsen. Sie/Berührt kein Lied mehr, zu ihnen dringt/In solche Tiefe kein Wort.“ (S. 19)

In Einzel- und Partnerarbeit lassen sich folgende Aufträge erarbeiten:

- *Welchem Zweck dienen in der Rede Johannas die religiösen Verweise? Wie bewerten Sie den Stellenwert der Religion?*
- *Welche Bedeutung hat der Appell zum Gewaltverzicht für die Arbeiter und die Mächtigen?*
- *Lesen Sie die Seiten 17 – 19. Warum wenden sich die Arbeiter von Johanna ab?*
- *Welchen Grund für die Abkehr der Arbeiter nennt Johanna selbst?*

Ein vertiefendes Unterrichtsgespräch kann zu folgendem Tafelbild führen:

Botschaft der Rede Johannas

In den Ohren der Arbeiter	In den Ohren der Mächtigen
• eindringlicher Verweis auf die Fürsorge Gottes als Alternative zur Gewaltanwendung	• Erhalt der sozialpolitischen Verhältnisse als Basis für weiteres Agieren
↓	↓
religiöse Botschaft bietet keine praktische Hilfe, stattdessen Erhalt der sozial-politischen Verhältnisse, des Elends	
↓	
Interesse an Veränderung der gesellschaftlichen Verhältnisse	Interesse am status quo der gesellschaftlichen Verhältnisse

Einsicht Johannas

Die Arbeiter leiden existenziell und bedürfen anderer Hilfsmaßnahmen.

Erst als Johanna die Scharen von Arbeitslosen sieht, erkennt sie das Elend und möchte den realen Grund für die Arbeitslosigkeit finden. Drei Mal wiederholt sie ihre Absicht: „Dann will ich aber wissen, wer an all dem schuld ist." (S. 20) Dieser Wunsch steht im Widerspruch zu der Aussage „Das Unglück kommt wie der Regen, den niemand machet und der doch kommt" (S. 15) und setzt die Einsicht voraus, dass es einen Verantwortlichen geben muss. Das Unglück ist also nicht das unaufhaltsame Werk unsichtbarer Mächte. Im Verhalten Johannas manifestiert sich an dieser Stelle bereits ihre Ambivalenz zwischen klarer Sicht auf die Realität einerseits und religiöser Ideologie andererseits.
Durch diese neue kritische Sicht wendet sich Johanna gegen die Einstellung, die die institutionalisierte Religion der Schwarzen Strohhüte dem Erkenntniswillen entgegensetzt. Weder moralisch noch sozial wollen die Schwarzen Strohhüte aktiv werden und Verantwortung übernehmen. Johanna hingegen wird aktiv und will sich um die Menschen kümmern. Bereits hier distanziert sie sich in einem ersten Schritt von dem Bewusstsein der Schwarzen Strohhüte und gibt ihr Vorurteil, die Unvernunft der Armen sei Grund für die Abkehr von der Religion, auf. In diesem Sinne erweist sich die Religion als falsches Bewusstsein und wird als Ideologie entlarvt.

- *Lesen Sie von Seite 19 unten „Was ist das für ein Geschrei?" bis S. 21 „Ich will's wissen". Zu welcher Erkenntnis gelangt Johanna, als sie die Menge der Arbeitslosen sieht?*
- *Wie bewerten Sie nun Johannas frühere Aussage, das Unglück komme wie der Regen, und ihren Vorsatz, den Schuldigen für das Elend der Arbeiter zu finden?*

- *Was zeigt der Widerspruch über die Konstruktion der Johanna-Figur?*
- *Verfassen Sie einen Text, in dem Sie das bisherige Verhalten Johannas zusammenfassen und kommentieren. Dieser Text sollte geeignet sein, in das Bild 2d eingefügt zu werden, und er sollte sich an die Zuschauer richten.*

Johannas Erkenntnis am Ende des ersten Lernwegs

- Kampf der Arbeiter um das Existenzminimum
- Sorge um den Arbeitsplatz, Arbeitslosigkeit
- Abwenden der Arbeiter von der religiösen Lehre
- christliche Ideologie bietet keine praktische Hilfe

...

→ Kritische Sicht auf die sozialen Verhältnisse lässt den moralisch-religiösen Anspruch in den Hintergrund treten.

↓

Ambivalenz Johannas wird sichtbar

2.2 Johannas zweiter Gang in die Tiefe

Anders als die weiteren Mitglieder der Heilsarmee möchte Johanna den wahren Grund für die Arbeitslosigkeit und die Armut erfahren. Sie möchte also einen weiteren Schritt auf ihrem Lernweg gehen. Aus diesem Bedürfnis heraus sucht sie das Gespräch mit Mauler und wird von Slift in die Gegend der Schlachthöfe geführt mit dem Ziel, ihr die Schlechtigkeit der Arbeiter zu zeigen (vgl. S. 33). Johanna erlebt hier auf ihrem Lernweg exemplarisch am Verhalten und am Handeln von Gloomb und Luckerniddle das materielle und soziale Elend der Arbeiter. Beide werden als Opfer gesellschaftlicher Verhältnisse gezeigt; aus dieser Not heraus ist jeder Einzelne korrumpierbar.
Im Einzelnen sollen in dieser Sequenz folgende Aspekte erarbeitet werden:

- das Verhalten Luckerniddles und das des Burschen
- das Verhalten Gloombs
- das marxistisches Menschenbild
- die Theaterkonzeption Brechts

Als Einstieg in die Erarbeitungsphase sollte die vierte Szene auf jeden Fall in häuslicher Vorbereitung gelesen sein. Wenn eine Rollenbiografie (vgl. Baustein 1) erstellt worden ist, können die Ergebnisse, sofern sie sich genau auf die Figuren der vierten Szene beziehen, als Einstieg in die Textarbeit aufgegriffen werden.
Exemplarisch lässt sich anhand der in dieser Szene beteiligten Figuren Brechts Theaterauffassung darstellen. Dazu sollten die Schülerinnen und Schüler ihr Wissen über die einleitend vorbereitete Erarbeitung des Textes „Der Ingwertopf“ (s. Baustein 1) reaktivieren, anwenden und vertiefen.
Inhaltlich ist eine Bezugnahme auf den Roman „Der Dschungel“ von Upton Sinclair (**Arbeitsblatt 6,** S. 87 f.) sinnvoll, zumal Brecht die Thematik des Schauspiels nach Chicago

verlegt und sich inhaltlich in Bezug auf die menschenverachtenden Arbeitsbedingungen am Schlachthof konkret am Romaninhalt orientiert. Die Erarbeitung dieser Texte dient als Hintergrundinformation zum inhaltlichen Verständnis der dargestellten „Schlachthaus-Thematik" bei Brecht.

- *Beschreiben Sie die dargestellten Vermarktungsstrategien.*
- *Beschreiben Sie die Arbeitsbedingungen an den Schlachthöfen; zeigen Sie Parallelen zum Schauspiel auf.*

Der Roman von Upton Sinclair basiert auf seinen Eindrücken und Beobachtungen, die er als Arbeiter auf den Schlachthöfen Chicagos gesammelt hat. In dem Textauszug beschreibt er erbarmungslos die menschenverachtenden Arbeitsbedingungen einschließlich der dubiosen und betrügerischen Verfahren der Fleischherstellung und -verarbeitung.
Im Einzelnen beklagt Sinclair folgende Zustände:

- Betrügereien bei der Fleischverarbeitung; Etikettenschwindel
- berufsbedingte Leiden der Arbeiter:
  - Amputationen der Gliedmaßen
  - Haltungsschäden
  - Tod durch Fallen in ebenerdige Brühkessel

Der Auszug aus dem Roman „Berlin Alexanderplatz" von Alfred Döblin (**Arbeitsblatt 7,** S. 89f.) ist thematisch aufschlussreich, weil er das elende Dasein des Menschen anhand der Schlachthof-Thematik spiegelt: Die Menschen werden wie Vieh behandelt. Zunächst beschreibt er aus der Perspektive eines Beobachters vorbereitende Maßnahmen zum Abschlachten der Tiere. Die geschilderten Angstzustände der Tiere, die ihrer Zwangslage nicht entkommen können, finden ihre Entsprechung in der existenziellen Not der Menschen.

- *Beschreiben Sie die Zustände auf dem Schlachthof.*
- *Der Schlachthof zeigt zugleich als metaphorischer Ort die Verelendung des Menschen. Zeigen Sie Parallelen zum Drama Brechts auf.*

Zentrale Aspekte der katastrophalen Verhältnisse auf den Schlachthöfen Chicagos und der ebenso existenziellen Not der Menschen werden in folgendem Tafelbild zusammengefasst:

Die Darstellung der Schlachthof-Thematik bei Sinclair und Döblin

- Darstellung unmenschlicher Arbeitsbedingungen
- Aufzeigen und Bewusstmachen des unvorstellbaren Leids der Arbeiter
- Aufdecken des Fleischskandals durch Etikettenschwindel
- ...

Ein Vergleich der Textauszüge mit dem Schauspiel Brechts eignet sich gut als Thema für eine Facharbeit (**Zusatzmaterial 1,** S. 147f).

Für die sich nun anschließende Erarbeitung der Einzelschicksale wird eine arbeitsteilige Gruppenarbeit vorgeschlagen. Dabei werden das Unglück Frau Luckerniddles und das des Burschen, aufgrund der gemeinsamen tragischen Ereignisse, thematisch zusammengefasst.

Die Erarbeitung dieser beiden Schicksale erfolgt demnach in *einer* Gruppe, wobei jedoch die Foliengestaltung gemäß den Arbeitsaufträgen für beide Schicksale getrennt erfolgen soll. Diese Arbeitsaufträge werden vorgeschlagen:

Gruppe 1: Das Unglück Luckerniddles und das des Burschen

- *Lesen Sie die Seiten 35 – 37; 39 – 41.*
  Beschreiben Sie
  - *das Unglück des Burschen und sein Verhalten,*
  - *das Schicksal Frau Luckerniddles.*
- *Charakterisieren Sie das Verhalten des Vorarbeiters und das Slifts. – Welches Menschenbild liegt dem jeweiligen Verhalten zugrunde? Halten Sie Ihre Ergebnisse in einem Folienbild fest.*
- *Charakterisieren Sie das Verhalten Frau Luckerniddles und das Slifts. – Welches Menschenbild liegt dem jeweiligen Verhalten zugrunde? Halten Sie Ihre Ergebnisse in einem Folienbild fest.*

Gruppe 2: Das Unglück Gloombs

- *Lesen Sie die Seiten 33 – 37. Beschreiben Sie die Entscheidungsnot Gloombs.*
- *Charakterisieren Sie das Verhalten Slifts in dieser Situation.*
- *Wie beurteilen Sie seine Reaktion und sein Verhalten? Halten Sie Ihre Ergebnisse in einem Folienbild fest.*

Das Unglück Luckerniddles und das Schicksal des Burschen

Das Unglück Luckerniddles wird vom Vorarbeiter dem Burschen emotionslos und sachlich berichtet mit der einhergehenden Aufforderung, Rock und Mütze verschwinden zu lassen, denn „sie nehmen nur einen Haken in der Garderobe weg und machen einen schlechten Eindruck“ (S. 34). Er, der Vorarbeiter, würde seine „Stellung verlieren, wenn das Zeug wo gefunden würde“ (S. 34). Der Bursche werde dadurch belohnt, dass er „natürlich Luckerniddles Platz“ (S. 34) bekomme, wenn er ihm diesen Gefallen erweise. Sarkastisch äußert sich der Bursche über den Tod Luckerniddles, den er als „Onkel Blattspeck [...] in eine Blechdose gekleidet“ (S. 34) bezeichnet; dieser benötige die Kleidung nun nicht mehr. Durch Krankheit und mangelnde Arbeit gezwungen („Da bekam ich es an der Lunge und eine [...] Entzündung der Augen [...] und nur zweimal eine Arbeitsstelle gefunden“, S. 35), hält er es für legitim, sich selbst mit Rock und Mütze zu bekleiden.
Slift, der eindeutig die Kleidung identifizieren kann, nutzt seine Stellung aus und greift zur Erpressung. Er verspricht dem Burschen ein Mittagessen in der Kantine, wenn er Frau Luckerniddle die Wahrheit über ihren Mann mitteile, indem er sage, „woher [...] Mütze und Rock stammt“ (S. 35). Obgleich der Bursche die Wahrheit als „roh“ (S. 35) empfindet, wird er aufgrund seines elenden Daseins diese kundtun und damit das Essen in der Kantine einnehmen.
In ähnlicher Weise behandelt Slift die Witwe Luckerniddle. Vergeblich hat sie tagelang auf ihren Mann gewartet und misstraut den Lügen Slifts, ihr Mann sei verreist. Sie weiß genau, dass ein Unglück geschehen ist, und wird von Slift, wenn sie dieses Unglück verschweigt, was wiederum dem Wohl der Fabrik dient, erpresst. Sie müsse, wenn sie nicht an ein Unglück glaube, „der Fabrik einen Prozess machen“ (S. 36) und sie könne folglich „von der Fabrik kein Essen annehmen“ (S. 36). Stelle sie aber die Nachforschungen nach ihrem Mann ein, könne sie „drei Wochen lang mittags in unserer Kantine umsonst Essen bekommen“ (S. 36).

Trotz ihrer berechtigten Zweifel und, wie es scheint, das Angebot ablehnend („Ich muß meinen Mann wiederhaben. Ich habe niemand außer ihm, der mich erhält“, S. 36), entscheidet sie sich doch für die warme Mahlzeit und hält ihren Mann offiziell für verreist (vgl. S. 40). Schließlich erfährt sie auf äußerst unsensible Art in einem von Slift initiierten Gespräch mit dem Burschen die Wahrheit über ihren Mann (vgl. S. 41).
Der junge Arbeiter betritt, bekleidet mit Rock und Mütze, wie mit Slift besprochen, die Kantine, um seine ihm zugesicherte Mahlzeit einzunehmen (vgl. S. 34). Nach der Begrüßung durch den Arbeiter reagiert Slift mit den Worten: „Setzen Sie sich nur zu der Frau dort.“ (S. 41) Ohne Umschweife lenkt Slift das Gespräch auf die Herkunft von Rock und Mütze. Zunächst unangenehm berührt von der Frage nach der Herkunft – „Wo haben Sie die denn her?“ (S. 41) –, ist er schließlich gezwungen, die Wahrheit zu sagen. Die Lebenssituation bestimmt letztlich sein Handeln.

Obgleich Frau Luckerniddle übel wird und sie schweigend die Kantine verlässt, nachdem der Bursche verabredungsgemäß gestanden hat: „Die (sc. Rock und Mütze) hab ich von einem Mann, der in den Sudkessel gefallen ist“ (S. 41), unternimmt sie keine Versuche, sich gegen die Machenschaften zur Wehr zu setzen. Sie weiß, dass sie konkret in dieser Situation keine befriedigende alternative Handlungsmöglichkeit hat. Stellt sie Nachforschungen an, wird ihr die warme Mahlzeit verweigert. Schweigt sie, unterstützt sie die Handlungsweisen der Mächtigen, profitiert aber auch selbst durch die ihr zugewiesene Mahlzeit. In dieser Situation, in der sie ihre existenzielle Grundlage verloren hat, entscheidet sie sich für das eigene zeitlich begrenzte Überleben. Offenbar erstickt die existenzielle Not jegliche Handlungsalternative. Der junge Arbeiter und Frau Luckerniddle handeln im Sinn der marxistischen Lehre: Ihr gesellschaftliches Sein bestimmt ihr Handeln und ihr Bewusstsein. Eine Alternative gibt es für sie nicht.

Die Arbeitsergebnisse dieser Gruppe lassen sich in folgendem Tafelbild sichern:

Menschenschicksale

Situation/Verhalten

Vorarbeiter

- muss Unglücksfall vertuschen oder Verlust des Arbeitsplatzes
- Kleidung des Opfers muss entsorgt werden

Slift

- erkennt die Kleidung des Opfers
- darf die Kleidung behalten, bekommt Geld und ein Mittagessen

Bedingung: Er muss der Ehefrau die Wahrheit über den Unfalltod berichten.

↓

Handeln aus Machtinstinkt

Bursche/Arbeiter

- hat Bedarf an der Kleidung
- ist arm, gesundheitlich beeinträchtigt
- äußert Bedenken
- kann angebotenen Arbeitsplatz des Opfers einnehmen
- stellt seine existenzielle Not dar

nimmt trotz moralischer Bedenken das Angebot an

↓

Handeln aus existenzieller Not

Inhaltlich ähnlich stellt sich die Situation für Frau Luckerniddle dar. Folgendes Tafelbild wird vorgeschlagen:

Menschenschicksale

Situation/Verhalten

Luckerniddle

- wartet auf ihren Mann
- beharrt auf Nachforschungen
- spricht von einer Lüge in Bezug auf den Tod
- entscheidet sich für die zwanzig Mahlzeiten
- spricht offiziell von der Reise ihres Mannes

↓

abhängig von Unterstützung, existenziell bedroht, Leben am Existenzminimum

Slift

- spricht von einer Reise des Ehemanns
- verspricht bei Einstellung der Nachforschungen zwanzig warme Mahlzeiten
- betont die Notwendigkeit eines Prozesses gegen die Fabrik bei Drohung

↓

Ausspielen von Macht, Verbreiten von Angst, Angst vor materiellem Verlust bei Aufdeckung der Wahrheit

Das Unglück Gloombs

Anders als Frau Luckerniddle zeigt sich Gloomb zunächst entschlossen, den Verantwortlichen, den „Antreiber" (S. 37), wie er ihn nennt, für seine Verletzung mit Gewalt zur Rechenschaft zu ziehen. Wieder greift Slift ein, der genau weiß, wie er handeln muss, damit die Arbeiter seinen Vorstellungen gemäß reagieren. Er verspricht Gloomb, dem eine Hand amputiert worden ist, eine leichtere Arbeit, wenn er für einen geeigneten Nachfolger sorgt: „Vielleicht gerade den Posten des Vorarbeiters" (S. 38). Gloomb vertraut den Versprechungen Slifts und redet, wie abgesprochen, Johanna als potenzielle Nachfolgerin an. Trotz ihrer, so gibt sie vor, gesundheitlichen Beeinträchtigungen hat Gloomb keine Scheu zu lügen, indem er die lauernde Gefahr am Arbeitsplatz verheimlicht und gerade das Gegenteil, die Sicherheit des Arbeitsplatzes, betont. Gloomb reagiert so, wie es Slift vorausgesagt hat. Er empfiehlt Johanna seinen Arbeitsplatz, der angeblich keineswegs gefährlich sei, denn so sagt er: „Das ist alles nicht wahr. Sie werden erstaunt sein, wie angenehm die Arbeit ist." (S. 39)
Auch Gloomb kann seinem eigenen Willen nicht folgen und das tun, was er für richtig hält. Jegliches Agieren gegen das ausbeuterische Geschäft gefährdet die eigene Existenz.

In einem Unterrichtsgespräch werden die Ergebnisse ausgewertet und diskutiert. Folgendes Tafelbild wird vorgeschlagen:

Menschenschicksale

Situation/Verhalten

Gloomb	**Slift**
• Verlust der Hand durch eine Maschine • Hass auf den Verantwortlichen • Verachtung des unmenschlichen Systems	• verspricht den Posten eines Vorarbeiters, Bedingung: Suche eines Nachfolgers bei gleichzeitiger Leugnung der Gefährlichkeit der Arbeit
• glaubt dem Versprechen und lügt, um eine neue Arbeitsstelle zu bekommen	• erreicht sein Ziel durch Bestechung
↓	↓
existenzielle Not bedingt das Handeln	Ausnutzen seiner Machtbefugnis

Abschließend kann in einem Unterrichtsgespräch noch einmal das zugrunde liegende Menschenbild thematisiert werden.
Die gesellschaftlichen Lebensumstände, die Produktionsbedingungen zur Sicherung der eigenen Existenz, haben ein bestimmtes Bewusstsein zur Folge und bedingen das Verhalten in gesellschaftlichen Kontexten. Dies gilt für den einfachen Arbeiter, den Vorarbeiter und den Mächtigen, Slift. Sie alle sind in ihrem Handeln und in ihrem Bewusstsein durch den gesellschaftlichen Status bestimmt. Dies gilt es für den Zuschauer zu erkennen und kritisch distanziert zu beurteilen.

- *Zeigen Sie, inwiefern Luckerniddle, Gloomb und der junge Arbeiter in ihrem Verhalten von gesellschaftlichen Faktoren bestimmt bzw. beeinflusst sind.*
- *Welche Intention Brechts wird deutlich?*

Die Arbeiter erscheinen als „entmenschte[r]“ (S. 12) Menschen, als Opfer, als wehrlos und bestechlich. An dieser Stelle kann noch einmal auf Johannas Rede vor dem Haus der Schwarzen Strohhüte verwiesen werden (S. 12). Ihr Verweis auf katastrophale, entwürdigende Verhältnisse bewahrheitet sich hier. Johanna spürt das erzwungene Verhalten der Menschen. Aus diesem Grund kann sie Slift vorwerfen: „Wie aber beherrschest du/Ihre Schlechtigkeit! Wie nützt ihr sie aus!“ (S. 41) Jede menschliche Regung und moralische Verantwortung, die diese Menschen besitzen, wird ihnen ausgetrieben. Um existieren zu können, lassen sie sich bestechen, und das nur, weil der „Preis [...], der zwanzig Essen betrug“ (S. 42), zu hoch war. Auch Gloomb hätte Johanna vor der gefährlichen Arbeit gewarnt, wenn „nicht der Preis/So kleiner Rücksicht für ihn so hoch wär?“ (S. 42). Schließlich erkennt sie, dass Slift ihr nicht ein „niedriges Pack, eigentlich den Abschaum der Welt“ (S. 33) gezeigt hat: „Nicht der Armen

Schlechtigkeit/Hast du mir gezeigt, sondern/Der Armen Armut. Ist ihre Schlechtigkeit ohne Maß, so ist's/Ihre Armut auch" (S. 42): Johanna erkennt, dass die sogenannte Schlechtigkeit der Armen nicht selbst verschuldet und moralisch verwerflich ist, sondern von den Vertretern der herrschenden Klasse zu verantworten, also ökonomisch bedingt ist, zwecks Steigerung des Profits. Darin dokumentiert sich ihr im Vergleich zum Beginn fortschreitender Erkenntnisprozess.
Das Forschen nach den Gründen, warum die schlechte Welt schlecht ist, ist deshalb notwendig, damit die Voraussetzungen für ein menschenwürdiges Zusammenleben und ein sozial intaktes Leben überhaupt erst geschaffen werden können. Erst wenn die Wahrheit über tatsächliche Zusammenhänge bekannt ist, kann Moral wirken und realisierbar werden.
Diese Szene (4) ist für die dramaturgische Gestaltung, für den Fortgang der Johanna-Handlung und für ihren Erkenntnisweg wesentlich: Durch direkte Konfrontation mit der Not der Arbeiter wird ihr ihr eigenes Verhalten bewusst und sie erkennt auch die Beweggründe ihres Handelns. Ihre Erfahrungen, die sie auf dem Lernweg gemacht hat, werden sie in weiteren Handlungsschritten prägen und sie zu bestimmten Erkenntnissen führen.
In einem sich anschließenden Unterrichtsgespräch können folgende Fragen diskutiert werden:

- *Welche Erkenntnis hat Johanna auf ihrem bisherigen Lernweg gewonnen?*
- *Welche Bedeutung hat diese Szene (Bild 4) für das Handeln und den Erkenntnisprozess Johannas?*

Erkenntnis Johannas auf ihrem zweiten Lernweg

Die Schlechtigkeit der Armen ist das Resultat des Geschäfts, das die Besitzenden mit den Besitzlosen treiben.

Die Schlechtigkeit der Armen ist ein Gesetz der kapitalistischen Ordnung.

↓

Entschluss Johannas, das Leid der Armen zu beseitigen;
Kontaktaufnahme mit den Mächtigen

Alternativ (als Ergebnissicherung) können in diesem Zusammenhang folgende Arbeitsaufträge – auch als Hausaufgabe denkbar – gestellt werden:

- *Formulieren Sie aus der Sicht Johannas einen Tagebucheintrag über das, was sie bei der Führung zu den Schlachthöfen über die Situation der Armen erlebt und erkannt hat. Gestalten Sie den Text so, dass er in das Bild integriert werden könnte, indem die Protagonistin aus ihrer Rolle heraustritt und das Publikum direkt anspricht.*
- *Welches Bild hat Slift von den Arbeitern? Verfassen Sie auch hierzu einen kurzen Text.*
- *Welche Strategie wendet Slift an, um Johanna von seiner Sicht auf die Arbeiter zu überzeugen? Wie würde Slift seine Absichten einem befreundeten Geschäftspartner in einem Gespräch mitteilen? Entwerfen Sie aus Ihrer Kenntnis des Gespräches zwischen Slift und Johanna diesen Dialog; präsentieren Sie ihn anschließend in Ihrem Kurs.*

- *Wie bewerten Sie das Verhalten Slifts? Inwiefern lässt sich auf sein Verhalten die marxistische Sichtweise „Das gesellschaftliche Sein bestimmt das Bewusstsein" anwenden?*

Eine theoretische Fundierung dieses Menschenbildes auf der Grundlage der marxistischen Lehre bietet der Text „Der dialektische Gegensatz von Proletariat und Reichtum" (**Arbeitsblatt 8,** S. 91 f.). In Einzel- und Partnerarbeit können die folgenden Arbeitsaufträge erschlossen werden:

- *Welches Interesse verfolgt die Klasse des Proletariats und welches die Klasse der Besitzenden?*
- *Was versteht Marx unter dem Begriff „Selbstentfremdung" der besitzenden Klasse und des Proletariats?*
- *Erläutern Sie, inwiefern sich die „Selbstentfremdung" des Menschen im Drama zeigt.*

Grundlegend für die marxistische Theorie ist der Gegensatz von Proletariat und Privateigentum. Obgleich zwischen den Besitzenden und der Klasse des Proletariats ein Gegensatz besteht, bilden sie das gemeinsame System des Privateigentums. In diesem System übernimmt jede Klasse eine bestimmte Position: die Besitzenden, das Privateigentum, ist gezwungen, sich selbst und auch das Proletariat zu erhalten.
Das Proletariat dagegen ist gezwungen, sich selbst und die sie gleichsam unterdrückende Klasse aufzuheben. Insgesamt gibt es also eine positive Seite, die das Privateigentum erhalten will, und eine negative, die nach Auflösung des Privateigentums strebt, um die eigene Situation der Ausbeutung abzuschaffen.
Der Begriff der Selbstentfremdung wird sowohl der besitzenden Klasse als auch dem Proletariat zugeschrieben. Gemeint ist dabei nicht nur die Entfremdung des Menschen von seiner Arbeit, sondern auch die Entfremdung des Menschen vom Menschen. Während sich die besitzende Klasse wohlfühlt, empfindet die Klasse des Proletariats einen Widerspruch zwischen menschlicher Natur und eigener Lebenssituation. Diese Klasse ist aufgrund ihrer unmenschlichen Existenzsituation bestrebt, diesen Gegensatz gewaltsam zu zerstören. Im „ausgebildeten Proletariat" (Z. 43) gibt es nicht einmal mehr den „Schein der Menschlichkeit" (Z. 42 f.); es ist zur äußersten Unmenschlichkeit gezwungen und „muss [...] sich selbst befreien" (Z. 54 f.). Die Veränderung der eigenen Lebensbedingungen setzt eine Veränderung des gesamten Systems voraus (vgl. Z. 55 ff.).

Die wesentlichen Aussagen lassen sich in folgendem Tafelbild zusammenfassen:

Karl Marx: Der dialektische Gegensatz von Proletariat und Reichtum

Privateigentum

Proletariat

- Erhalt durch Privateigentum
- Auflösung des Privateigentums

↓

Selbstentfremdung

↓

- fühlt sich vernichtet
- Widerspruch zwischen menschlicher Natur und Lebenssituation

→ Vernichtung des Gegensatzes

Besitzende Klasse

- Selbsterhalt
- Erhalt des Proletariats

↓

Selbstentfremdung

↓

- fühlt sich in ihrem Tun bestätigt
- erkennt Entfremdung als eigene Macht

Erhalt des Gegensatzes ←

Im Anschluss an die Texterarbeitung kann in einem abschließenden Unterrichtsgespräch erläutert werden, inwieweit das Handeln der Mächtigen, z. B. Slifts menschenverachtende Erpressungsaktion (Szene 4), und das Verhalten der Arbeiter als selbstentfremdetes Handeln im Sinn der marxistischen Lehre bezeichnet werden kann.

Auf der Seite des Proletariats werden der Bursche, Frau Luckerniddle und Gloomb zu ihrem Handeln gezwungen. Slift spricht in diesem Zusammenhang von „Schlechtigkeit“ (S. 41), während Johanna die Handlungsweise der Armen mit ihrer Not, ihrem „Leid“ (S. 42) begründet. Die Arbeiter sind Opfer ihrer gesellschaftlichen Verhältnisse, während die Mächtigen ihre „Opfer“ traktieren und sich über sie erheben.

Die Vermittlung des Menschenbildes im Drama ist jeweils an die Darstellung der Figuren (Luckerniddle, Gloomb und an Slift als Vertreter der Mächtigen) in ihrem sozialen Umfeld gebunden, das wiederum ihre Sprache und ihr Verhalten bedingt. Hinzu kommen die künstlerischen Gestaltungsmittel, die als Verfremdungseffekte dem Brecht'schen Theater eigen sind: Parodien, Montagetechnik, Gesänge (der Heilsarmee), Chöre (der Arbeiter), episch angelegte Szenenüberschriften, publikumsfremde Orte, das Verhältnis des Schauspielers zu seiner Rolle und der Blick auf alltägliche Vorgänge. Diese Mittel sorgen dafür, dass der Zuschauer eine kritisch-distanzierte Haltung zum dargestellten Geschehen einnimmt, die ihn gedanklich aktiv werden lässt. Somit bietet es sich an dieser Stelle an, den Blick auf die Theaterkonzeption Brechts zu richten und die Erfahrungen, die die Schülerinnen und Schüler bereits im praktischen Spiel (vgl. „Der Ingwertopf", Baustein 1) gesammelt haben, auszudifferenzieren. Möglich ist es natürlich auch, die Theaterkonzeption Brechts ganz am Schluss der Unterrichtsreihe noch einmal in den Blick zu nehmen.

2.3 Exkurs: Die Theaterkonzeption Brechts

Zunächst erhalten die Schülerinnen und Schüler das „Lied des Stückschreibers" (**Arbeitsblatt 9,** S. 93 f.), in dem Brechts Vorstellung von einer erzieherischen Theaterkonzeption in wesentlichen Grundzügen sichtbar wird. Indem er sich hier eindeutig als „Stückschreiber" präsentiert, grenzt er sich deutlich vom aristotelischen Theater ab. Seine Absichten, zu zeigen, zu berichten, zu enthüllen, bilden das Fundament seines neuen Theateranspruchs. Sein Ziel ist es, gesellschaftliche Zusammenhänge aufzudecken und dem Zuschauer bewusst zu machen. Dabei soll dieser ein aktiv Zuschauender sein und Erkenntnisse über politische Zusammenhänge gewinnen, um in diesem Bereich Veränderungen herbeizuführen. Inhaltlich geht es Brecht um ökonomische, gesellschaftliche und politische Themen. Die Komplexität dieser Sujets ist nicht mit den herkömmlichen Mitteln der Bühnengestaltung zu erreichen, vielmehr muss es eine künstlerische Konzeption geben, die die Vernetzungen und Einbindungen des Einzelnen in die Gesamtheit darstellt. Die Schülerinnen und Schüler erarbeiten in Einzel-bzw. Partnerarbeit folgende Aufträge:

- *Welches Ziel und welchen Anspruch verfolgt Brecht mit seiner neuen Theaterkonzeption?*
- *Welche Inhalte und Themen erscheinen ihm hierfür wesentlich?*
- *Mit welchen Methoden bzw. Mitteln will er das erreichen?*

In den ersten drei Strophen des insgesamt neunstrophigen Gedichts betont Brecht sein eigenes Anliegen: Er möchte *zeigen, berichten* und *enthüllen*. Dabei möchte er zeigen, was er auf den „Menschenmärkten" (V. 2) gesehen hat. Im Einzelnen geht es um das freundliche, verständnisvolle und auch das kriegerische, zerstörerische, abscheuliche Verhalten der Menschen untereinander. Damit steht der Einzelne mit all seinen Facetten im Mittelpunkt. Entscheidend ist dabei nicht, *dass* die Menschen unterschiedliche Charaktere und Beweggründe zu handeln haben, sondern *wie* sie diese ausleben. Als Stückeschreiber möchte er zeigen, „wie der Mensch gehandelt wird" (V. 3), „[...] Wie sie einander aufhängen/Wie sie sich lieben/Wie sie ihre Beute verteidigen ..." (V. 12 ff.).
Berichten will er, *was* einzelne Menschen sagen: „Was die Mutter dem Sohn sagt/Was der Unternehmer dem Unternommenen befiehlt/Was die Frau dem Mann antwortet" (V. 18 – 20). Im Zentrum steht also der Inhalt der Aussage, etwa: das Flehen, Bitten, Befehlen, Verletzen, Komplimente-Machen, Wertschätzen.
Schließlich möchte er Ereignisse und Sachverhalte enthüllen. Als Beispiele nennt er Naturkatastrophen: „Schneefälle" (V. 26), „Erdbeben" (V. 27), „Flüsse, [die] über die Ufer treten" (V. 29). Es geht dabei nicht um die Darstellung der Katastrophe an sich, sondern um den Umgang der Menschen mit Katastrophen und der Natur, um ihr Verhalten, das offenbar enthüllt werden soll. Der Mensch ist verantwortlich für Natur und gesellschaftliche Verhältnisse. Aus diesem Bewusstsein heraus kann er gleichsam in bestehende Strukturen als Veränderer eingreifen.
Um dem Anspruch des Zeigens, Berichtens, Enthüllens glaubhaft und überzeugend nachzukommen, sei eine wissenschaftliche Orientierung notwendig; nur so ließen sich anthropologische Konstanten ermitteln und bestätigen (vgl. V. 35 ff.). Gleichzeitig sieht bzw. bestätigt

Brecht einen permanenten Wechsel und eine stete Wandlung der gesellschaftlichen Verhältnisse und Menschen in Raum und Zeit, denn „[a]lles wandelt sich und ist nur für seine Zeit" (V. 60). Daraus ergibt sich eine grundsätzliche Abhängigkeit von Denkweisen und gesellschaftsbedingten Entwicklungen. Brecht geht es also um die authentische Darstellung des Menschen und seines Verhaltens in konkreten sozial- und gesellschaftspolitischen Zusammenhängen. Dieser Anspruch, besonders der Enthüllungscharakter menschlichen Handelns, lässt sich nicht mit den Mitteln des aristotelischen Theaters darstellen. Aus diesem Grund greift Brecht zu Mitteln der Verfremdung. In der Darstellung soll „[s]elbst das Vertrauteste" (V. 77) den Zuschauer zum „Staunen" (V. 76) bringen. Das Selbstverständliche wird so präsentiert, dass es offenbar schwer zu glauben ist (vgl. V. 79 ff.), das moralisch Verwerfliche wird so dargestellt, dass die Darstellung selbst verwerflich und erschütternd erscheint und Empörung auslöst.

In folgendem Tafelbild können die Erarbeitungen festgehalten werden:

Ich, der Stückschreiber Bertolt Brecht

Meine Absichten	meine Inhalte/Themen	meine Methoden/Mittel
zeigen	• Menschenhandel • Verhalten der Menschen untereinander (Liebe, Gewalt)	• Studium der Völkerkunde • wissenschaftliche Orientierung
berichten	• Kommunikation der Menschen untereinander; Wort/Sprache	• Abhängigkeit des Menschen von der gesellschaftlichen Entwicklung und seine Veränderung
enthüllen	• Verhalten von Menschen in Katastrophen (Profitgier, Bereicherung auf Kosten der Geschädigten)	• verfremden • Belehrung der Zuschauer

In einem nächsten Schritt vertiefen die Schülerinnen und Schüler die Verfremdungstechnik Brechts, die sie als aussagekräftiges Gestaltungsmittel bereits kennengelernt haben (s. Baustein 1). Brecht hat seine Konzeption durch die Auseinandersetzung mit der aristotelischen entwickelt. Aus diesem Grund bietet sich zur Weiterarbeit der Theaterkonzeption Brechts eine Gegenüberstellung von aristotelischer und epischer Konzeption an. Die Gegenüberstellung „Die dramatische und die epische Form des Theaters", **Arbeitsblatt 10**, S. 95, zeigt wesentliche Unterschiede und einzelne Facetten beider Konzeptionen auf. Die Erarbeitung des Textes kann durch häusliche Arbeit vorentlastet werden; für eine Vertiefung im Unterricht bietet sich eine Partnerarbeit an.

- *Wählen Sie einige Aspekte aus der Gegenüberstellung aus und stellen Sie diese Ihrem Banknachbarn bzw. Ihrer Banknachbarin vor.*

- *Stellen Sie die grundlegenden Intentionen der Theaterkonzeptionen gegenüber.*

Folgendes Tafelbild dient der Ergebnissicherung:

Episches Theater	**Aristotelisches Theater**
↓	↓
Aufruf zum Verändern, zum Eingreifen, zur kritischen Distanz	Abbildung der bestehenden Welt/Verhältnisse Identifikation

In einem diese Sequenz abschließenden Schritt erhalten die Schülerinnen und Schüler den Auftrag, unter Einbeziehung des vorgeschlagenen Arbeitsmaterials epische Elemente in der vierten Szene zu erarbeiten. Dazu bietet der Text „Vergnügungstheater oder Lehrtheater" (**Arbeitsblatt 11,** S. 96) eine ergänzende und hilfreiche Information. Zur Verschriftlichung ihrer Ergebnisse kann den Lernenden das vorstrukturierte **Arbeitsblatt 12,** S. 97 („Epische Elemente in Szene 4") gegeben werden. Der Text „Über experimentelles Theater" (**Zusatzmaterial 2,** S. 149) ergänzt die theoretischen Grundlagen.
Den Schülerinnen und Schülern sollte auch die Möglichkeit gegeben werden, weitere Stellen aus dem Text in ihre Überlegungen einzubeziehen.

Folgende Arbeitsaufträge sind denkbar:

- *Weisen Sie auf der Grundlage des Textes „Vergnügungstheater oder Lehrtheater" epische Elemente in der vierten Szene nach. Nutzen Sie dazu auch Ihre Kenntnisse aus dem Unterricht. Präsentieren Sie Ihre Ergebnisse dem Kurs. Beziehen Sie weitere Stellen in Ihre Ausführungen mit ein.*
- *Welche Funktion haben diese Elemente und welche Wirkung soll durch sie beim Zuschauer erzielt werden?*

Speziell in der vierten Szene lassen sich narrative Elemente nachweisen: Der Vorarbeiter berichtet dem Burschen über einen tödlichen Unfall (vgl. S. 33/34). Die Projektion der Szenenüberschriften informiert den Zuschauer bereits über den zu erwartenden Inhalt, zudem berichten die Betroffenen, Luckerniddle und Gloomb, über die Unglücksfälle. Zugleich ist der Zuschauer durch den zynischen Versuch Slifts, die Schlechtigkeit der Armen als eigenes Verschulden darzustellen (S. 33, S. 41), gezwungen, aus einer Distanz heraus eine kritische Sicht auf das Geschehen zu entwickeln. Dass der Zuschauer zur Parteinahme für die Unterdrückten herausgefordert wird, ist unumstritten, zumal das Leid der Armen und das aus existenzieller Not entstehende Handeln evident sind. So sind es die Menschen, die den Gegenstand der Untersuchung bilden. In dieser Szene stehen vorrangig die Armen, aber auch Johanna, Mauler und das gesamte dramatische Personal in Bezug auf ihr Handeln und ihre Beweggründe im Mittelpunkt der Betrachtung.
Die Menschen verändern sich mit der Veränderung der Lebensumstände. Luckerniddle und Gloomb haben sich unter kapitalistischen Produktionsverhältnissen in ihren Verhaltensweisen von sich selbst entfremdet. Aus diesem Grund bleiben ihnen nur bestimmte Verhaltensweisen, die zur Existenzsicherung dienen (s. Baustein 4).

Exemplarisch können an dieser Stelle weitere Elemente genannt werden:
Johanna verleugnet sich ebenso wie Mauler in der Erkennungsszene (S. 28). Ihre Selbstverleugnung (S. 98) trägt den Stempel der Angst und der Halbherzigkeit, gänzlich für die Sache der Arbeiter einzutreten. An anderer Stelle verleugnet sie sich, als die Zeitungsleute sie nach ihrem Namen bzw. ihrer Herkunft fragen (vgl. S. 104/106). Brecht geht es darum, zu zeigen, wie sich Menschen in einer bestimmten Situation verhalten.
Weil sie friert, bietet ihr ein Arbeiter Whisky an, sie trinkt mehr, als sie soll, und erntet heftige Kritik der Umstehenden (vgl. S. 107). Anschließend entreißt sie einer Frau einen Schal, weil ihr kalt ist. Auch hier erfährt Johanna heftige Kritik und reagiert in grober Weise: „Wenn's nach euch ginge, könnt ich hier nackigt in dem Zug herumsitzen." (S. 107)
Auch Johanna selbst geht es um ihre eigene Lebensqualität (S. 107/108). Als nicht direkt Betroffene sprach sie den Arbeitern kurz zuvor eine gewisse Lebensqualität ab, indem sie die Quantität höher einschätzte. Nun ist sie selbst gefordert, die eigene Lebensqualität zugunsten der proletarischen Lebensweise aufzugeben. Auch hier geht es Brecht darum, die anthropologischen Konstanten eines Menschen aufzuzeigen, die das Handeln in Situationen bestimmen.
In Bezug auf das gesamte Drama will Brecht den Zuschauer zum eingreifenden Handeln motivieren, um gesellschaftliche Veränderungen herbeizuführen.
Ein weiteres Kunstmittel epischer Verfremdung ist der Chor. Dieser soll verfremdend wirken und die Illusion stören, d.h. eine völlige Einfühlung in die Figuren und ihr Handeln verhindern. Als kollektive Instanz, die das Geschehen kommentiert und im Gegensatz zu den individuellen Figuren steht, agiert er außerhalb des dramatischen Geschehens. Damit erfüllt er die Aufgabe, das Geschehen von überindividuellen und gesellschaftlichen Standpunkten aus zu begleiten, zu deuten, zu kommentieren und zu werten.

2.4 Johannas Reformidee

Im Fokus dieser Sequenz steht Johannas Idee, die ausbeuterischen kapitalistischen Bestrebungen durch ein gerechtes Wirtschaftssystem zu ersetzen, und zwar mit den Mitteln des Gesprächs und der Argumentation.
In drei Redeteilen versucht sie, die Fleischkönige zum rechten Handeln zu bewegen, d. h. von den Vorzügen eines vernünftigen kapitalistischen Systems zu überzeugen. Offenbar weiß Johanna um vorangegangene Spekulationen der Fleischkönige, speziell um das Eingreifen Maulers in die Börsengeschäfte. So klagt sie Mauler im ersten Redeteil an. Eindeutig hat sie hier die Erkenntnis gewonnen, dass die Marktmechanismen einer bewussten Steuerung der Mächtigen unterliegen.
Dass das skrupellose Verhalten der Fleischkönige Auswirkungen auf die verelendende Arbeiterschaft hat, führt sie im zweiten Teil aus und offenbart dann im letzten Redeteil ihren Reformvorschlag. Dieser greift das Anliegen der Gewerkschaften – die Kaufkrafttheorie – in der Weimarer Republik auf.
Inwieweit der wirtschaftliche Aspekt vertieft werden soll, bleibt der Lehrkraft überlassen. Der Text „Die naive Kaufkrafttheorie" (**Zusatzmaterial 3,** S. 150) dient der Information und gewährt einen Einblick in die wirtschaftliche Argumentation der Lohnpolitik. Durch ein Schülerreferat können die Informationen dem Kurs sowohl ergänzend als auch vertiefend präsentiert werden.
Um eine Übersicht über die Struktur der umfassenden Rede Johannas an der Viehbörse zu bekommen, bietet es sich an, die einzelnen Redeabschnitte inhaltlich zu erfassen und mit einer Überschrift zu versehen. Auf diese Weise kann zudem die Progression innerhalb dieser Rede bewusst gemacht werden.

Für die häusliche Vorbereitung gilt folgende Arbeitsanweisung:

- *Beschreiben Sie den Aufbau der Rede, die Johanna an der Börse hält (S. 50 – 53). Formulieren Sie für jeden Redeteil den Hauptgedanken.*

Die Auswertung der Ergebnisse in einem Unterrichtsgespräch kann zu folgendem Tafelbild führen:

Johannas Rede an der Börse

1. Teil (S. 50 – 51):	Appell an die Mächtigen zum rechten Handeln
2. Teil (S. 51):	Darstellung des brüchigen kapitalistischen Systems anhand eines Beispiels
3. Teil (S. 52 – 53):	Darstellung eines vernünftigen kapitalistischen Systems und Appell, diesem Vorschlag zu folgen

In ihrem ersten Redeteil attackiert Johanna Mauler mit bitteren Vorwürfen. Er und seine Geschäftspartner trieben Handel an „verborgenen und dunklen Orten“ (S. 50); dies gelinge nur mit „Umtrieben und raffinierten Schlichen“ (S. 50). Doch in Gegenwart und Zukunft werde dieser Betrug offenkundig: „Aber wenn ihr geglaubt habt, daß das verborgen bleibt, da seid ihr aber auf dem Holzwege, jetzt und am Tag seines Gerichts, denn da wird es offenbar.“ (S. 50) Zudem appelliert sie an Maulers Gewissen und an die Angst vor dem Tag des Jüngsten Gerichts, wenn die Menschen für ihre begangenen Taten von Gott zur Rechenschaft gezogen werden. Im Rückgriff auf die alttestamentliche Erzählung über die Salbung Sauls zum König antizipiert sie als Sprachrohr Gottes die Fragen, die er ihm (sc. Mauler) stellen würde: „Wo sind jetzt meine Ochsen? Was habt ihr getan mit ihnen? Habt ihr sie auch der Bevölkerung zugänglich gemacht zu erschwinglichen Preisen? Oder wo sind sie hingekommen?“ (S. 50/51) Wie Saul durch das „Blöken von Schafen [...] und Brüllen von Rindern“ (1. Sam.15,14) verraten worden sei, so werde es auch Mauler ergehen: „[...] dann werden die Ochsen hinter euch brüllen in allen den Scheunen, wo ihr sie versteckt haltet, damit sie im Preise steigen bis ins Aschgraue, und mit ihrem Brüllen werden sie vor dem allmächtigen Gott wider euch zeugen!“ (S. 51) Johanna malt ein Szenarium des Untergangs, in dem die Ochsen selbst die Mächtigen als Betrüger vor Gott entlarven, so wie sie es auch von den Menschen sagt: Ihr Reden und Handeln zeichne sich durch die Suche nach „Ausreden“ (S. 51) aus wie in den „Zeitungen, die auch nicht immer nur die Wahrheit drucken“ (S. 51).
Johanna nutzt die religiöse/moralische Argumentation, um wirtschaftlichen Betrug aufzudecken mit der Vorstellung einer Bestrafung des Unrechts durch eine höhere Instanz, nämlich Gott.

Es ergeben sich folgende konkretisierende Arbeitsaufträge:

- *Was wirft Johanna Mauler und den Fleischkönigen vor (S. 50 – 51)?*
- *Auf welche Weise will sie Mauler zum Umdenken bewegen? – Welche Funktion haben die religiösen Anspielungen?*
- *Wie bewerten Sie Johannas Auftreten in dieser Situation? Welche Gefühle werden sichtbar?*

Zur Ergebnissicherung wird folgendes Tafelbild vorgeschlagen:

Johannas Rede an der Börse (Teil 1, S. 50 – 51)

- Vorwurf der Preistreiberei und unseriöser Spekulationen
- die Mächtigen müssen ihr Handeln verantworten: Verweis auf das Jüngste Gericht mit dem Ziel, sozialpolitische Veränderungen einzuleiten
  (biblische Anspielung als Hinweis auf die Unmöglichkeit, verbrecherisches Handeln zu verbergen)

→ **Argumentative Entlarvung des Börsenbetrugs der Mächtigen**

Die Folgen dieses skrupellosen Verhaltens der Mächtigen formuliert sie in Form eines Vergleichs (Redeteil 2): Wie der Dammbauer, der mithilfe von unzähligen Arbeitern einen Damm errichtet und dafür entlohnt wird, und der Damm dem Wasser jedoch nicht standhält, sondern bricht und alle, „die daran bauen" (S. 51), ertrinken, so verhält sich auch der Geschäftsmann. Er macht den Menschen „das Leben zur Hölle" (S. 51), indem er „das Brot verteuert" (S. 51) und auf diese Weise dafür sorgt, „dass alle zu Teufeln werden" (S. 51). Schließlich betitelt sie die Adressaten als „armselige und schäbige Dummköpfe und nichts sonst!" (S. 51). Der Geschäftsmann ist verantwortlich für die Notlage der Arbeiter und letztlich für deren Reaktion. Johanna hat erkannt, dass der „Sinn für das Höhere" (S. 52), von dem sie einst gepredigt hat, „ersticken" (S. 52) muss.
Folgender Arbeitsauftrag ist denkbar:

- *Erläutern Sie das Beispiel des Dammbauers. Inwiefern zeigt sich hier Johannas neu gewonnene, gesellschaftskritische (marxistische?) Denkweise?*

Johannas Rede an der Börse (Teil 2, S. 51)

- Verdeutlichung des falschen Verhaltens der Geschäftsleute durch einen Vergleich (Dammbauer): Darstellung der Folgen eines brüchigen kapitalistischen Systems
- Erzeugen von Armut und Gewalt bei den betroffenen Arbeitern

Den letzten Redeteil eröffnet sie mit einer Frage: „Denn warum ist diese Schlechtigkeit in der Welt?" (S. 52) Existenzielle Not treibe den Menschen zur Gewalt und ersticke den „Sinn für das Höhere" (S. 52). In einer Welt, in der die Menschen nichts zu verlieren haben, weil „das Nötigste" (S. 52) fehlt, in der „jeder seinem Nächsten wegen einem Stückchen Schinken aufs Brot mit einer Axt über den Kopf hauen muß" (S. 52), da „nistet die Unmoral selber und damit die Revolution" (S. 52).
Johanna appelliert an die Herren, „Nächstenliebe" (S. 52) zu üben: „Was heißt denn Service anderes als Nächstenliebe?" (S. 52) Ihre Aufforderung „Betrachten Sie doch einmal den Dienst am Nächsten einfach als Dienst am Kunden!" (S. 52) beinhaltet die Aufforderung, Zugeständnisse an die Arbeiter zu machen, um soziale Unruhen zu vermeiden. Armut, so sagt sie, führe zu „Unmoral" (S. 52) und schließe letztlich eine „Revolution" (S. 52) nicht aus. Die Moral der Menschen sei nur durch Anheben der Kaufkraft, „nämlich Geld, Lohn" (S. 53), zu erreichen. Das Geld als Fetisch, als Ursache der Verelendung der Massen, wenn es sich in der Verfügungsgewalt einiger weniger befindet, entspricht gedanklich der marxistischen Lehre.

Johanna spricht hier in der Sprache des Marxismus. Das Leben in einem bestimmten gesellschaftlichen Kontext wird begleitet durch ein entsprechendes Denken und Handeln.
Die Gleichgültigkeit der Besitzenden, ihre ausbeuterische Gesinnung versperre ihnen die eigene Sicht für das „Elend draußen in der Welt“ (S. 53).
Die moralische Kaufkraft entspricht in Johannas Argumentation der wirtschaftlichen: „Heben Sie die moralische Kaufkraft, dann heben Sie auch die Moral. Und ich meine mit Kaufkraft etwas ganz Einfaches und Natürliches, nämlich Geld, Lohn.“ (S. 53) Ihr Argument der Stabilisierung und Humanisierung des Kapitalismus durch Hebung der „Kaufkraft“ und auch durch Öffnung der Schlachthäuser und durch Schaffen von Arbeitsplätzen basiert auf den Grundlagen der Politik der sozialdemokratischen Gewerkschaften in der Weimarer Republik (Dyck/Herrmann, S. 66). Durch die Wiederaufnahme der Fabrikation würde die Kaufkraft gestärkt und der Warenabsatz belebt (s. auch dazu **Zusatzmaterial 3,** S. 150).
Die Schülerinnen und Schüler erhalten folgenden Arbeitsauftrag:

- *Worin liegen für Johanna die Ursachen für die Schlechtigkeit in der Welt?*
- *Welche Möglichkeiten zur Beseitigung der Not der elenden Arbeiter schlägt sie vor?*
- *Inwiefern zeigt sich hier die Abhängigkeit des Bewusstseins vom gesellschaftlichen Sein im Sinne des marxistischen Menschen- und Gesellschaftsbildes?*
- *Diskutieren Sie, inwiefern man hier von einer Erkenntnis bzw. Entwicklung Johannas sprechen kann.*

Johannas Rede an der Börse (Teil 3, S. 52–53)

- Leben am Existenzminimum führt zu Gewalt und Ausschreitung
- Materielle Not bedingt Unmoral
- Nächstenliebe entspricht in der Sprache der Wirtschaft „Dienst am Kunden“ (S. 52)
- Geld- und Lohnzuwendungen heben die Moral und damit die Kaufkraft

Folge:

- Wohlergehen auf beiden Seiten (Arbeitgeber und Arbeiter)
- Abwenden einer Revolution durch Verchristlichung des Geschäfts

Johannas Vorschlag ist sicher aufrichtig gemeint und sie berücksichtigt damit ausschließlich die miserable Lage der Arbeiterklasse. Unberücksichtigt bleibt, dass die geschäftliche Nächstenliebe grundsätzlich eben nicht Dienst am Nächsten im Sinn der neutestamentlichen Botschaft ist, sondern ein Mittel zur Steigerung des Profits. Die Fleischkönige werden diesen Vorschlag unter dem Aspekt des eigenen Geschäftsinteresses werten.
In einem weiteren Erarbeitungsschritt kann diese Rede mit der, die Johanna vor den Arbeitern gehalten hat, verglichen werden. Die Aufgabe für eine Partnerarbeit lautet:

- *Vergleichen Sie diese Rede (S. 52–53) mit der, die Johanna an die Arbeiter gerichtet hat (S. 15–17). Welche Entwicklung Johannas wird deutlich?*

Zeigte sich Johanna in ihrer Rede an die Arbeiter von der religiösen Botschaft der Heilsarmee überzeugt, hat sie jetzt die Erkenntnis gewonnen, dass irdisches Glück bzw. Unglück von

Menschen gemacht ist und „Gottes Wort“ (S. 16) kein Garant für existenzielles Auskommen ist. Die gesellschaftlichen Verhältnisse (wirtschaftliches Auskommen, ein gesicherter Arbeitsplatz) bestimmen das Verhalten der Menschen untereinander. In diesem Sinne ist sie zu einer materialistischen Gesellschaftsanalyse gelangt.
In der Rede an die Arbeiter hat sie Gewalt als Mittel zu gesellschaftlichen Veränderungen noch völlig ausgeschlossen: „Durch Gewalt? Als ob Gewalt jemals etwas anderes ausgerichtet hätte als Zerstörung.“ (S. 17)
Ihre Einstellung zur Gewaltlosigkeit ist insofern ins Wanken geraten, als sie die latente Bereitschaft zur Gewaltanwendung spürt und das sich gegenseitige Bedingen von Armut, Unmoral und Revolution sieht (vgl. S. 52), wenngleich sie diese nicht als Notwendigkeit, sondern als Gefahr ansieht.

Folgendes Tafelbild dient der Sicherung der Arbeitsaufträge:

Johannas Wandlung

Rede an die Arbeiter	Rede an der Börse
• fehlender Sinn für das „Höhere“ (S. 15) als Grund für Armut	• Sinn für das „Höhere“ (S. 15) wird durch Not verdrängt
• irdische Güter (Essen, Kleidung) sind niedere Genüsse	• Leben in größter existenzieller Not führt zu Gewalt
• Wort Gottes als alleinige Rettung aus der Not	• Heben der Kaufkraft, Zuwendung von Geld hebt die Moral
• Gewalt als Mittel zur Veränderung der Verhältnisse bringt Zerstörung	• Unmoral führt zur Revolution
↓	↓
idealistische Vorstellung von gesellschaftlichem Bewusstsein	materialistische Vorstellung: Das gesellschaftliche Sein bestimmt das Bewusstsein, jedoch: Warnung vor der Revolution

2.5 Johannas Rede an die Fleischkönige im Haus der Schwarzen Strohhüte – Wege zur Revolution? (S. 73 – 74)

Im Zentrum dieses Erarbeitungsschritts steht Johannes Rede an die Fleischkönige, in der zumindest im Ansatz eine Tendenz zu revolutionärem Verhalten und damit ein weiterer Erkenntnisschritt erkennbar ist.
Johanna klagt die Fleischkönige in dieser Rede an, indem sie die Not der Arbeiter hervorhebt und die Reichen dafür verantwortlich macht.
Die Erarbeitung dieser gleichsam propagandistischen Rede Johannas an die Fleischkönige kann durch szenisches Lesen vorbereitet werden. Dieses Vorgehen erleichtert den Lernenden den inhaltlichen Zugang und eröffnet unterschiedliche Ansatzpunkte für eine Deutung. Die Auswertung erfolgt in einem Unterrichtsgespräch.

Zunächst erhalten die Schülerinnen und Schüler folgenden Arbeitsauftrag:

- *Bereiten Sie einen anschaulichen Vortrag der Rede Johannas an die Fleischkönige, S. 73 – 74, vor. Machen Sie sich zunächst klar, welche Intention Johanna mit ihrer Rede verfolgt und in welcher psychischen Verfassung sie sich befindet.*
- *Markieren Sie Begriffe und Wendungen, die Sie in Ihrem Vortrag besonders betonen möchten. Tragen Sie Zeichen ein, wie Sie mit Ihrer Stimme arbeiten wollen.*
- *Gestalten Sie den Vortrag in Ihrem Kurs.*

Dient der Redevortrag als Einstieg in eine vertiefende Analyse, werden sich im Unterrichtsgespräch Erarbeitungskriterien herausstellen, etwa: Reformideen, Erkenntnis Johannas, Sprachgebrauch.
Johannas Anklage an die Fleischkönige, die sich im Haus der Schwarzen Strohhüte aufhalten, basiert auf ihrer Wahrnehmung, dass durch Maulers Fleisch- und Viehkauf (vgl. S. 73) keine Arbeitsplätze geschaffen worden sind und die Schlachthöfe geschlossen bleiben. Sie erkennt die Machenschaften der Geschäftsleute und das Prinzip des Betrugs. Aus dieser Situation heraus formuliert sie: „[...] mit Menschen soll man nicht umgehen wie mit Ochsen, aber ihr seid keine Menschen." (S. 74) In ihrer aufrührerischen und kämpferischen Rede formuliert sie entscheidende Anklagepunkte: Das System erscheint ihr als „eine Art Ausbeutung" (S. 74) und die Ungerechtigkeit werde schließlich in einen Arbeiteraufstand münden. Die Mächtigen nutzten ideologisch die Religion und Gott für ihre Zwecke: „[...] und wenn dann die arme bis aufs Blut gepeinigte Menschenkreatur sich nicht anders zu helfen weiß, als einen Prügel nehmen und ihn seinem Peiniger auf den Kopf hauen, dann macht ihr in die Hosen [...] und dann wär die Religion wieder recht und soll Öl auf die Wogen gießen, aber da ist sich der liebe Gott doch zu gut." (S. 74) Zudem seien ja gerade die Mächtigen im Besitz des gesamten „Handwerkzeug[s] [...] in großmächtigen Fabriken und Anlagen" (S. 73); in marxistischer Sicht: der Produktionsmittel. Aufgrund dieser Tatsache bestehe die Verpflichtung, Arbeitsplätze zu schaffen.
Schließlich erkennt sie, dass moralisches Handeln und ein ausschließlich an Profitmaximierung orientiertes Geschäftsinteresse unvereinbar sind, dass ihre Vorstellung einer Harmonisierung von Kapitalisten und Arbeitern, einer „Nächstenliebe" (S. 52) und einer „moralischen Kaufkraft" (S. 53) falsch war: „Ich lauf von Pontius zu Pilatus und mein: wenn ich euch da oben helf, dann ist denen unter euch auch geholfen. Da ist so eine Art Einheit und wird am gleichen Strang gezogen, aber da war ich schön dumm. Wer denen, die da arm sind, helfen will, der muß ihnen, scheint's, von euch helfen." (S. 74) Denn sie haben „gar keine Ehrfurcht mehr vor dem, was Menschenantlitz trägt" (S. 74). Sie realisiert, dass sich die Profitinteressen nicht durch Appelle und argumentative Auseinandersetzungen abschaffen lassen. Als Konsequenz ihrer Erkenntnis verjagt sie die Kapitalisten aus dem Haus.
Im marxistischen Sinn lässt Brecht hier Johanna, die die Notwendigkeit einer sozialpolitischen Veränderung durch Revolution erkennt, als eine Agitprop-Rednerin auftreten, die indirekt zum Aufstand gegen die Mächtigen aufruft.
Für eine inhaltliche Auseinandersetzung mit der Rede wird eine satzweise Analyse in Form einer Gruppenarbeit vorgeschlagen. Aufgrund des Redeumfangs kann diese auch ggf. exemplarisch geschehen. Ziel ist es dabei, den Lernenden den agitatorischen Charakter dieser Rede bewusst zu machen. Bemerkenswert erscheint, dass Johanna hier eine indirekte Hetzjagd auf die Mächtigen initiiert, indem sie diese Rede eben nicht vor den Arbeitern hält, sondern vor den Mächtigen im Haus der Schwarzen Strohhüte. Damit erhält diese Rede einen besonderen Stellenwert; im Grunde verhindert Johanna das, was sie eigentlich bewirken möchte: Schaffen eines revolutionären Bewusstseins zur gewaltsamen Veränderung der gesellschaftlichen Verhältnisse.

Die Schülerinnen und Schüler sollen in diesem Erarbeitungsschritt den agitatorischen Charakter anhand der sprachlichen Gestaltung herausarbeiten und auch erkennen.
Dazu erhalten sie folgenden Arbeitsauftrag:

- *Lesen Sie die Seiten 73 – 74 noch einmal. Welche politisch und religiös motivierten Argumente führt Johanna in dieser Rede an, um das System zu ändern? Beachten Sie dabei auch die sprachliche Gestaltung. Tragen Sie Ihre Ergebnisse in die Tabelle ein und präsentieren Sie diese dem Kurs.*
- *Weisen Sie nach, inwiefern diese Rede agitatorischen Charakter hat.*
- *Zu welcher Erkenntnis gelangt Johanna am Ende der Rede?*

Textbeleg	Inhaltlicher Bezug/ Zusammenhang	Funktion/Bedeutung der Aussage
S. ?: „ [Zitat]“		

Mögliche Beispiele für eine ausgefüllte Übersicht:

Textbeleg	Sprachliche und darstellerische Mittel	Funktion und Wirkung
S. 73: „Wenn ihr schon das ganze Handwerkszeug in der Hand habt […] in euren Fabriken und Anlagen […] dann müßt ihr sie wenigstens heranlassen“	Betonung der wirtschaftlichen Organisation → direkter Bezug zur Situation der Arbeiter; Bedingungsperiode	Unterstreichen der Notwendigkeit wirtschaftlicher Veränderung auf der Grundlage der marxistischen Theorie; Produktionsmittel liegen in den Händen der Mächtigen; Schaffen von Arbeitsplätzen
S. 74: „[…] und wenn dann die arme […] gepeinigte Menschenkreatur […] einen Prügel nehmen und ihn seinem Peiniger auf den Kopf hauen, dann macht ihr in die Hosen“	Beschreibung der ausweglosen Situation der Arbeiter → bildhafte Sprache als Ausdruck der Verbundenheit mit den Arbeitern; Bedingungsperiode	indirekter Appell an die Mächtigen, ihr Handeln zu ändern; Verweis auf einen möglichen Aufstand der Arbeiter
S. 74: „[…] dann wär die Religion wieder recht und soll Öl auf die Wogen gießen“	Funktion der Religion → Metapher als Betonung der Wichtigkeit der Religion	kritische Sicht auf die Instrumentalisierung der Religion zur Sicherung der Machtposition der Fleischkönige und Besänftigung der Arbeitermassen
S. 74: „[…] da ist sich der liebe Gott doch zu gut, als daß er euch dann den Gehherda macht und euch euren Saustall wieder ausmistet“	Verweis auf das Ansehen und Handeln Gottes → bildhafte Sprache; umgangssprachliche Begrifflichkeit	Schutz der Religion; Vorwurf an die Mächtigen des Missbrauchs der Religion zu eigenen Gunsten und Absage an die Instrumentalisierung der Religion

Textbeleg	Sprachliche und darstellerische Mittel	Funktion und Wirkung
S. 74: „Ich lauf von Pontius zu Pilatus"	Verweis auf den Prozess Jesu, der von Pontius Pilatus zu Herodes und wieder zu Pontius Pilatus geschickt wurde; der Name Herodes wird in der Wendung ausgelassen → verkürzte Redewendung	Ausdruck des eigenen und intensiven Bemühens um eine möglichste gerechte Ordnung für die Arbeiter im sozialpolitischen Bereich

Textbeleg	Inhaltlicher Bezug/ Zusammenhang	Funktion/Bedeutung des Zitats
S. 74: „Wenn ich euch da oben helf, dann ist denen unter euch auch geholfen. Da ist so eine Art Einheit und wird am gleichen Strang gezogen"	Darstellung des Gegensatzes von Reich und Arm → bildhafte Sprache; Redewendung	Darstellung eines vereinfachten kapitalistischen Systems, das in Reiche und Arme geteilt ist und trotzdem eine Einheit mit gegenseitiger Rücksichtnahme bildet
S. 74: „Wer denen, die da arm sind, helfen will, der muß ihnen, scheint's, von euch helfen"	verbaler Angriff auf die Mächtigen → konkreter umgangssprachlicher Ausdruck	implizite Androhung eines Aufstandes gegen die Mächtigen
S. 74: „Da könnt es passieren, daß man euch nicht mehr als Menschen ansieht, sondern als wilde Tiere, die man einfach erschlagen muß im Interesse der öffentlichen Ordnung und Sicherheit"	Anklage an die Mächtigen → Vergleich der Mächtigen mit wilden Tieren	konkrete Darstellung der letzten Möglichkeit, für Gerechtigkeit zu sorgen: Abschaffung des kapitalistischen Systems, das auf Ausbeutung der Menschen ausgerichtet ist
S. 74: „Und ihr traut euch noch in Gottes Haus zu kommen nur weil ich diesen schmutzigen Mammon habt, [...] der ist ja nicht ehrlich erworben"	Hinweis auf biblischen Begriff „Mammon" (Matthäus 6, 24) → biblischer Bezug; bildhafte Sprache; absoluter Gegensatz zwischen Gott und der zum Verderben führenden Gier	Anklage an die Reichen, die aufgrund ihrer Habgier gewissenlos unmoralisch handeln
S. 74: „Aber da seid ihr bei Gott an den Falschen gekommen [...] mit einem Stecken muß man euch hinausjagen [...] mit Menschen soll man nicht umgehen wie mit Ochsen, aber ihr seid keine Menschen [...] Wollt ihr Gottes Haus zu einem Stall machen? Und zur zweiten Viehbörse?"	Darstellung des Wertes der Religion; Betonung der Menschenwürde → biblischer Bezug; Tempelreinigung (Johannes 2, 13–16); Vergleich	Anklage an die Reichen in Bezug auf ihre mangelnde Moral zunehmende Abscheu vor dem Verhalten der Reichen und Hinauswerfen aus dem Haus der Schwarzen Strohhüte

Im Anschluss an die Präsentation durch die Lernenden werden die Ergebnisse im Unterrichtsgespräch zusammengefasst. Dabei wird verdeutlicht, dass Johanna eine einfache Vorstellung von einem kapitalistischen System hat, Politisches (oben vs. unten, reich vs. arm) als Einheit denkt und dabei den Wert der Religion als Zeichen von Nächstenliebe und Wohlwollen als Basis für ein gerechtes System, in dem die elenden Menschen zu ihrem Recht gelangen, ansieht. Die sprachliche Gestaltung bezieht sich bewusst auf biblische Anspielungen und Verweise. Deutlich wird auf diesem Weg, dass sie einen tatsächlichen Schritt in Richtung Revolution nicht gegangen ist.
Die kontextuellen Bedeutungen und Funktionen der Zitate werden abschließend an der Tafel gesichert:

Johannas Rede an die Fleischkönige im Haus der Schwarzen Strohhüte

Aufbau der Rede:

- Darstellung der Position der Mächtigen und der Situation der Arbeiter
- Anklage an das Verhalten der Mächtigen
- Prognose eines Aufstandes durch die Arbeiter
- Appell an ein menschenwürdiges Verhalten
- Kritik an der Missachtung und Instrumentalisierung der Religion durch die Mächtigen zur Durchsetzung eigener Interessen
- Ausschließen der Instrumentalisierung der Religion durch Verweis auf ein Eingreifen Gottes (indirekt)

Johannas Erkenntnis:

- Einheit zwischen Kapitalisten und Arbeitern nicht möglich
- weiterhin erkennbare religiöse Motivierung ihres Handelns
- Revolution zur Durchsetzung sozialpolitischer Veränderungen im Grundsatz nicht ausgeschlossen
- Verfehlen dieses Ziels aufgrund des falschen Adressatenkreises

Abschließend bleibt zu fragen, warum Johanna diese Rede vor den Mächtigen und noch dazu in einem nicht öffentlichen Raum hält, anstatt vor den Arbeitern, denen sie doch helfen möchte. Im Unterrichtsgespräch kann diese Frage diskutiert werden:

- *Warum hält Johanna Ihrer Meinung nach diese Rede vor den Mächtigen und nicht vor den Arbeitern? Welchen Wert besitzt ihr Engagement dadurch?*
- *Stellen Sie sich vor, Johanna würde diese Rede vor den Arbeitern halten. Was müsste sie sprachlich und inhaltlich verändern? Gestalten Sie diese Rede und bereiten Sie einen Vortrag vor.*
- *Verfassen Sie einen Text, in dem Johanna sich rechtfertigt, warum sie sich an die Fleischkönige gewandt hat und nicht an die Arbeiter. Tragen Sie diesen Text anschaulich vor.*

Johanna hofft auf eine gewaltlose Änderung der Lage der Arbeiter und glaubt daran. Als sie erkennt, dass auch Mauler nicht der Gerechte ist, den sie zu finden glaubt („E i n Gerechter muß doch unter ihnen sein!“, S. 77), denn auch er bereichert sich an der Armut der Armen, entscheidet sie sich, die Arbeiter auf den Schlachthöfen zu unterstützen und erklärt sich mit ihnen solidarisch.

2.6 Johannas dritter Gang in die Tiefe

2.6.1 Johannas Traum

In dieser Sequenz geht es zunächst um die Erschließung des Traumes (S. 87 – 88), um dann, ausgehend von der sich dort zeigenden Ambivalenz Johannas, ihre weiteren Handlungsschritte nachzuvollziehen. Der Trauminhalt erweist sich als durchaus realistisch und spiegelt ihr eigentliches Vorhaben, nämlich die Arbeiter zu „retten“; letztlich realisierbar ist dies für sie jedoch nicht und bleibt ihr Wunschdenken.
Im Vordergrund steht zunächst die inhaltliche Botschaft des Traumes. Abschließend geht es um die Frage, warum gerade der Traum als Darstellungsmittel gewählt worden ist.
Um die inhaltliche Bedeutung des Traumes zu erfassen, sollten sich die Schülerinnen und Schüler zunächst mit eigenen Traumerfahrungen beschäftigen. In einer kurzen Stillarbeitsphase können sie sich assoziativ dem Begriff „Traum“ nähern. In anschließender Partnerarbeit erfolgt ein Austausch über die Ergebnisse. Dabei ist nicht beabsichtigt, konkrete Trauminhalte zu besprechen. Es geht bei dem Austausch lediglich um eine Bewusstmachung verschiedener Facetten des Begriffs „Traum“ und um die Erkenntnis einer möglichen, oft realitätsfernen und unlogischen Abfolge von Trauminhalten, die sich als wirr und planlos darstellen.

- *Notieren Sie Begriffe und Aussagen, die Sie mit dem Begriff „Traum“ verbinden.*
- *Tauschen Sie sich anschließend über mögliche Trauminhalte aus.*

Die Diskussionsergebnisse lassen sich in folgendem Tafelbild sichern:

Trauminhalte

- Bildabfolge ohne inhaltlichen Zusammenhang
- inhaltlich wirr und konfus
- irreale vs. reale Elemente
- Wünsche, Ängste als mögliche Inhalte
- ...

Vor dem Hintergrund dieses Austausches und einer Sensibilisierung für die Thematik geht es um die Erarbeitung des Traums, den Johanna Gloomb und Luckerniddle erzählt.
Der Traum weist insgesamt zwei Teile auf, die Johannas „Entgrenzungs- und Verschmelzungsfantasien“ (Knopf, Brecht-Handbuch 1, 2001, S. 278) enthüllen. Die eigens von ihr vorgenommene Deutung des Traums ist wegweisend und zeigt ihr weiteres Handeln. Dabei fungieren die Partizipien „zeigend“ und „anrufend“ (S. 88) als Handlungsträger und beschreiben das, was Johanna bisher getan hat und auch weiterhin tun wird: Aufzeigen bzw. Bewusstmachen des Elends der Arbeiterschaft und Anrufung der Mächtigen und Bitten um Hilfe für die Armen. Ein elementarer Fortschritt in ihrem Denken ist also nicht erkennbar.

Zunächst träumt sie von den unzählbar vielen unten als einem „sehr dichten Klumpen“ (S. 87) auf kleinem Feld, umringt von riesigen Häusern. Sie sieht, wie sich diese Feld in der Mitte nach oben wölbt und der Klumpen am Rand hängt, „in sich pulsend, dann/Durch Hinzutritt eines Wortes [...] zu fließen“ (S. 87) beginnt. Schließlich sieht sie einen Zug von Menschen in Chicago, deren Anführerin sie ist: „Sah euch marschieren, und nun sah ich mich./An eurer Spitze sah ich stumm mich schreiten/Mit kriegerischem Schritt, die Stirne blutig/Und Wörter rufend kriegerischen Klangs in/Mir selber unbekannter Sprache.“ (S. 87/88) Dem Kampflied der Heilsarmee entsprechend findet sich kriegerisches Vokabular, etwa: „marschieren [...] Mit kriegerischem Schritt [...] die Stirne blutig“ (S. 87). In „vielfacher Gestalt“ (S. 88), gleichsam entgrenzt, sieht sie sich „vor vielen Zügen“ (S. 88) schreiten. Zu gesellschaftlichen Veränderungen bereit, im Sinne einer Revolution, führt sie die Züge an mit „Tugend und Schrecken“ (S. 88). Nicht ohne Grund wählt Brecht hier einen deutlichen sprachlichen Bezug zu Robespierres politischer Auffassung: Tugend bestehe darin, das Volk durch Vernunft zu leiten, Feinde dagegen müssten durch Terror und Schrecken beherrscht werden.
Johanna sieht sich hier als Kriegerin und Heroine, die eine Veränderung anstrebt und bewirkt. Unklar bleibt in diesem Traum jedoch, wie konkret die Veränderung geschehen soll und welche Funktion Johanna dabei übernimmt. Es entsteht der Eindruck, dass die Veränderung „von Grund auf“ (S. 88), der eine „[U]nmäßige Zerstörung“ (S. 88) folgt, angesehen wird. Dass Johanna selbst an ihrer Führungsrolle zweifelt, zeigt die sprachliche Gestaltung an dieser Stelle, die den zweiten Teil des Traumes einleitet.
Das Bild der zahlreichen Züge, denen sie in vielfältiger Gestalt voranschreitet, wird abgelöst durch das eines Zuges, der sie mit sich zieht („So zog der Zug und mit ihm ich/Verhüllt durch Schnee [...] nirgends treffbar“, S. 88), eine eher unwirkliche Macht. Anonym erscheint sie hier im Zug der Menschenmassen und bewahrt sich eine gewisse Distanz, aus der sie von außen auf den Zug der Menschen schaut. Ihre Position innerhalb dieser Masse ist ebenso unklar wie die weitere Entwicklung der sozial-politischen Lage der Arbeiter zu diesem Zeitpunkt.
Beide Teile zeigen jeweils eine andere Position Johannas im Verbund mit den Arbeitern auf: Sie ist Anführerin der Entrechteten und gleichzeitig Mitglied in der Masse.

- *Beschreiben Sie den Traum Johannas (S. 87 – 88) unter besonderer Berücksichtigung ihres Selbstverständnisses.*
- *Wie bewerten Sie die jeweilige Selbstsicht?*

Johannas Selbstsicht im Traum

Kriegerin und Heroine vs. anonymes Mitglied in der Masse

↘ ↙

Uneindeutigkeit/Unentschiedenheit

Diese Ambivalenz führt zur Deutung des Traums, die Johanna selbst liefert: Sie wird als Anführerin der Arbeitslosen und Entrechteten nach Chicago ziehen und das Elend im gesamten Umfang sichtbar machen (vgl. S. 88). In der Überzeugung ihres eigenen Handelns sagt sie: „Vor's morgen wird [...] werden wir [...] ihre Stadt Chicago erreichen [...]/Zeigend unseres Elends ganzen Umfang auf offenen Plätzen/Alles anrufen, was wie ein Mensch aussieht.“ (S. 88) Entscheidend und mit vorausdeutender Absicht, gleichsam als Zukunftsperspektive, ist diese Darstellung zu verstehen. Die Realitätsnähe dieser Deutung zeigt sich im Gespräch mit den Arbeitern. Sie versichert ihnen ihre Solidarität: „Ich kann mithelfen. Ich habe das

Reden auf öffentlichen Plätzen gelernt [...] und kann eine gute Sache, denke ich, gut erklären." (S. 96) Sie kann erklären, bleibt in dieser Befähigung jedoch stecken.

■ *Lesen Sie Johannas eigene Deutung ihres Traumes (S. 88). Nennen Sie zentrale Aussagen, die über ihr weiteres Vorgehen Aufschluss geben.*

Traumdeutung Johannas

- Aufbruchstimmung, Veränderung
- Aufzeigen des gesamten Elends
- Verkündung des Unheils an alle
- Erklären statt Handeln

→ keine unmittelbare revolutionäre Tendenz

Nach der Erarbeitung des Traumes bleibt zu fragen, welche der offenbarten Vorstellungen eher als unerfüllbare Wünsche und welche als erfüllbar anzusehen sind. Als Anregung kann den Schülerinnen und Schülern das folgende Zitat Freuds an die Hand gegeben werden:

„Der Traum ist die (verkleidete) Erfüllung eines (unterdrückten, verdrängten) Wunsches."

Sigmund Freud: Die Traumdeutung. Reprint der ersten Auflage, Verlag Franz Deuticke, Leipzig und Wien 1900) Fischer Verlag/Main 1999, S. 111

In einer Partnerarbeitsphase soll dazu folgender Auftrag bearbeitet werden:

■ *Vergleichen Sie die Traumdefinition Freuds mit dem Traum Johannas.*

Der erste Teil des Traumes zeigt eine ebenso klare Einschränkung ihres bereits geleisteten Einsatzes für die Arbeiter. Es hat sich bisher gezeigt, dass Johanna, auf jeden Fall verbal, bereit ist, für die Belange der Arbeiter zu streiten.
Es wird sich herausstellen, dass sie absoluten Gewaltverzicht übt und den elenden Arbeitermassen keine situationsverbessernde Unterstützung anbieten wird. Damit erweist sich der Traum als dramaturgisches Mittel einer zukünftigen Handlungsprognose.
In einem nächsten Erarbeitungsschritt erhalten die Schülerinnen und Schüler folgenden Arbeitsauftrag:

■ *Welche Trauminhalte Johannas halten Sie im Sinne Freuds für erfüllt bzw. erfüllbar und welche eher für unerfüllbar?*

Die Diskussionsergebnisse lassen sich in folgendem Tafelbild sichern:

Johannas Trauminhalte

Erfüllbar/Real

- Hilfe für die Arbeiter
- anonymes Mitglied im Zug der Masse
- Bewusstmachen des Elends

Unerfüllbar/Irreal

- Anführerin einer Revolution

Veränderung der Verhältnisse „von Grund auf" (S. 88) als Option

⬇

Traum als dramaturgisches Mittel: Eröffnung einer Zukunftsperspektive

In einer diese Sequenz abschließenden Diskussion kann der Frage nach Bedeutung und Funktion des Traumes nachgegangen werden. Dazu ergibt sich folgender Arbeitsauftrag:

- *Warum hat Ihrer Meinung nach Brecht Johannas Traum in die Handlung eingefügt?*

2.6.2 Johannas Ambivalenz – Solidarität mit den Arbeitern (Bild 9) – Das klassische Menschenbild

Ziel dieser Sequenz ist es, Johannas inneren Konflikt, der sich aus dem Anspruch einer gänzlichen Solidarisierung mit der Arbeiterschaft und ihrer Grundhaltung ergibt, herauszuarbeiten. Einerseits durchschaut sie die miserable Lage der Arbeiter, die sie gewaltlos ihrer eigenen Lebensmaxime entsprechend lösen möchte, andererseits herrschen die Marktgesetze des Kapitalismus, die sie in ihrer Komplexität nicht durchschaut. Beide Stränge durchkreuzen sich.
Erst durch unmittelbares, eigenes Erleben der existenziellen Not der Arbeiter, mit denen sie in eisiger Kälte eine Nacht auf dem Schachthof verbracht hat, wird sie sich ihres materiellen Wohlstandes und ihrer bürgerlichen Herkunft bewusst; sie solidarisiert sich jedoch nicht mit den Arbeitern, sondern distanziert sich aus Angst vor einer Proletarisierung.
Im Einzelnen geht es um folgende Erarbeitungsschritte:

- Erarbeitung von Johannas sozialpolitischen Ansichten in Auseinandersetzung mit den Arbeitern
- Johannas Vorstellungen von einem kapitalistischen System
- Johannas Beweggründe für eine mangelnde Solidarität mit den Arbeitern

Während der Verhandlungen an der Börse (Bild 9b/d) wird in einem anderen Teil der Schlachthöfe (9e, S. 96) zum Generalstreik aufgerufen. Johanna erkundigt sich nach „Leute[n]" (S. 93), „die etwas unternehmen" (S. 93). Ein Arbeiter nennt die „Kommunisten" (S. 93). Auf diese Antwort reagiert sie mit versteckter Empörung: „Sind das nicht Leute, die zu Verbrechen auffordern?" (S. 93)

Während der Arbeiter auf diese Frage mit „Nein" (S. 93) antwortet, hegt Johanna Zweifel. Dennoch bietet sie den Arbeitern ihre Hilfe an, weil sie keinen anderen Ausweg sieht: „Es muß nämlich meiner Meinung nach sofort etwas geschehen. Ich habe auch Vorschläge." (S. 96) Johanna bietet ihre Hilfe an, so wie es in ihrer eigenen Traumdeutung anklingt (s. dazu S. 88).
Doch zeigt sie in dieser Situation erneut ihre Distanz zu den Arbeitern und deren Anliegen. Zunächst verleugnet sie sich selbst und stellt sich als „Kolporteurin" (S. 98) vor. Als sie als möglicher Spitzel verdächtigt wird, beteuert sie: „Ich bin kein Spitzel. Ich bin von Herzen für eure Sache." (S. 98) Durch den Gebrauch des Possessivpronomens „eure" löst sie bei den Arbeitern Zweifel an ihrer aufrichtigen Solidarität aus. Auf die gestellte Frage „Ja. Ist es denn nicht deine Sache?" (S. 98), antwortet sie: „Das ist doch nicht im Interesse der Allgemeinheit, daß die Fabrikanten einfach so viele Leute auf die Straße setzen. Das ist ja gerade, als ob die Armut der armen Leute den Reichen nützt! Da ist ja womöglich die Armut überhaupt denen ihr Werk! Das ist ja unmenschlich!" (S. 98/99) Zu dieser Erkenntnis ist Johanna bereits schon vorher gelangt. Hier aber erweist sie sich nach Ansicht der Arbeiter als sozialpolitisch Unkundige, die selbst nicht versteht, warum sie verlacht wird. Immer noch glaubt sie an die Humanität der Mächtigen und konkret an das Gute und Menschliche in Mauler: „Ich denk da auch an solche wie den Mauler [...] Warum lacht ihr? Ich finde eure Hämischkeit nicht richtig und daß ihr ohne Beweis glauben wollt, es könnt einer wie Mauler kein Mensch sein." (S. 99) Johanna glaubt unumstößlich an das nicht korrumpierbare Gute in Mauler. Dieser grundsätzliche Glaube an das Gute im Menschen erweist sich als dauerhaft, immer abrufbar und entspricht bürgerlicher Weltanschauung, führt jedoch nicht zur Veränderung herrschender Verhältnisse.
Grundsätzlich bleibt Johanna in ihrer bürgerlich-christlichen Denkweise verhaftet. Sie sieht das Elend der Massen, glaubt letztlich nur halbherzig oder will nicht glauben, dass Mauler sie mit seiner vorgegebenen Menschlichkeit getäuscht hat. Sie verlangt dafür „Beweise" (S. 99). Als „naives Dummchen" wird sie schließlich angesehen, als sie Maulers Menschlichkeit betont. Selbst Frau Luckerniddle scheint mit ihrer Antwort in Bezug auf Johanna – „Ehrlich ist sie" (S. 99) (man könnte ergänzen – aber naiv) – diese Auffassung ebenfalls zu vertreten. Sie ist es schließlich auch, die die Nachricht von der Öffnung der Fabriken als vorausgesehene Lüge bezeichnet und Johanna wegen ihrer Gutgläubigkeit („Warum soll es denn nicht wahr sein, wenn es diese Herren sagen? Mit so was kann man doch nicht spaßen", S. 109) als „dumm" (S. 109) und ohne „Verstand" (S. 109) bezeichnet. Sie (sc. Johanna) habe „eben zu kurz hier in der Kälte gesessen" (S. 109).

- *Lesen Sie die Seiten 98 – 99 und 109. Erarbeiten Sie Johannas sozialpolitische Auffassung. Beziehen Sie ihre Sicht auf Maulers Verhalten mit ein.*
- *Begründen Sie, warum sie von den Arbeitern verlacht wird.*

Zur Ergebnissicherung wird folgendes Tafelbild vorgeschlagen:

Johannas sozialpolitische Auffassung

- Beteuerung, für die Sache der Arbeiter zu sein
- Vorstellung eines mangelnden Interesses der Allgemeinheit an Arbeitslosigkeit
- Bezeichnung der Armut als mögliches Werk der Reichen
- Vertrauen in die Worte und Versprechungen Maulers
- ...

⟶ Naivität und Gutgläubigkeit versperren die Sicht auf die Realität

Johanna selbst spricht von einem System, dessen Zusammenhang ihr verborgen ist. Für sie gibt es nur die wenigen, die oben sind, und die vielen, die unten sind; zwischen beiden gibt es keine Verständigung, „solang jene unten sitzen“ (S. 106). Für Johanna gibt es keine ökonomischen Gesetze, sondern nur die Verstocktheit der Kapitalisten, die oben auf der Schaukel sitzen und die vielen verschaukeln (vgl. Dyck, S. 72). Eine Vereinbarkeit zwischen beiden Polen hält sie für ausgeschlossen: „[...] Und was oben vorgeht/Erfährt man unten nicht/Und nicht oben, was Unten vorgeht./Und es sind zwei Sprachen oben und unten/Und zwei Maße zu messen/Und was Menschengesicht trägt/Kennt sich nicht mehr.“ (S. 143) Offensichtlich handelt es sich um ein Problem der Verständigung und des Austausches und nicht um ein Problem des Systems, welches verändert werden müsste.

- *Lesen Sie die Seiten 105 – 106. Welche Auffassung von einem kapitalistischen System hat Johanna?*

Johannas Vorstellung von einem kapitalistischen System

Oben – wenige Kapitalisten

Ausbeutung ↓

Unten – viele Arme und Entrechtete

↓

naive (unzulässige) Darstellung eines kapitalistischen Systems – bestärkt durch den Glauben an Hilfe durch die Mächtigen

Im Folgenden sollen die Schülerinnen und Schüler Johannas Entscheidung, sich den Proletariern nicht anzuschließen, herausarbeiten und bewerten.
Zu diesem Entschluss, ihre eigene Lebenswelt nicht zu verlassen, gelangt sie erst, nachdem sie äußerste Entbehrungen am eigenen Leib erfahren hat.
Als Johanna erkennt, dass die Armut eben nicht so leicht, wie sie gedacht hat, beseitigt werden kann, möchte sie am liebsten aus dem System, aus ihrer Helferrolle, ausbrechen. Dann aber scheint es ihr doch nicht recht, die Arbeiter zu verlassen. Sie erinnert sich an ihren Traum, in dem alles so einfach schien: „So kalt war's nicht in meinem Traum.“ (S. 107) Die Lage der Arbeiter hat sie offenbar unterschätzt: „[...]daß es hier so kalt sein könnte, hab ich nicht geträumt.“ (S. 107)
Im Gespräch mit den Zeitungsleuten zeigt sich bereits ihre eingeschränkte Identifizierung mit der Arbeiterschaft. Ihre Gutmütigkeit und Einsatzbereitschaft werden in den Medien gelobt und gepriesen: „Unsere liebe Frau vom Schlachthof, Johanna Dark, erklärt, Gott ist solidarisch mit den Schlachthausarbeitern.“ (S. 104) Auch die Aussicht auf „ungeheuren Erfolg“ (S. 104) der Schwarzen Strohhüte berührt Johanna nicht, zumal sie die Institution bereits verlassen hat.
Dass Johanna diese Schlagzeilen nicht gefallen, zeigen nun ihre Zweifel an der reinen religiös-moralischen Belehrung der Arbeiter. Sie spürt, dass diese Art der Tröstung und Stärkung nicht zur Beruhigung der Arbeitermassen führt. Ähnlich ergeht es ihr, als Martha, ein Mädchen der Schwarzen Strohhüte, versucht, die an Hunger leidenden Arbeiter zu beschwichtigen. Johanna wünscht sich: „Möchten sie doch nicht hier in der Kälte/Solches Ärgernis geben und da noch reden! Wirklich, ich könnt jetzt/Kaum hören die Worte, die/Einst mir lieb waren und angenehm!“ (S. 92)

Sie scheint nicht gänzlich zur Arbeiterschaft dazuzugehören, ihr steht immer noch der Rückweg offen: „Ihr habt gut hungern, ihr habt nichts zu essen/Aber auf mich warten sie mit einer Suppe./Ihr habt gut frieren/Aber ich kann jederzeit/Kommen in den warmen Saal." (S. 107) Offen gesteht sie ihr Grauen vor dem Elend, im Grunde vor eigener Proletarisierung: „Furcht schnürt mir den Hals/Vor diesem Nichtessen, Nichtschlafen, Nichtausnocheinwissen;/Gewöhnliches Hungern, niedriges Frieren und/Vor allem Fortwollen." (S. 108) Ihre erworbene Lebensqualität möchte sie nicht gegen Existenznot eintauschen.
Erhebliche Widerstände gegen eine Proletarisierung ergeben sich offenkundig durch ihre Biografie und ihre Sozialisation: Hätte sie bereits als Kind dieses Elend erfahren und Hunger erlebt, „würde ich zu ihnen gehören und nichts fragen. So aber muß ich weggehen." (S. 111) Sichtbar wird ihre Angst, in die Klasse des Proletariats zu wechseln. Sie ist Opfer ihrer eigenen Sozialisation und damit bestimmt ihr Sein auch ihr Denken. Zudem fürchtet sie mögliche Gewalt: „Es kann nicht gut sein, was mit Gewalt gemacht wird." (S. 111)
Der Generalstreik bedeutet für Johanna das Ende der von ihr verinnerlichten Regeln bürgerlicher Ordnung. Dennoch hat sie Gewissensbisse, wenn sie die Arbeiter verlässt: „Trotzdem:/ Ich darf nicht weggehen." (S. 108)
Johanna hat den alles entscheidenden Brief nicht abgegeben und weiß, dass sie damit den Generalstreik verhindert hat. Sie will den Armen helfen, bleibt aber letztlich in ihrem bürgerlichen Denken verhaftet. „Sie denkt und handelt als die ins Lager der Arbeiterschaft verirrte Bürgerliche mit dem christlich-idealistischen Willen zu humanitärem Dienst an den Notleidenden." (Jendreiek, S. 143) Ihre Entscheidung, für die Arbeiter einzutreten, entspringt ihrem guten Willen, zu helfen, für die Masse kann sie jedoch keine tatsächliche Hilfe anbieten. Zur revolutionären Gewalt fehlt ihr die radikale Entschlossenheit.

- *Lesen Sie die Seiten 106 – 107 und die Seite 111. Welche Aspekte sind für Johanna maßgebend, den Weg ins Proletariat nicht zu gehen?*
- *Wie bewerten Sie diese Beweggründe?*

Johannas Gründe für die Abwendung von den Arbeitern

- Verlassen sicherer Lebensverhältnisse
- Angst vor eigener Proletarisierung
- Biografie und Sozialisation verhindern ein Überschreiten der Klassenschranken
- Festhalten an bürgerlichen Idealen
- Ablehnung von Gewalt

Anschließend kann die Bewertung ihrer Entscheidung im Plenum diskutiert werden.
Brecht selbst gibt in einem seiner Lehrstücke eine Antwort darauf, was es eigentlich heißt, sich mit einer Sache völlig zu identifizieren, und er prägt in diesem Zusammenhang den Begriff der „Entsagung". Für eine vertiefende Arbeit steht der Text „Das Badener Lehrstück vom Einverständnis" (**Zusatzmaterial 4**, S. 151) zur Verfügung.
Johanna glaubt, erkannt zu haben, dass die Kapitalisten korrumpierbar sind, der Einzelne jedoch durchaus menschliche Züge trägt: „Mag auch ihr Geld wie ein Krebsgeschwür/Abgefressen haben Ohr und menschliches Antlitz/Daß die abgetrennt sitzen, aber erhoben/ Unerreichbar jedem Hilfeschrei!/Arme Krüppel!/E i n Gerechter muß doch unter ihnen sein!" (S. 76/77) Dieser Glaube an das Gute im Menschen erweist sich jedoch als Irrglaube. Das falsche Spiel Maulers erkennt sie nicht. „Der Glaube an das Gute im Menschen, das

unzerstörbar und im Prinzip immer ansprechbar sei, gehört zu den Kernpunkten bürgerlicher Weltanschauung." (Dyck, Herrmann, S. 68)
Vor diesem Hintergrund rückt in der folgenden Sequenz Johannas Menschenbild in den Blick. Dazu erscheint ein Rückgriff auf das klassische Humanitätsideal wesentlich.
Mit geradezu idealistischer Gläubigkeit wendet sich Johanna gegen die revolutionäre Gewalt und damit gegen die Arbeiter, weil sie absoluten Gewaltverzicht üben möchte: „Nicht durch Gewalt/Bekämpft Unordnung und die Verwirrung [...] Es kann nicht gut sein, was mit Gewalt gemacht wird. Ich gehör nicht zu ihnen." (S. 111) Wenig später heißt es: „Ich könnt nichts tun/Was mit Gewalt getan sein müßt und/Gewalt erzeugte [...]" (S. 112). Johannas Vorstellung von einem menschlichen Zusammenleben basiert auf dem Kant'schen Kategorischen Imperativ, wenn sie das unter den Menschen gültige Sittengesetz anspricht: Mit „Sittengesetz" ist das moralische Gesetz im Sinne Kants gemeint. Für Johanna bedeutet Gewalt „Arglist gegen den Mitmenschen/Außerhalb aller Abmachung/Die unter Menschen gewöhnlich ist" (S. 112). Der Kategorische Imperativ lautet:

Immanuel Kant: Der Kategorische Imperativ

Handle nur nach derjenigen Maxime, durch die du zugleich wollen kannst, dass sie ein allgemeines Gesetz werde.

Johannas Bekenntnis zur Gewaltlosigkeit ist ein rein subjektives. Sie kann nicht wollen, dass alle Menschen, die sich in dieser Situation befinden, zur Gewalt greifen, weil die Weltordnung (kosmische Ordnung) zerstört würde: „Über seinem Haupte/Liefen jetzt die Gestirne ohne die/Alte Regel." (S. 112) Sie möchte dem eigenen, ihr anerzogenen sittlichen Anspruch genügen. Gewalt bedingt Chaos und Unordnung. Unter diesen Umständen stellt sie sich nicht in den Dienst der Massen.
In ihren Vorstellungen und Gedanken folgt Johanna dem Menschenbild der Klassik. Vor dem Hintergrund ihres Glaubens an die Güte des Menschen und an das Gute im Menschen sollen die Lernenden in diesem Zusammenhang wesentliche Aspekte des klassischen Menschenbildes kennenlernen. Zur Erarbeitung wird das Gedicht Schillers „Die Worte des Glaubens" (**Arbeitsblatt 13,** S. 99) vorgeschlagen. Dabei sollen die wesentlichen Gedanken des Gedichts herausgearbeitet werden.
Der Wert eines Menschen besteht nach Schiller darin, an drei Glaubensinhalten festzuhalten:

- Der Mensch ist frei geschaffen.
- Der Mensch kann die Tugend im Leben üben.
- Ein Gott, ein heiliger Wille, lebt.

Die erste und letzte Strophe rahmen das Gedicht, wobei die erste Strophe den Inhalt der folgenden ankündigt: „Drei Worte nenn ich euch" (V. 1), während die letzte Strophe appellativen Charakter hat: „Die drei Worte bewahret euch" (V. 25).
Die Freiheit als Glaubensinhalt (vgl. V. 7f.) ist verbunden mit dem tugendhaften, dem moralischen Handeln. Der freie Mensch handelt weder willkürlich noch unmenschlich, er hat keine Angst vor „des Pöbels Geschrei" (V. 9), noch fürchtet er „den Missbrauch rasender Toren" (V. 10). Seine Freiheit besteht in moralisch gutem Handeln. Auch wenn er „strauchel[t] überall" (V. 15), kann er tugendhaft leben und „kann nach der göttlichen (sc. Tugend) streben" (V. 16). Die ausdrückliche Betonung liegt auf dem Modalverb „kann" (V. 14, 16). Der Mensch ist in der Lage, moralisch zu handeln und ein tugendhaftes Leben zu führen. Wenn das möglich ist, kann er auch seinen Egoismus und seine Unmenschlichkeit überwinden. Damit greift Schiller einen zentralen Gedanken der Ethik Kants auf, der Mensch handle nur dann frei, wenn er dem Gebot der Vernunft folge. Das lyrische Ich aber, und darin unterscheidet sich die Auffassung Schillers von der Kants, meint hier weniger das moralisch gute Handeln aus rationaler

Einsicht, sondern ein Handeln aus „Einfalt“ (V. 18) im Sinne eines kindlichen, auf Vertrauen und Glauben ausgerichteten Handelns.
Das letzte Wort des Glaubens bezieht sich auf einen Gott, der im Getriebe und Wechsel der Welt als „ruhiger Geist“ (V. 24) und „höchste[r] Gedanke“ (V. 22) „über der Zeit und dem Raume webt“ (V. 21) und dafür sorgt, dass der Mensch, wie sehr er auch „wanke“ (V. 20), in eine göttliche Ordnung eingebunden ist. Durch dieses Eingebundensein ist die Tugend göttlichen Ursprungs.
Das lyrische Ich fordert den Menschen auf, die „drei Worte“ (V. 25), Freiheit, tugendhaftes Handeln und die Existenz eines Gottes, weiterzutragen. Solange der Mensch an diese Worte glaubt, unabhängig von politischen Zeitumständen, wird sein Wert als Mensch bestehen bleiben.

Für eine Einzel- und Partnerarbeit wird folgender Auftrag vorgeschlagen:

- *Das Gedicht von Friedrich Schiller enthält wesentliche Gedanken der Weimarer Klassik. Versuchen Sie, diese Gedanken zu erfassen, indem Sie bestimmen, worin Schiller den „Wert“ des Menschen sieht und unter welchen Bedingungen er den Wert bedroht sieht.*

Der Austausch im Unterrichtsgespräch kann zu folgendem Tafelbild führen:

Friedrich Schiller: Die Worte des Glaubens

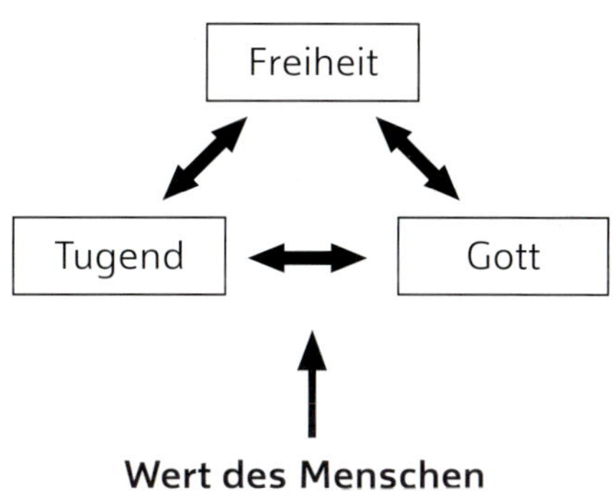

Appell: Weitergabe der Glaubensinhalte

In diesem Kontext kann auf die Epochenzusammenfassung „Weimarer Klassik“ (**Arbeitsblatt 14,** S. 100f.) zurückgegriffen werden. Auf der Grundlage des systematischen Überblicks (Menschenbild, Kunstauffassung) kann das Menschenbild Johannas fundiert erfasst werden. Zu einer vertiefenden Erarbeitung stehen die Texte „Briefe zu Beförderung der Humanität“ (**Zusatzmaterial 5,** S. 152) sowie vertiefend das **Zusatzmaterial 6,** S. 153f., „Grundzüge der Klassik“, zur Verfügung.
In einem folgenden Schritt erhalten die Schülerinnen und Schüler folgenden Auftrag:

- *Erstellen Sie zu dem Epochenüberblick einen Stichpunktkatalog und stellen Sie die wesentlichen Aussagen dem Kurs vor.*
- *Welche Vorstellung hat die Klassik vom idealen Menschen?*
- *Vergleichen Sie Johannas Menschenbild mit dem der Klassik.*

Grundsätzlich begrüßten die klassischen Dichter Schiller, Goethe und Herder die Ziele der Französischen Revolution, die auf der Grundlage von „Freiheit, Gleichheit und Brüderlichkeit" entstanden sind. Als die Ziele der Revolution in Gefahr gerieten, kam es zu blutigen Auseinandersetzungen. Daraus entstand eine ablehnende Haltung gegenüber Gewalt und Revolution. Schiller und Goethe hielten dennoch – im Anklang an Herder – an einem „optimistischen Menschenbild" (Z. 25f.) fest. Herder vertrat die Auffassung, der Mensch könne durch Erziehung seine Anlage zur wahren Menschlichkeit entfalten. Dieser Erziehungsprozess sei unbedingt notwendig, um eine Verrohung des Menschen zu verhindern. Insbesondere könne die Kunst diese Erziehung übernehmen, weil sie „autonom" (Z. 38), d.h. unabhängig und „zweckfrei" (Z. 37f.) und unpolitisch sei. Die Kunst hat in diesem Sinne die Aufgabe, den „Idealtypus des Menschen zu zeigen" (Z. 42f.), der sich „durch einen sittlichen Erkenntnisprozess" (Z. 43f.) zu einer vollkommenen Persönlichkeit bildet. Die gestaltende Kunst orientiert sich an „Gesetz und Regel" (Z. 51), um so zur Schönheit und Harmonie zu gelangen. Dadurch soll der Mensch Einsicht in das Gute, Wahre und Schöne bekommen, ein ästhetisches Bewusstsein entwickeln. Vorbildcharakter haben in diesem Zusammenhang die Werke der Antike. Sowohl in der antiken Bildhauerkunst als auch in der Literatur sahen die klassischen Dichter „das Individuum eingebunden in eine höhere Ordnung" (Z. 60).
Im Hinblick auf „die geschichtlichen Erfahrungen" (Z. 77) bleibt zu fragen, inwieweit das Humanitätsideal der Weimarer Klassik widerlegt ist (vgl. Z. 85f.) und ob es überhaupt realisierbar ist.
Folgende Foliengestaltung wird vorgeschlagen:

Weimarer Klassik

- Ereignisse der Französischen Revolution (Septembermorde) führen zur ablehnenden Haltung von Gewaltanwendung
- Festhalten der klassischen Dichter am optimistischen Menschenbild
- Herausbildung der Menschlichkeit ist nur durch einen Erziehungsprozess gewährleistet
- Durch die Autonomie der Kunst kann der Mensch die in ihm liegende wahre Menschlichkeit entfalten und Einsicht in das Gute gewinnen.

→ Frage nach der Realisierbarkeit des klassischen Humanitätsideals im historischen Prozess

In einem nächsten Schritt wird geprüft, inwieweit Johanna dieses Menschenbild verkörpert. Folgende Arbeitsaufträge können in Einzel- oder Partnerarbeit erledigt werden:

- *Lesen Sie die Seiten 109, 112. Welche Erwartungen hat Johanna an die Mächtigen bzw. Mauler?*
- *Lesen Sie die Vision Johannas (S. 112). Welche Einstellung hat sie zur Gewalt?*
- *Wie begründet sie ihren Gewaltverzicht?*

Johanna muss im Sinne Brechts scheitern, weil ihre idealistischen Vorstellungen in der realen Welt, in der konkreten geschichtlichen Wirklichkeit, nicht funktionieren.
Ihr Bekenntnis zur Humanität wird durch das reale Geschehen – Maschinengewehre knattern (vgl. S. 109, S. 101) – ad absurdum geführt. Der Zuschauer erkennt, dass Johannas Glaube lediglich eine Idealvorstellung ist.

Johannas Menschenbild

- Glaube an das unzerstörbar Gute im Menschen
- Gutgläubigkeit in Bezug auf Versprechungen Maulers
- Gewaltverzicht, Gewaltlosigkeit
- Festhalten an der bestehenden Weltordnung
- Gewalt gegen Mitmenschen widerspricht der kollektiven Übereinkunft eines Zusammenlebens

...

→ Vorstellung von einem gewaltfreien Zusammenleben; Johannas Erwartungen basieren auf einem humanistischen Welt- und Menschenbild

Abschließend kann hier der zweite Teil des Traums (S. 88) noch einmal aufgegriffen werden. Der Traum ist ein Mittel, Johannas Überzeugung und ihre psychischen Vorgänge vorwegzunehmen. Aktives Handeln ist gefragt, Reden allein genügt nicht. Dass aktives Handeln über das Reden hinaus nicht möglich ist, wird im Traum deutlich ausgesprochen: „Was weiter wird, weiß ich nicht." (S. 88) An dieser Stelle erfährt der Zuschauer, inwieweit Johanna zum Handeln im Sinne der Arbeiterschaft bereit bzw. nicht bereit ist, und wird zu einer kritischen Bewertung geleitet.

- *Lesen Sie noch einmal die Seite 88. Überprüfen Sie, ob es sich (für Johanna) jeweils eher um einen realistischen oder um einen illusorischen Trauminhalt handelt.*

In einer Diskussion können folgende Fragen aufgegriffen werden:

- *Wie beurteilen Sie auf der Grundlage Ihres Menschenbildes Johannas Vision im Traum?*
- *Welche Funktion hat der Traum Ihrer Meinung nach an dieser Stelle?*

2.6.3 Johannas innerer Konflikt – Solidarität mit den Arbeitern – Das klassische Menschenbild

Johannas idealistisch geprägtes Menschenbild und ihre Vorstellung von einer gewaltfreien Konfliktlösung prägen ihr Verhalten gegenüber den Arbeitern und deren Anliegen.
Im Folgenden geht es darum, Johannas Selbstreflexion in Bezug auf ihr eigenes Agieren im Umkreis der Arbeiter herauszuarbeiten.
Als Anhängerin der Heilsarmee genießt sie bei den Arbeitern Vertrauen und man hält sie schließlich für geeignet, in eigener Sache zu agieren. Sie wird ausgewählt, einen Brief, der zum Streik aufruft, weiterzuleiten. Johanna unterschlägt diesen Brief jedoch. Frau Luckerniddle stellt sie zur Rede und beschimpft sie mit drastischen Worten: „So, für Sie ist alles in Ordnung?! [...] Aber Sie sind eine Schwindlerin und gehören zu den andern. Ein Dreck sind Sie! Geben Sie den Brief her, den man Ihnen anvertraut hat." (S. 116) Wortlos verschwindet Johanna und hört wenig später ein Gespräch zwischen Arbeitern. Sie zeigen ihr Wissen um das falsche Versprechen Maulers: „Jetzt, wo ein Teil der Arbeiter die Höfe verlassen hat [...] heißt es plötzlich, die Schlachthäuser würden überhaupt nicht mehr eröffnet, weil P. Mauler sie ruiniert habe." (S. 116/117) Der Generalstreik ist gescheitert, weil ein Teil der Arbeiter nicht in Kenntnis gesetzt worden ist („Das haben wir hier nicht erfahren", S. 117) und ein „Teil

der Boten [...] versagt" (S. 117) habe. Schließlich entnimmt Johanna aus einem weiteren Gespräch unter den Arbeitern noch, dass viele, wenn sie vom Streik gewusst hätten, die gewaltsame Konfrontation mit der Polizei nicht gescheut hätten (vgl. S. 117). Die sich direkt anschließende Regieanmerkung „*Johanna, herumirrend, hört Stimmen*" (S. 117) verweist auf ihr Verhalten; sie irrt orientierungslos, verzweifelt, von Gewissensbissen geplagt, umher.

Die Schülerinnen und Schüler erhalten folgenden Arbeitsauftrag:

- *Lesen Sie die Seiten 116 – 117. Welchen Vorwurf macht Frau Luckerniddle Johanna?*
- *Erklären Sie Johannas Reaktion.*
- *Welche Wirkung rufen die Gespräche bei Johanna hervor?*

Auslöser für Schuldeingeständnis Johannas

- Selbstvorwurf der Unzuverlässigkeit und Beschimpfung als Betrügerin
- Gedanke an Gewaltanwendung, nicht an sozialpolitische Veränderungen
- Verhinderung des Generalstreiks
- Versagen als Botin

→ Eingeständnis eigenen Versagens, eigene Schuldzuweisung, Gewissensqualen

Beide Gespräche, das zwischen Johanna und Frau Luckerniddle und das Gespräch der Arbeiter unter sich, vergegenwärtigen Johannas Versagen. In der Folge wird sie von Gewissensbissen gequält. Verschiedene Stimmen klagen sie an; es meldet sich ihr eigenes Gewissen: „Keine Entschuldigung weiß/Der nicht ankommt [...] Nicht einmal der Angekommene/Behellige uns mit dem Bericht seiner Schwierigkeit/Sondern liefere schweigend/Sich ab oder das Anvertraute." (S. 117) Für ein derartiges Verhalten gibt es keine Entschuldigung. Priorität hat ausschließlich die Erfüllung des Auftrags.
Dann hört sie die vorwurfsvollen Stimmen der Arbeiter, die ihr vertraut haben: „Wir haben dir einen Auftrag gegeben./[...] Du konntest unsern Auftrag ausführen und du konntest/Uns auch verraten./Hast du ihn ausgeführt?" (S. 117), eine weitere Stimme, vermutlich ihre eigene, nennt einen allgemeinen Grundsatz, der etwas (scheinbar) Selbstverständliches mitteilt: „Wo gewartet wird, muß angekommen werden!" (S. 118) Eine weitere Stimme veranschaulicht bildlich die Unbedingtheit von Solidarität: „Das Netz, dessen eine Masche/Zerrissen ist, nützt nichts mehr." (S. 118) Die Stimme von Frau Luckerniddle, die großes Vertrauen in Johanna gesetzt hat (vgl. S. 118), folgt: „Aber den Brief, der die Wahrheit enthielt/Hast du nicht abgeliefert." (S. 118) Dieser Vorwurf muss Johanna besonders quälen, da gerade sie, die doch durch das Erforschen der Gründe des Elends zur Beseitigung der Not beitragen wollte, im entscheidenden Moment versagt hat. Zu spät erkennt sie selbst, „[v]erfinstert durch einen Schneesturm zur Unzeit!" (S. 118), die „Wahrheit" (S. 118), d.h., gewinnt sie Einblick in gesellschaftliche Zusammenhänge. Sie erkennt, wie wichtig dieser Streik für die Arbeiter zur Durchsetzung eigener Rechte gewesen wäre. Diese Einsicht drängt sie zur Rückkehr zu den Schlachthöfen. In der Regieanmerkung wird deutlich darauf verwiesen: „Sie läuft zurück." (S. 118)

In diesem Zusammenhang sind folgende Arbeitsaufträge denkbar:

- *Bereiten Sie in Gruppen einen anschaulichen Vortrag der Seiten 116 – 118 vor.*
- *Welche Stimmen hört Johanna und welchen Inhalt vermitteln sie?*

- *Welche Bedeutung haben die Stimmen für Johanna?*
- *Wie reagiert Johanna?*

Im folgenden Tafelbild lassen sich die Ergebnisse zusammenfassen:

Stimmen

- Es gibt keine Entschuldigung für das Handeln (eigener Vorwurf).
- Versagen in dringlicher Situation (Vorwurf der Arbeiter)
- Vertrauensbruch

→ **Selbstvorwürfe führen zur Rückkehr zu den Schlachthöfen**

Johanna hört Stimmen, die ihre innere Gedanken- und Gefühlswelt spiegeln. Sie weiß um ihre Verfehlung und um ihr Versagen. Dem Publikum wird durch die Stimmen Johannas zweites Ich noch einmal eindringlich vor Augen geführt (vgl. S. 117). Die Folgen ihres Versagens für die leidenden Menschen verkünden in bildhafter Weise die Stimmen „von allen Seiten" (S. 118). Sie sind im Sinne der Brecht'schen Theaterkonzeption damit nicht Teil der Spielhandlung, sondern übernehmen die Funktion einer Deutung und Kommentierung individueller Handlung.

Als Johanna vor den Schlachthöfen erneut ein Gespräch zwischen Arbeitern hört, in dem es um den Wert von Gerechtigkeit geht („Der Ungerechte geht offen über die Straße, aber der Gerechte versteckt sich", S. 137), von Recht und Unrecht, muss sie sich gedemütigt fühlen, zumal die gute Gesinnung und die Aufrichtigkeit der Arbeiter hervorgehoben werden. So heißt es: „Obgleich sie/Um geringen Lohn arbeiten und für viel nützlich sind/lebt keiner von ihnen seine Jahre zu Ende [...] Vor ihrer Zeit enden sie und sind/Erschlagen und zerstampft und in Schande verscharrt." (S. 137)
Als sie wiederum von den Zeitungsleuten die Wahrheit erfährt: „Der Generalstreik ist abgeblasen. Die Schlachthäuser machen wieder auf, aber nur für zwei Drittel der Belegschaft und nur zu einem Zweidrittellohn. Aber das Fleisch wird teurer [...] Nur ein Teil von ihnen (sc. den Arbeitern) hat erfahren, daß ein Generalstreik geplant war, und diesen Teil hat die Polizei mit Gewalt weggetrieben" (S. 137 f.), erkennt sie, falsch gehandelt zu haben.
Ihre sofort einsetzende Bewusstlosigkeit (S. 138) kann als Zeichen ihrer tief empfundenen Handlungsohnmacht gewertet werden: In der Überzeugung, Gutes zu tun, nämlich Gewalt zu verhindern, unterschlägt sie den Brief. Nun erfährt sie, dass ein Teil der Arbeiter, die vom Streik gewusst haben, gewaltsam abgeführt worden sind. Sie weiß, dass sie endgültig versagt hat. Dass sie den Polizisten, die sie vor den Schlachthöfen finden, als letzten Aufenthaltsort das Haus der Schwarzen Strohhüte nennt, unterstreicht ihre Abwendung vom Proletariat und ihre Rückkehr in den gewohnten Zustand: „Hier ist eine ohne Obdach/Aufgelesen auf den Schlachthöfen in/Erkranktem Zustand. Ihr/Letzter fester Aufenthaltsort war/Angeblich hier." (S. 139)

- *Lesen Sie die Seiten 136 – 138. Während Johanna das Gespräch der Arbeiter hört, plagen sie Gewissensbisse. Welche Vorwürfe könnte sie sich machen? Schreiben Sie einen inneren Monolog.*

Im Haus der Schwarzen Strohhüte hält sie *„den Brief hoch, als wollte sie ihn noch abgeben"* (Regieanmerkung, S. 139), und bekennt: „Nimmer nimmt mir der Untergegangene/Meinen Brief ab./Kleinen Dienst guter Sache, zu dem ich/All mein Leben gebeten wurd, einzigen!/

Habe ich nicht ausgerichtet.“ (S. 140) Sie hätte den Auftrag erfüllen können und sollen. Sie hätte die Welt verändern können und hat sich anders entschieden. Das Interesse der Proletarier hat sie nicht zu ihrem eigenen gemacht.
Eine Steigerung ihrer Erkenntnisse formuliert Johanna in einer kurzen Rede, in der sie das kapitalistische System verurteilt.
Sie selbst erkennt, den Mächtigen zu Diensten gewesen zu sein: „Den Geschädigten war ich ein Schaden/Nützlich war ich den Schädigern.“ (S. 142) Ihre Hoffnung auf Veränderung der Arbeitsbedingungen ist an der Realität vorbeigegangen. Sie hat nicht die Notwendigkeit der revolutionären Gewalt als einzige Chance zur Rettung gesehen. Ihr Denken und Handeln ist auf Postulate bürgerlich-idealistischer Sittlichkeit gerichtet und nicht auf die marxistisch-revolutionären Prinzipien der Arbeiterschaft.
Gleichzeitig zeigt sie ihre Machtlosigkeit gegenüber dem kapitalistischen System. Die Kluft zwischen oben und unten scheint unüberbrückbar (vgl. S. 144). „Ausbeutung und Unordnung“ (S. 144) werden sich niemals ändern, denn „Die aber unten sind, werden unten gehalten/Damit die oben sind, oben bleiben./Und der Oberen Niedrigkeit ist ohne Maß/Und wenn sie besser werden, so hülfe es/Doch nichts.“ (S. 144)
Ihr Fehlverhalten ist evident: „Wieder läuft/Die Welt die alte Bahn unverändert./Als es möglich war, sie zu verändern/Bin ich nicht gekommen.“ (S. 141)

- *Lesen Sie die Seiten 139 – 141. Welche Vorwürfe macht sich Johanna? Zu welcher Erkenntnis ist sie gelangt?*
- *Welche Erkenntnis wird damit dem Zuschauer vermittelt?*

Reue und Einsicht Johannas

- Der Streik der Arbeiter hätte unterstützt werden müssen.
- Lieber wie Vieh leben und dafür den Brief abgeben.
- Die Möglichkeit einer Veränderung ist vertan.
- Der alte Zustand ist wiederhergestellt.

→ Vorwurf, Verhältnisse nicht verändert zu haben

Durch idealistische Humanität und christlichen Geist lässt sich die Welt nicht verbessern. Zu spät erkennt Johanna ihr Versagen und damit das Fatale ihrer idealistischen Lebensvorstellung und ihres Menschenbildes. Auf dieser Grundlage äußert sie: „Was wißt ihr wissend/Was keine Folgen hat?/Ich zum Beispiel habe nichts getan.“ (S. 142)
Nicht mehr das Gutsein als Selbstzweck kann die Welt verändern, sondern nur eine Revolution kann eine wirksame Veränderung und Verbesserung herbeiführen: „Denn nichts werde gezählt als gut, und sehe es aus/wie immer, als was/Wirklich hilft, und nichts gelte als ehrenhaft mehr, als was/Diese Welt endgültig ändert: sie braucht es [...] Oh, folgenlose Güte! Unmerkliche Gesinnung! Ich habe nichts geändert.“ (S. 142) Sterbend spricht Johanna im Sinne einer antikapitalistisch-sozialrevolutionären Sittlichkeit: „Sorgt doch, daß ihr die Welt verlassend/Nicht nur gut wart, sondern verlaßt/Eine gute Welt!“ (S. 143)
„Darum, wer unten sagt, daß es einen Gott gibt/Und ist keiner sichtbar/Und kann sein unsichtbar und hülfe ihnen doch/Den soll man mit dem Kopf auf das Pflaster schlagen/Bis er verreckt ist.“ (S. 145) Zur Erklärung dieser Stelle dient der Kommentar Brechts, „Brechts Kommentar zum Textverständnis: Anmerkungen 4“ (**Arbeitsblatt 15,** S. 102). Ihm geht es um *glaubhaftes* religiös fundiertes Handeln in bestimmten Situationen. Ein Glaube darf nicht folgenlos bleiben.

- *Erklären Sie den Ausruf „Oh, folgenlose Güte!“ im Kontext der Rede Johannas (S. 142).*
- *Wie bewerten Sie in diesem Zusammenhang Johannas Äußerung in Bezug auf Mauler: „Es gibt also Güte“ (S. 109)?*
- *Lesen Sie die Seiten 142 – 144. Zu welcher Überzeugung gelangt Johanna? Welches Menschen- und Gesellschaftsbild vertritt sie?*
- *Erklären Sie anhand der „Anmerkungen“ die Warnung Johannas.*

Weiter sagt sie: „Und auch die, welche ihnen sagen, sie könnten sich erheben im Geiste/Und stecken bleiben im Schlamm, die soll man auch mit den Köpfen auf das Pflaster schlagen. Sondern/Es hilft nur Gewalt, wo Gewalt herrscht, und/Es helfen nur Menschen, wo Menschen sind.“ (S. 146)

Erkenntnis Johannas

- Kapitalisten vs. Arbeiter
- Humanisierung des Kapitalismus durch Güte nicht möglich
- Es hilft nur Gewalt, wo Gewalt herrscht.
- Beseitigung des kapitalistischen Systems durch Gewalt
- ...

→ Die Welt muss verändert werden.

Johanna und damit auch der Zuschauer hat die Erkenntnis in die Notwendigkeit einer Veränderung der gesellschaftlichen Verhältnisse gewonnen. Nur eine Revolution kann der Verelendung der Massen ein Ende setzen. Damit ist Gewalt ein unabdingbares Mittel – nach Brecht –, sich gegen die Bourgeoisie durchzusetzen. Zu dieser Erkenntnis einer notwendigen Systemänderung gelangt Johanna.
An dieser Stelle kann, um die Konzeption der Johanna-Figur und damit einhergehend den moralischen Wert von Menschlichkeit und Güte für gesellschaftliches Handeln zu beleuchten, das Brecht-Gedicht „Was nützt die Güte?“ (**Arbeitsblatt 16,** S. 103) herangezogen werden. Die Kritik Brechts am Handeln aus Güte bezieht sich auf den moralischen Handlungswert, denn die gesellschaftlichen Verhältnisse werden dadurch nicht geändert, sondern stabilisiert.
Das Gedicht besteht aus zwei Teilen. Im ersten Teil wird der Nutzen der Werte Güte, Freiheit und Vernunft hinterfragt. In den jeweils folgenden Bedingungssätzen werden die Werte entkräftet. Die Güte erscheint nutzlos, wenn die Gütigen und die Empfänger dieser Güte keine Überlebenschance haben. Ebenso ergeht es den Freien, die unter den Unfreien leben. Wenn die Unvernunft die gesellschaftlichen Abläufe bestimmt, ist die Vernunft nutzlos.
Im zweiten Teil des Gedichts wird ein Appell an den Leser gerichtet; dieser wird aufgefordert, eine grundlegende Veränderung der gesellschaftlichen Bedingungen anzustreben. Der Mensch soll nicht „nur gütig“ (V. 12) sein, sondern „bemüht“ (V. 12) sein, Bedingungen zu schaffen, die eben Güte, Freiheit und Vernunft ermöglichen. Johanna glaubt an die Güte Maulers und stellt dann fest, dass Güte folgenlos bleibt.
Brecht fordert eine Welt, die Güte „überflüssig“ (V. 14) und „die Unvernunft der einzelnen/Zu einem schlechten Geschäft macht“ (V. 16f.). In einer Diskussion kann geklärt werden, wie eine Gesellschaft beschaffen sein muss, in der keine Güte herrschen muss.

Dabei ergeben sich folgende Arbeitsaufträge:

- *Worin besteht Brechts Kritik an der moralischen Haltung der Güte?*
- *Was fordert Brecht vom Einzelnen und von der Gesellschaft?*
- *Inwiefern spielt für Johanna „Güte" eine Rolle?*
- *Stellen Sie auf der Grundlage Ihrer Kenntnisse einen Bezug zum Drama her.*

Ergänzend (zur Diskussion über das Handeln Johannas) kann ein weiteres Gedicht Brechts, „Die Nachtlager" (**Arbeitsblatt 17,** S. 104), herangezogen werden. Ein mitleidsvoller Mann verschafft einem Obdachlosen ein Nachtlager (V. 1–5). Generell lehnt Brecht Handlungen aus Mitleid nicht ab, denn sie helfen kurzfristig, Not zu lindern: „Der Wind wird von ihnen eine Nacht lang abgehalten/Der ihnen zugedachte Schnee fällt auf die Straße" (V. 10–11). Handlungen aus Mitleid bewirken jedoch nichts im Sinne einer allgemeinen gesellschaftlichen Veränderung.

- *Formulieren Sie den Kern der Kritik Brechts an Mitleidshandlungen.*
- *Vergleichen Sie das Handeln aus Mitleid mit dem Handeln Johannas.*

2.7 „Die heilige Johanna der Schlachthöfe" und „Die Jungfrau von Orleans" von Friedrich Schiller

In der letzten Sequenz dieses Bausteins wird der Frage nach dem Versagen Johannas im Vergleich mit dem Versagen Johannas bei Schiller nachgegangen. Im Einzelnen geht es darum, die Handlungsmotivation beider Protagonistinnen miteinander zu vergleichen.
In einem ersten Schritt erscheint es notwendig, dass die Schülerinnen und Schüler zumindest in Umrissen den Inhalt des Dramas „Die Jungfrau von Orleans" kennen. Die Vermittlung kann in Form eines Schülerreferates geschehen. Das **Arbeitsblatt 18** (S. 105 f.), „Die Jungfrau von Orleans – Der Inhalt im Überblick", dient dazu als Grundlage. Wesentliche Stationen der Entwicklung der Dramenfigur Johanna, die als Hintergrundinformation zum Verständnis notwendig sind, sollten Berücksichtigung finden. Für die Präsentation eignet sich ein foliengestützter Vortrag ebenso wie eine Darstellung durch die Lehrperson.

- *Präsentieren Sie den Inhalt des Dramas „Die Jungfrau von Orleans". Notieren Sie die wichtigsten Handlungsschritte auf einer Folie.*

Vorschlag für ein Folienbild:

Handlungsabfolge: Die Jungfrau von Orleans

- Vision Johannas: Befreiung Frankreichs von den Engländern
- Karl, der Dauphin von Frankreich, ist wegen mangelnder finanzieller Mittel kampfesmüde
- Karls Heerführer und seine Geliebte drängen ihn, den Kampf fortzusetzen
- Nachricht vom Sieg der Franzosen über die Engländer durch Johannas Einsatz
- Ausrufung Johannas als neue Heerführerin am Hof von Frankreich aufgrund ihrer überzeugend dargestellten Fähigkeiten
- Sieg der Franzosen bei dem Kampf um Orleans
- Niederlage gegen eine Frau entzweit das englische Lager
- Johanna bereitet einen weiteren Kampf vor und tötet den fliehenden Offizier Montgomery
- Den für die Franzosen kämpfenden englischen Herzog von Burgund gewinnt sie für das französische Lager zurück
- Johanna wird als Belohnung für ihre Verdienste in den Adelsstand erhoben
- Unter Verweis auf die Verpflichtung zur Ehelosigkeit lehnt sie gestellte Heiratsanträge ab und zieht in den Kampf um Reims
- Der schwarze Ritter erinnert sie an ihre Mission und warnt sie davor, an der Krönungszeremonie teilzunehmen
- Johanna verwirft die Warnung
- In einem Zweikampf gegen den englischen Lionel verliebt sie sich in ihn und tötet ihn nicht
- Johanna empfindet ihr eigenes Handeln als Bruch ihres Gelübdes und ist in ihrer Selbstsicherheit erschüttert
- Anschuldigung Johannas durch ihren Vater, mit dem Teufel im Bunde zu sein
- Johanna muss ins Exil gehen
- Drohende Niederlage für die Franzosen wehrt Johanna ab, indem sie um göttlichen Beistand bittet und sich selbst aus den Ketten befreien kann
- Frankreich geht als Sieger aus der Schlacht hervor
- Johanna stirbt an einer tödlichen Verwundung und im Bewusstsein, ihren Auftrag erfüllt zu haben und in den Himmel aufzufahren

Die Uraufführung von Schillers Drama fand am 11. September 1801 in Leipzig statt. Es ist damit der Epoche der Weimarer Klassik zuzuordnen. Schiller konzipierte seinen Dramenstoff nach den Geschehnissen im Hundertjährigen Krieg (1337/39 – 1453) zwischen England und Frankreich. Jeanne d'Arc hat eine Vision, in der ihr der Gehorsam gegenüber Gott offenbart wird und sie dazu bestimmt, die Engländer gegen die Franzosen zu besiegen. Voraussetzung für dieses Vorhaben ist ihre Jungfräulichkeit. Als sie sich wider Erwarten in den Engländer Lionel verliebt, scheitert ihre Mission. Gequält von Gewissensbissen, weil sie ihr Gelübde gebrochen hat, stellt sie sich die Frage nach der Verantwortung für ihr Tun.
Als sie hört, dass den Franzosen eine Niederlage drohe, stürmt sie auf das Schlachtfeld und erringt den Sieg für die Franzosen und stirbt in der Gewissheit, ihren Auftrag erfüllt zu haben.

Der Auszug aus dem vierten Auszug des Dramas „Die Jungfrau von Orleans" (**Arbeitsblatt 19,** S. 10) offenbart Johannas Selbstzweifel, die durch ihre Liebe zu Lionel ausgelöst werden.
Schillers Johanna versagt, weil auch sie ihren Auftrag nicht erfüllt: Mit der Kraft Gottes soll sie Frankreich retten. Weil sie das Gebot einer höheren absoluten Pflicht verletzt, wird sie schuldig.
Ihren Auftrag muss sie unbedingt ausführen: „Und bin ich strafbar, weil ich menschlich war?/Ist Mitleid Sünde?" (V. 2567 f.) Der Auftrag legt ihr Bedingungen auf, die sie nicht erfüllen kann: „Musstest du ihn auf mich laden/Diesen furchtbaren Beruf/Konnt ich dieses Herz verhärten/Das der Himmel fühlend schuf!" (V. 2594 ff.), ihre Schuld ist nicht die Folge einer freien Entscheidung wie bei der Brecht'schen Johanna, sondern die Folge einer Entscheidung, die sie nicht selbst getroffen hat, sondern in die sie hineingedrängt worden ist. So klagt Johanna: „Doch du rissest mich ins Leben,/In den stolzen Fürstensaal,/Mich der Schuld dahinzugeben,/Ach! Es war nicht meine Wahl!" (V. 2610 ff.). Der Mensch hat sein Leid zu tragen; es gibt keinen Ausweg. Indem Johanna ihre Schuld annimmt, wird die Absolutheit der bestehenden Weltordnung bestätigt. „Das Menschenbild der bürgerlichen Tragödie ist antirevolutionär und dient nach der Interpretation Brechts der Erhaltung und Sanktionierung der bestehenden Weltordnung." (Jendreiek, S. 148) Der Mensch opfert sich. Johanna ist für das Erkennen der Wirklichkeit nicht blind: „Ein blindes Werkzeug fordert Gott,/Mit blinden Augen musstest du's vollbringen!/Sobald du s a h s t, verließ dich Gottes Schild,/Ergriffen dich der Hölle Schlingen!" (V. 2578 ff.) Johanna folgt ihrer individuellen Neigung und fragt nicht nach einem allgemeinen Gesetz, nach einer Abmachung unter Menschen, wie Brechts Johanna. Schillers Johanna lebt in dem Moment und wendet sich von Gott ab: „Doch auf Erden ist mein Hoffen,/Und im Himmel ist es nicht!" (V. 2592 f.) Johanna erfüllt den Auftrag, den sie von Gott, dem höchsten sittlichen Prinzip, bekommt, nicht.
Schiller greift in seinem Drama die Frage nach der Macht des Einzelnen und damit nach den Motiven für die Erlangung und den Erhalt dieser Macht auf.
Johanna (bei Brecht) entscheidet sich für Gewaltlosigkeit. Sie hätte auch anders entscheiden können; das Unglück wäre vermeidbar gewesen und ist nicht an einen höheren Willen gebunden, nicht vorherbestimmt gewesen. Weil das Unglück in der Welt von Menschen gemacht ist, lässt es sich auch vermeiden; der Einzelne hat die Möglichkeit, sich aus diesem Unglück zu befreien. Johanna fehlte es an „revolutionärer Reife und Einsicht" (Jendreiek, S. 147), um anders handeln zu können. Weil sie auf Traditionen vertraut, fehlt ihr die Einsicht in die Notwendigkeit der revolutionären Gewalt. Sie bezieht sich auf eine allgemein sittliche Norm und macht diese zur Richtschnur ihres Handelns. Ideologisch verblendet sieht sie nicht die Notwendigkeit des wirklich Notwendigen. Sie handelt zwar im Auftrag des Arbeiterführers, der hier im Sinne Brechts marxistisch-revolutionäre Prinzipien verkörpert. Ihr fehlt jedoch der Blick für das Reale und sie strebt nach Idealen, die in der Realität, in der aktuellen Situation nicht helfen. Ihr Zusammenbruch erscheint daher nicht als tragischer Untergang, weil er vermeidbar gewesen wäre; er ist selbst verschuldet.
Die Schülerinnen und Schüler erhalten folgenden Arbeitsauftrag:

- *Worin sieht die Jungfrau von Orleans ihre Schuld? – Vergleichen Sie ihr Schuldeingeständnis mit dem der Johanna bei Brecht.*

Vergleich

Johanna bei Brecht

- Auftraggeber: Arbeiterführer
- Unglück ist vermeidbar
- mangelnde Einsicht in die Notwendigkeit revolutionärer Gewalt

Johanna bei Schiller

- Auftraggeber: Gott
- Unglück ist vom höchsten Prinzip vorherbestimmt; Brechen des Keuschheitsgelübdes
- kein „blindes Werkzeug" Gottes (V. 2578)

↓

Gemeinsamkeit: Folgen individueller Neigung

↓

allgemeine sittliche Norm
Frage nach der Verallgemeinerung ihrer Entscheidung

↓

Realismus und Mangel an Idealismus

Orientierung am eigenen Ich
Allgemeinheit spielt keine Rolle

↓

Streben nach Idealität und Mangel an Realismus

Johanna durchschaut das System. Dem falschen Bewusstsein soll richtige Einsicht in die Realität abgerungen werden.
Die Schülerinnen und Schüler, die die Entwicklung Johannas bis zum Ende der Dramenhandlung bereits verfolgt haben, können weitere Eintragungen auf dem Arbeitsblatt vornehmen. Folgender Auftrag ist denkbar:

- *Stellen Sie rückblickend die Entwicklungsstufen der Johanna-Figur grafisch dar, aus der ihr bisheriger Erkenntnisgewinn hervorgeht. Beziehen Sie sich auf folgende Textstellen: S. 15–17, 33ff., 52f., 73ff. Nutzen Sie auch Ihre Mitschriften. Diskutieren Sie die Darstellungen in Ihrem Kurs.*
- *Tragen Sie, wenn möglich, weitere Erkenntnisschritte in die Grafik ein.*

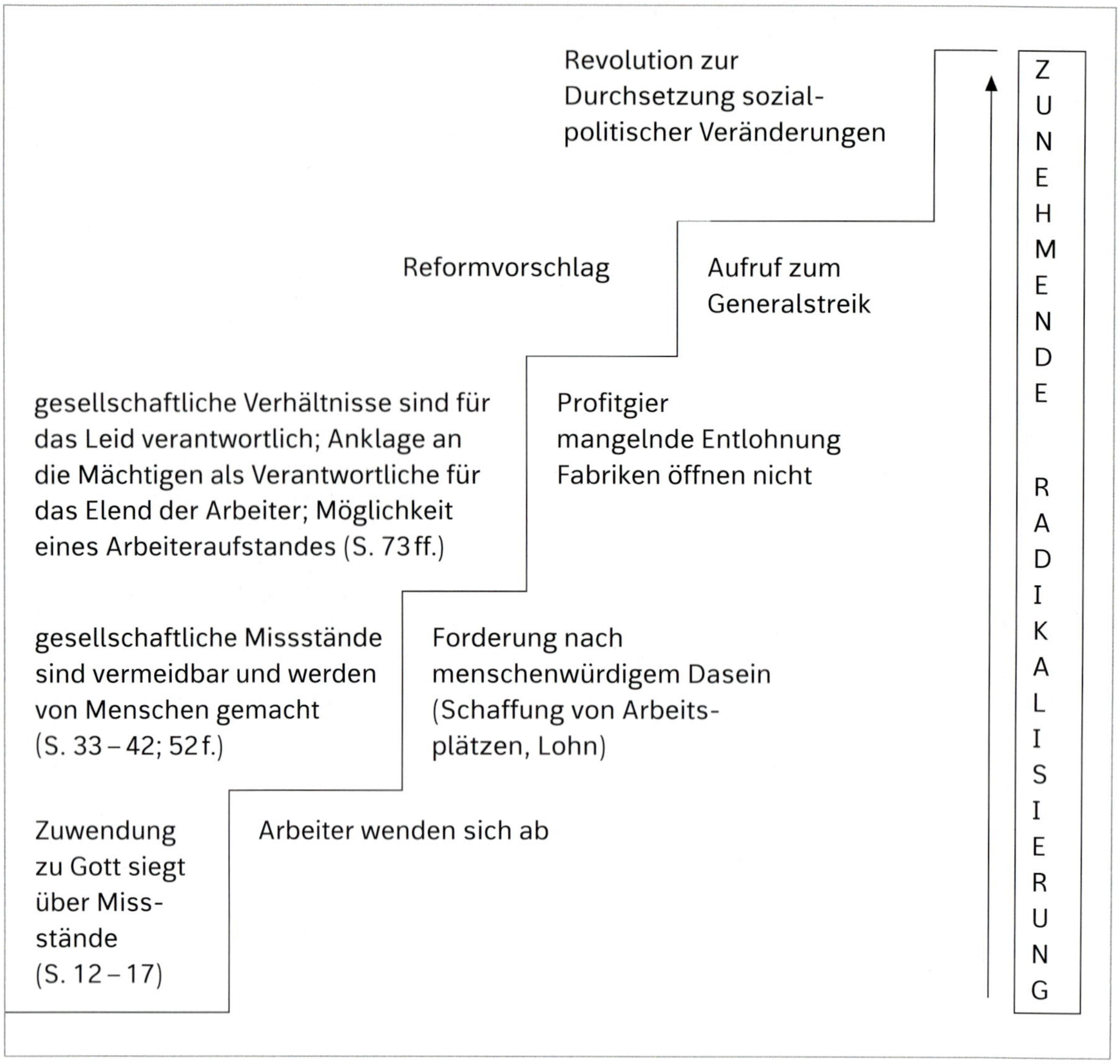

Folgende Entwicklungsschritte sollten Berücksichtigung finden:

Johannas Erkenntnisschritte

- Zuwendung zu Gott macht die Missstände erträglich
- kritische Sicht auf die sozialpolitischen Verhältnisse
- Entschluss, das Leid der Armen zu beseitigen
- Reformvorschlag
- Revolution zur Durchsetzung sozialpolitischer Veränderungen

Upton Sinclair (1878 – 1968): Der Dschungel (1906) [Auszug]

In seinem Roman „Der Dschungel" verarbeitet Upton Sinclair die Eindrücke, die er im Jahr 1905 als Arbeiter wochenlang auf den Schlachthöfen Chicagos gesammelt hat.

Voller Zuversicht auf ein besseres Leben wandert Juris Rudkus mit seinem Vater und seiner Braut um die Jahrhundertwende nach Amerika aus. Auf den Schlachthöfen in Chicago, in denen das Vieh in Massen getötet und zu Fleischkonserven verarbeitet wird, finden sie Arbeit. Die unmenschlichen Bedingungen am Arbeitsplatz führen zu massiven gesundheitlichen Schäden und auch zum Tod.

Eines Sonntagabends saß Jurgis am Küchenherd, rauchte sein Pfeifchen und unterhielt sich mit einem älteren Mann, den Jonas mitgebracht hatte und der bei Durham in der Konservenabteilung arbeitete. Von ihm erfuhr Jurgis einiges über die erstklassigen, einzigartigen und zur nationalen Institution gewordenen Durham-Konserven. Bei Durham seien die reinsten Alchimisten[1] am Werk; man mache Reklame für ein Pilz-Ketchup, und dabei hätten die Leute, die es herstellen, noch nie einen Pilz gesehen. Man preise ein „Hühnerragout" an – und das sei wie die aus den Witzblättern her bekannte Hühnersuppe im Wirtshaus, durch die ein Huhn in Gummigaloschen hindurchgelaufen war. Wer weiß, meinte der Freund von Jonas, vielleicht habe man ein Geheimverfahren, Hühner chemisch herzustellen; was in das Ragout hineinkommt, sei jedenfalls nichts anderes als Kaldaunen[2], Schweinefett, Unschlitt[3], Rinderherzen und schließlich noch, wenn gerade angefallen, Kalbfleischreste. Dieses [sc. Diese] Mixtur werde in verschiedenen Qualitäts- und Preisklassen angeboten, der Inhalt aller Büchsen aber komme aus ein und demselben Pott. Es gebe auch noch „Wildragout", ja sogar „Schinkenragout", außerdem eine „Schinkenpaste" – von den Arbeitern „Stinkepaste" genannt. Die bestehe aus Abfällen von geräuchertem Rindfleisch, die zu klein sind, um von den Maschinen noch aufgeschnitten werden zu können, aus Gekröse[4], das chemisch gefärbt ist, damit es nicht weiß durchschimmert, aus Resten von Schinken und Corned Beef[5], aus Kartoffeln, mit Schale und allem, und schließlich aus knorpeligen Rindergurgeln. Diese einfallsreiche Mischung wird durch den Wolf gedreht und dann stark gewürzt, damit sie nach etwas schmeckt. Zu Zeiten des alten Durham habe jeder, der eine neue Fälschung ausknobelte, von ihm ein Vermögen bekommen können, sagte Jurgis' Gewährsmann, jetzt aber sei es schwer, sich noch etwas Neues auszudenken, hier, wo schon so viele schlaue Köpfe so lange am Werk sind, wo die Leute sich freuen, wenn ihre Mastrinder Tuberkulose bekommen, weil sie dann schneller fett werden, und wo man in den Lebensmittelgeschäften des ganzen Landes alle liegen gebliebene und ranzig gewordene Butter aufkauft, sie mittels eines Druckluftverfahrens „oxydiert", um ihr den Geruch zu nehmen, sie dann mit abgerahmter Milch neu buttert und schließlich abgepackt in den Großstädten verkauft! Bis vor ein, zwei Jahren seien in den Yards noch Pferde geschlachtet worden, angeblich zur Herstellung von Dünger, aber nach langer Agitation habe die Presse der Öffentlichkeit klarmachen können, dass die Pferde in die Fleischkonserven wanderten. Jetzt sei es gesetzlich verboten, in Packingtown Pferde zu schlachten, und das werde auch tatsächlich befolgt, jedenfalls zur Zeit. Dafür aber könne man jeden Tag spitzförmige und zottelhaarige Tiere zwischen den Schafen herumlaufen sehen – doch was für ein mühevolles Unterfangen wäre es, die Bevölkerung davon zu überzeugen, dass ein gut Teil von dem, was sie als Lamm- und Hammelfleisch kauft, in Wirklichkeit von Ziegen stammt!

Man hätte in Packingtown noch eine andere aufschlussreiche Statistik aufstellen können, nämlich über die diversen Berufskrankheiten der Arbeiter. Damals bei seiner Besichtigung der Fleischfabriken mit Szedvilas hatte Jurgis bewundernd den Schilderungen gelauscht, was aus den geschlachteten Tieren alles hergestellt werde und wie viele Zweigindustrien es noch gebe, jetzt aber entdeckte er, dass jede dieser Zweigindustrien eine kleine Hölle für sich war, auf ihre Weise genauso schlimm wie die Schlachthallen, ihre gemeinsame Quelle und Grundlage. In jeder hatten die Arbeiter ihre spezifischen Leiden. Der sich hier umschauende Besucher konnte vielleicht all diese Betrügereien anzweifeln, nicht aber diese Gebrechen, denn den Bewies trugen die Arbeiter ja am Körper – meist brauchte man sich nur ihre Hände anzusehen.

Zum Beispiel die Männer in den Pökelräumen, wo sich der alte Antanas den Tod geholt hatte – fast alle

1 Chemiker
2 Stück der Innereien; Eingeweide meist von Rindern
3 Talg, Rinderfett
4 Innereien bes. vom Rind
5 zerkleinertes, gepökeltes Rindfleisch

waren schrecklich gezeichnet. Wer sich hie beim Karrenschieben auch nur eine Schramme am Finger holte, zog sich damit leicht eine Entzündung zu, die ihn das Leben kostete: Glied für Glied konnten ihm die Finger von der Säure zerfressen werden. Unter den Schlächtern und Schlachtgehilfen, den Ausbeinern, Ausputzern und allen, die mit dem Messer arbeiteten, fand man kaum einen, der seinen Daumen noch voll gebrauchen konnte; immer wieder waren sie mit der Maus auf die Schneide gerutscht, bis sie nur noch eine bloße Masse Fleisch bildete, gegen die sie nun das Messer pressten, um es überhaupt halten zu können. Die Hände dieser Leute waren kreuz und quer von Schnittnarben durchzogen, die sich nicht mehr zählen oder auseinanderhalten ließen. Fingernägel hatten sie keine mehr, denn die wetzten sich beim Häuteabziehen völlig ab; ihre Fingergelenke waren so geschwollen, dass sich ihre Hände wie Fächer spreizten. Dann die Männer, die in den Kochereien arbeiteten, bei künstlichem Licht und inmitten von Wrasen[1] und ekelerregendem Gestank; hier konnten sich die Tuberkelbazillen zwar zwei Jahre halten, doch kam stündlich neuer Nachschub hinzu.

Dann die Fleischträger, die zwei Zentner schwere Rinderviertel in die Kühlwaggons schleppten – eine mörderische Schufterei, von vier Uhr früh an, die selbst den stärksten Mann in ein paar Jahren fertigmachte. Dann die Leute in den Kühlhallen; ihr typisches Leiden war Rheuma, und fünf Jahre galten als längste Zeit, die dort durchzuhalten war. Dann die Wollrupfer; ihnen gingen die Hände noch schneller kaputt als den Pöklern, denn die Schafsfelle mussten mit Säure gebeizt werden, um die Wolle aufzulockern, und die Rupfer hatte diese mit bloßen Händen rauszuziehen, bis die Säure ihnen die Finger zerfraß. Dann die Arbeiter, die die Büchsen für die Fleischkonserven herstellten; auch ihre Hände waren ein einziges Labyrinth von Schnittnarben, und jeder einzelne Schnitt bedeutete das Risiko einer Blutvergiftung. Manche standen an Stanzmaschinen, und nur selten hielt einer das hier verlangte Tempo durch, ohne dass seine Aufmerksamkeit mal für einen Augenblick nachließ – und schon hackte ihm die Stanze ein Stück Hand ab. Dann die sogenannten „Heber“, deren Aufgabe darin bestand, jene Hebel zu betätigen, die die getöteten Rinder vom Boden hochzogen. Sie hasteten auf einer Laufplanke unterm Dach hin und her und hatten dabei durch den Dunst und Dampf nach unten zu schauen. Da die Architekten des alten Durham die Schlachthalle nicht zur Bequemlichkeit der Heber gebaut hatten, mussten sich diese alle paar Schritte unter einem Querbalken durchducken, der etwa anderthalb Meter über ihrer Planke verlief, wodurch sie sich eine so krumme Haltung angewöhnten, dass sie nach ein paar Jahren einen Gang wie Schimpansen hatten. Am schlimmsten dran aber waren die Leute in den Düngerfabriken und in den Kochereien. Die konnte man keinem zeigen, denn der Duft eines Düngerarbeiters hätte jeden normalen Werkbesucher schon aus hundert Schritt Entfernung in die Flucht gejagt, und was die anderen betraf, die in den Räumen voller Wrasen arbeiteten, wo sich oft Brühkessel auf gleicher Höhe mit dem Fußboden befanden – ihr „Berufsleiden“ bestand darin, in diese Kessel zu fallen, und wenn man sie herausfischte, war nicht mehr genug von ihnen übrig, das vorzeigenswert gewesen wäre. Manchmal blieb so ein Unfall tagelang unbemerkt, und inzwischen waren sie dann, mit Ausnahme der Knochen, schon als „Durhams Feinschmalz“ in die Welt hinausgegangen!

Aus: Upton Sinclair: Der Dschungel. Reinbek bei Hamburg: Rowohlt Verlag 2000, S. 134 – 138

[1] Dampf, Dunst

- *Beschreiben Sie die dargestellten Vermarktungsstrategien.*
- *Beschreiben Sie die Arbeitsbedingungen an den Schlachthöfen; zeigen Sie Parallelen zum Schauspiel auf.*

Alexander Döblin (1878 – 1957): Berlin Alexanderplatz (1922) [Auszug]

Der Roman beschreibt das Leben in der Großstadt Berlin zur Zeit der Weimarer Republik.
Die Romanfigur Franz Bieberkopf möchte nach seiner Haftentlassung ein neues Leben beginnen. Im Umkreis der anonymen Großstadt gelingt es ihm jedoch nicht; er versinkt wieder in der Kriminalität.
Der folgende Textauszug zeigt die Zustände auf dem Schlachthof Berlins, in dem Schweine nach technischem Standard verarbeitet werden. Zugleich zeigt dieser Ort metaphorisch das elende Dasein des Menschen in der Großstadt. Der folgende Auszug beschreibt die Fleischverarbeitung im Schlachthof.

Denn es geht dem Menschen wie dem Vieh;
wie dies stirbt, so stirbt er auch.

Der Schlachthof in Berlin. Im Nordosten der Stadt zwischen der Eldenaer Straße über die Thaerstraße weg über die Landsberger Allee bis an die Cotheniusstraße die Ringbahn entlang ziehen sich die Häuser, Hallen und Ställe vom Schlacht- und Viehhof.
[...] An den langen Hallen sind Türen, schwarze Öffnungen zum Eintrieb der Tiere, Zahlen dran, 26, 27, 28. Die Rinderhalle, die Schweinehalle, die Schlachträume: Totengerichte für die Tiere, schwingende Beile, du kommst mir nicht lebend raus. Friedliche Straßen grenzen an, Straßmannstraße, Liebigstraße, Proskauer, Gartenanlagen, in denen Leute spazieren. Sie wohnen warm beieinander, wenn einer erkrankt und Halsschmerzen hat, kommt der Arzt gelaufen.
Aber auf der anderen Seite ziehen sich die Geleise der Ringbahn 15 Kilometer. Aus den Provinzen rollt das Vieh ran, Exemplare der Gattung Schaf, Schwein, Rind, aus Ostpreußen, Pommern, Brandenburg, Westpreußen. Über die Viehrampen mähen, blöken sie herunter. Die Schweine grunzen und schnüffeln am Boden, sie sehen nicht, wo es hingeht, die Treiber mit den Stecken laufen hinterher. In die Ställe, da legen sie sich hin, liegen weiß, feist beieinander, schnarchen, schlafen. Sie sind unter lange getrieben worden, dann gerüttelt in den Wagen, jetzt vibriert nichts unter ihnen, nur kalt sind die Fliesen, sie wachen auf, drängen an andere. Sie liegen übereinandergeschoben. Da kämpfen zwei, in der Bucht ist Platz, sie wühlen Kopf gegen Kopf, schnappen sich gegen die Hälse, die Ohren, drehen sich im Kreis, röcheln, manchmal sind sie ganz still, beißen bloß. In Furcht klettert eins über die Leiber der andern, das andere klettert hinterher, schnappt, die unten wühlen sich auf, die beiden plumpen herunter, suchen sich.
Ein Mann im Leinenkittel wandert durch den Gang, die Bucht wird geöffnet, mit einem Stock tritt er zwischen sie, die Tür ist offen, sie drängen heraus, quieken, ein Grunzen und Schreien fängt an. Und nun alles durch die Gänge. Über die Höfe, zwischen die Hallen werden die weißen drolligen Tiere getrieben, die dicken lustigen Schenkel, die lustigen Ringelschwänzchen, und grüne rote Striche auf dem Rücken. Das ist Licht, liebe Schweinchen, das ist Boden, schnubbert nur, sucht, für wie viel Minuten noch. Nein, ihr habt recht, man darf nicht mit der Uhr arbeiten, immer nur schnubbern und wühlen. Ihr werdet geschlachtet werden, ihr seid da, seht euch das Schlachthaus an, das Schweineschlachthaus. Es gibt alte Häuser, aber ihr kommt in ein neues Modell. Es ist hell, aus roten Steinen gebaut, man könnte es von draußen für eine Schlosserei halten, für eine Werkstatt oder einen Büroraum oder für einen Konstruktionssaal. Ich will andersherum gehen, liebe Schweinchen, denn ich bin ein Mensch, ich gehe durch diese Tür da, wir treffen uns drin wieder.
Stoß gegen die Tür, sie federt, schwingt hin und her. Puh, der Dampf! Was dampfen die. Da bist du im Dampf wie in einem Bad, da nehmen die Schweine vielleicht ein russisch-römisches Bad. Man geht irgendwo, du siehst nicht wo, die Brille ist einem beschlagen, man geht vielleicht nackt, schwitzt sich den Rheumatismus aus, mit Kognak allein gehts nicht, man klappert in Pantoffeln.
Es ist nichts zu sehen, der Dampf ist zu dicht. Aber dies Quietschen, Röcheln, Klappen, Männerrufe, Fallen von Geräten, Schlagen von Deckeln. Hier müssen irgendwo die Schweine sein, sie sind von drüben her, von der Längsseite reingekommen. Dieser dicke weiße Dampf. Da sind ja schon Schweine, da hängen ja welche, die sind schon tot, die hat man gekappt, die sind beinah reif zum Fressen. Da steht einer mit einem Schlauch und spritzt die weißen Schweinehälften ab. Sie hängen an Eisenständern, kopfabwärts, manche Schweine sind ganz, die Beine oben sind mit einem Querholz gesperrt, ein totes Tier kann eben nichts machen, es kann auch nicht laufen. Schweinsfüße liegen abgehackt auf einem Stapel. Zwei Mann tragen aus dem Nebel was an, an einem Eisenbalken ein ausgeweidetes geöffnetes Tier. Sie heben den Balken an den Laufring. Da schweben schon viele Kollegen herunter, gucken sich stumpfsinnig die Fliesen an.
Im Nebel gehst du durch den Saal. Die Steinplatten sind gerieft, sie sind feucht, auch blutig. Zwischen den

Ständern die Reihen der weißen ausgeweideten Tiere. Hinten müssen die Totschlagsbuchten sein, da klatscht es, klappt, quiekt, schreit, röchelt, grunzt. Da stehen dampfende Kessel, Bottiche, von da kommt der Dampf. Männer hängen in das siedende Wasser die getöteten Tiere rein, brühen sie, schön weiß ziehn sie sie heraus, ein Mann kratzt mit einem Messer noch die Oberhaut ab, das Tier wird noch weißer, ganz glatt. Ganz sanft und weiß, sehr befriedigt wie nach einem anstrengenden Bad, nach einer wohlgelungenen Operation oder Massage liegen die Schweine in Reihen auf Bänken, Brettern, sie bewegen sich nicht in ihrer gesättigten Ruhe und in ihren neuen weißen Hemden. Sie liegen alle auf der Seite, bei manchen sieht man die doppelte Zitzenreihe, wie viel Brüste ein Schwein hat, das müssen fruchtbare Tiere sein. Aber sie haben alle hier einen graden roten Schlitz am Hals, genau in der Mittellinie, das ist sehr verdächtig.

Jetzt klatscht es wieder, eine Tür wird hinten geöffnet, der Dampf zieht ab, sie treiben eine neue Schar Schweine rein, ihr lauft da, ich bin vorn durch die Schiebetür gegangen, drollige rosige Tiere, lustige Schenkel, lustige Ringelschwänzchen, der Rücken mit bunten Strichen. Und sie schnüffeln in der neuen Bucht. Die ist kalt wie die alte, aber es ist noch etwas von Nässe am Boden, das unbekannt ist, eine rote Schlüpfrigkeit. Sie scheuern mit dem Rüssel daran.

Ein junger Mann von blasser Farbe, mit angeklebtem blondem Haar, hat eine Zigarre im Mund. Siehe da, das ist der letzte Mensch, der sich mit euch beschäftigt! Denkt nicht schlecht von ihm, er tut nur, was seines Amtes ist. Er hat eine Verwaltungsangelegenheit mit euch zu regeln. Er hat nur Stiefel, Hose, Hemd und Hosenträger an, die Stiefel bis über die Knie. Das ist seine Amtstracht. Er nimmt seine Zigarre aus dem Mund, legt sie in ein Fach an der Wand, nimmt aus der Ecke ein langes Beil. Es ist das Zeichen seiner behördlichen Würde, seines Rangs über euch, wie die Blechmarke beim Kriminal. Er wird sie euch gleich vorzeigen. Das ist eine lange Holzstange, die der junge Mann bis zur Schulterhöhe über die quiekenden kleinen Schweine unten hochhebt, die da ungestört wühlen, schnüffeln und grunzen. Der Mann geht herum, den Blick nach unten, sucht, sucht. Es handelt sich um ein Ermittlungsverfahren gegen eine gewisse Person, eine gewisse Person in Sachen x gegen y-Hatz! Da ist ihm eins vor die Füße gelaufen, hatz! Noch eins. Der Mann ist flink, er hat sich legitimiert, das Beil ist heruntergesaust, getaucht in das Gedränge mit der stumpfen Seite auf den Kopf, noch einen Kopf. Das war ein Augenblick. Das zappelt unten. Das strampelt. Das schleudert sich auf die Seite. Das weiß nichts mehr. Und liegt da. Was machen die Beine, der Kopf. Aber das macht das Schwein nicht, das machen die Beine als Privatperson.

Aus: Alfred Döblin: Berlin Alexanderplatz. München: Deutscher Taschenbuch Verlag. 2008, S. 136 – 137

- *Beschreiben Sie die Zustände auf dem Schlachthof.*
- *Der Schlachthof zeigt zugleich als metaphorischer Ort die Verelendung des Menschen. Zeigen Sie Parallelen im Drama auf.*

Karl Marx: Der dialektische Gegensatz von Proletariat und Reichtum

Gesellschaftskritiker wie Karl Marx (1818 – 1833) und Friedrich Engels (1820 – 1844) kritisieren vor allem eine Auffassung vom Menschen, die ihn lediglich als betrachtendes passives Wesen sieht. Beide sehen den Menschen jedoch als ein seine gesellschaftliche Wirklichkeit schaffendes Subjekt an. Vor diesem Hintergrund versuchen sie, ein proletarisches Selbstbewusstsein zu schaffen mit dem Ziel, dass sich die armen und ausgebeuteten Proletarier gegen die Reichen und Ausbeuter (Bourgeoisie) durch eine Revolution auflehnen.
Der folgende Text informiert darüber.

Proletarier und Reichtum sind Gegensätze. Sie bilden als solche ein Ganzes. Sie sind beide Gestaltungen der Welt des Privateigentums. Es handelt sich um die bestimmte Stellung, die beide in dem Gegensatz einnehmen. Es reicht nicht aus, sie für zwei Seiten eines Ganzen zu erklären.

Das Privateigentum als Privateigentum, als Reichtum, ist gezwungen, sich selbst und damit seinen Gegensatz, das Proletariat, im Bestehen zu erhalten. Es ist die positive Seite des Gegensatzes, das in sich selbst befriedigte Privateigentum.

Das Proletariat ist umgekehrt als Proletariat gezwungen, sich selbst und damit seinen bedingenden Gegensatz, der es zum Proletariat macht, das Privateigentum, aufzuheben. Es ist die negative Seite des Gegensatzes, seine Unruhe in sich, das aufgelöste und sich auflösende Privateigentum.

Die besitzende Klasse und die Klasse des Proletariats stellen dieselbe menschliche Selbstentfremdung dar. Aber die erste Klasse fühlt sich wohl und bestätigt, weiß die Entfremdung als ihre eigene Macht und besitzt in ihr den Schein einer menschlichen Existenz; die zweite fühlt sich in der Entfremdung vernichtet, erblickt in ihr ihre Ohnmacht und die Wirklichkeit einer unmenschlichen Existenz. Sie ist, um einen Ausdruck von Hegel zu gebrauchen, in der Verworfenheit die Empörung über diese Verworfenheit, eine Empörung, zu der sie notwendig durch den Widerspruch ihrer menschlichen Natur mit ihrer Lebenssituation, welche die offenherzige, entschiedene, umfassende Verneinung dieser Natur ist, getrieben wird. Innerhalb des Gegensatzes ist der Privateigentümer also die konservative, der Proletarier die destruktive Partei. Von jenem geht die Aktion des Erhaltens des Gegensatzes, von diesem die Aktion seiner Vernichtung aus. [...]

Wenn die sozialistischen Schriftsteller dem Proletariat diese weltgeschichtliche Rolle zuschreiben, so geschieht dies keineswegs, wie die kritische Kritik zu glauben vorgibt, weil sie die Proletarier für Götter halten. Vielmehr umgekehrt. Weil die Abstraktion von aller Menschlichkeit, selbst von dem Schein der Menschlichkeit im ausgebildeten Proletariat praktisch vollendet ist, weil in den Lebensbedingungen des Proletariats alle Lebensbedingungen der heutigen Gesellschaft in ihrer unmenschlichsten Spitze zusammengefasst sind, weil der Mensch in ihm sich selbst verloren, aber zugleich nicht nur das theoretische Bewusstsein dieses Verlusts gewonnen hat, sondern auch unmittelbar durch die nicht mehr abzuweisende, nicht mehr zu beschönigende, absolut gebieterische Not – dem praktischen Ausdruck der Notwendigkeit – zur Empörung gegen diese Unmenschlichkeit gezwungen ist, darum kann und muss das Proletariat sich selbst befreien. Es kann sich aber nicht selbst befreien, ohne seine eigenen Lebensbedingungen aufzuheben. Es kann seine eigenen Lebensbedingungen nicht aufheben, ohne *alle* unmenschlichen Lebensbedingungen der heutigen Gesellschaft, die sich in seiner Situation zusammenfassen, aufzuheben. Es macht nicht vergebens die harte, aber stählende Schule der Arbeit durch. Es handelt sich nicht darum, was dieser oder jener Proletarier oder selbst das ganze Proletariat als Ziel sich einstweilen *vorstellt*. Es handelt sich darum, *was es ist*, und was es diesem *Sein* gemäß geschichtlich zu tun gezwungen sein wird. Sein Ziel und seine geschichtliche Aktion ist in seiner eigenen Lebenssituation, wie in der ganzen Organisation der heutigen bürgerlichen Gesellschaft sinnfällig, unwiderruflich vorgezeichnet. Es bedarf hier nicht der Ausführung, dass ein großer Teil des englischen und französischen Proletariats sich seiner geschichtlichen Aufgabe schon bewusst ist und beständig daran arbeitet, dies Bewusstsein zur vollständigen Klarheit herauszubilden. *(1844/45)*

Karl Marx: Die heilige Familie. In: Frühe Schriften. Stuttgart: Kröner 1964, S. 317 – 319, 525 ff.

- *Welches Interesse innerhalb eines gemeinsamen Systems verfolgt die Klasse des Proletariats und welches die Klasse der Besitzenden?*
- *Was versteht Marx unter dem Begriff „Selbstentfremdung“ der besitzenden Klasse und des Proletariats?*
- *Erläutern Sie, inwiefern sich die „Selbstentfremdung“ des Menschen im Drama zeigt.*

„Lied eines Stückschreibers“ – Brechts Theaterkonzeption

Zum Verständnis der Theatertheorie Brechts eignet sich ein Auszug aus seiner theatertheoretischen Schrift „Der Messingkauf“. In nächtlicher Auseinandersetzung unterhalten sich ein Philosoph, ein Dramaturg, ein Schauspieler und eine Schauspielerin über das Theaterspielen. Kernpunkt der Gespräche ist die Frage, wie und mit welchen Mitteln es gelingt, Vorgänge unter Menschen auf der Bühne darzustellen, mit dem Ziel, dem Theater eine gesellschaftlich-erzieherische Funktion zuzuweisen. Das Theater ist philosophisch bedeutsam, weil es Handlungen darstellt, die zwischen Menschen stattfinden und zur Erkenntnis gesellschaftlicher Veränderungen beitragen können.

Das „Lied des Stückschreibers“ ist von Brecht selbst nicht „De[m] Messingkauf“ zugeordnet, lässt dennoch seine Theaterkonzeption in wesentlichen Grundzügen nachvollziehbar werden.

Lied eines Stückschreibers

Ich bin ein Stückschreiber. Ich zeige
Was ich gesehen habe. Auf den Menschenmärkten
Habe ich gesehen, wie der Mensch gehandelt wird.
Das
Zeige ich, ich, der Stückschreiber.

Wie sie zueinander ins Zimmer treten mit Plänen
Oder mit Gummiknüppeln oder mit Geld
Wie sie auf den Straßen stehen und warten
Wie sie einander Fallen bereiten
Voller Hoffnung
Wie sie Verabredungen treffen
Wie sie einander aufhängen
Wie sie sich lieben
Wie sie die Beute verteidigen
Wie sie essen
Das zeige ich.

Die Worte, die sie einander zurufen, berichte ich.
Was die Mutter dem Sohn sagt
Was der Unternehmer dem Unternommenen befiehlt
Was die Frau dem Mann antwortet
Alle die bittenden Worte, alle die herrischen
Die flehenden, die mißverständlichen
Die lügnerischen, die unwissenden
Die schönen, die verletzenden
Alle berichte ich.

Ich sehe da auftreten Schneefälle
Ich sehe da nach vorn kommen Erdbeben
Ich sehe da Berge stehen mitten im Wege
Und Flüsse sehe ich über die Ufer treten.
Aber die Schneefälle haben Hüte auf
Die Erdbeben haben Geld in der Brusttasche
Die Berge sind aus Fahrzeugen gestiegen
Und die reißenden Flüsse gebieten über Polizisten.
Das enthülle ich.

Um zeigen zu können, was ich sehe
Lese ich nach die Darstellungen anderer Völker und
anderer Zeitalter.
Ein paar Stücke habe ich nachgeschrieben, genau

Prüfend die jeweilige Technik und mir einprägend
Das, was mir zustatten kommt.
Ich studierte die Darstellungen der großen Feudalen
Durch die Engländer, reicher Figuren
Denen die Welt dazu dient, sich groß zu entfalten.
Ich studierte die moralisierenden Spanier
Die Inder, Meister der schönen Empfindungen
Und die Chinesen, welche die Familien darstellen
Und die bunten Schicksale in den Städten.

Und so schnell wechselte zu meiner Zeit
Das Aussehen der Häuser und Städte, daß ein
Wegfahren für zwei Jahre
Und ein Rückkehren eine Reise in eine andere Stadt war
Und in riesiger Masse wandelten die Menschen ihr
Aussehen
In wenigen Jahren. Ich sah
Arbeiter in das Tor der Fabrik treten, und das Tor
war hoch
Aber als sie herauskamen, mußten sie sich bücken.
Da sagte ich zu mir:
Alles wandelt sich und ist nur für seine Zeit.

Also gab ich jedem Schauplatz sein Kennzeichen
Und brannte jedem Fabrikhof seine Jahreszahl ein
und jedem Zimmer
Wie die Hirten dem Vieh seine Zahl einbrennen,
daß es erkannt wird.
Und auch den Sätzen, die da gesprochen wurden
Gab ich ihr Kennzeichen, so daß sie wurden wie Aus-
sprüche
Der Vergänglichen, die man aufzeichnet
Damit sie nicht vergessen werden.

Was da die Frau sagte im Arbeitskittel
Über die Flugblätter gebeugt, in diesen Jahren
Und wie die Börsenleute mit ihren Schreibern sprachen
Die Hüte im Genick, gestern
Das versah ich mit dem Zeichen der Vergänglichkeit
Ihrer Jahreszahl.
Alles aber übergab ich dem Staunen
Selbst das Vertrauteste.
Daß die Mutter dem Kinde die Brust reichte
Das berichtete ich wie etwas, das keiner mir glauben wird.
Daß der Pförtner vor dem Frierenden die Tür
„zuschlug“
Wie etwas, das noch keiner gesehen hat.

Aus: Bertolt Brecht: Schriften zum Theater. Band 5. Frankfurt/Main: Suhrkamp Verlag 1963, Band 5, S. 281

Brecht präsentiert sich hier in eigener Sache: „Ich bin ein Stückeschreiber“. Er will mit seinen Stücken dem Zuschauer etwas „zeigen“, „berichten“ und „enthüllen“.

- *Welches Ziel und welchen Anspruch verfolgt Brecht mit seiner neuen Theaterkonzeption?*
- *Welche Inhalte und Themen erscheinen ihm hierfür wesentlich?*
- *Wie will er das erreichen?*

Bertolt Brecht : Die dramatische und die epische Form des Theaters

Folgendes Schema zeigt einige Gewichtsverschiebungen vom dramatischen zum epischen Theater.

Dramatische Form des Theaters	**Epische Form des Theaters**
Die Bühne verkörpert einen Vorgang	sie erzählt ihn
verwickelt den Zuschauer in eine Aktion und	macht ihn zum Betrachter,
verbraucht seine Aktivität	weckt seine Aktivität
ermöglicht ihm Gefühle	erzwingt von ihm Entscheidungen
vermittelt ihm Erlebnisse	vermittelt ihm Kenntnisse
der Zuschauer wird in die Handlung hineinversetzt	er wird ihr gegenübergesetzt
es wird mit Suggestion gearbeitet	es wird mit Argumenten gearbeitet
die Empfindungen werden konserviert	sie werden bis zu Erkenntnissen getrieben
der Mensch wird als bekannt vorausgesetzt	der Mensch ist Gegenstand der Untersuchung
der unveränderliche Mensch	der veränderliche und verändernde Mensch
Spannung auf den Ausgang	Spannung auf den Gang
eine Szene für die andere	jede Szene für sich
die Geschehnisse verlaufen linear	in Kurven
natura non facit saltus[1]	facit saltus
die Welt, wie sie ist	die Welt, wie sie sein wird
was der Mensch soll	was der Mensch muß
seine Triebe	seine Beweggründe
das Denken bestimmt das Sein	das gesellschaftliche Sein bestimmt das Denken

Aus: Bertolt Brecht. Schriften zum Theater. Über eine nicht-aristotelische Dramatik. Berlin/Frankfurt am Main: Suhrkamp 1957, S. 90ff.

[1] Die Natur macht keine Sprünge.

■ *Wählen Sie einige Aspekte aus der Gegenüberstellung aus und stellen Sie diese Ihrem Banknachbarn oder Ihrer Banknachbarin vor.*

Bertolt Brecht: Vergnügungstheater oder Lehrtheater

Die folgende Gegenüberstellung stellt zwei Dramenkonzeptionen aus der Sicht eines Zuschauers einander gegenüber.

[...] *Der Zuschauer des dramatischen Theaters sagt*: Ja, das habe ich auch schon gefühlt. – So bin ich. – Das ist nur natürlich. – Das wird immer so sein. – Das Leid dieses Menschen erschüttert mich, weil es keinen Ausweg für ihn gibt. – Das ist die große Kunst: da ist alles selbstverständlich. – Ich weine mit den Weinenden, ich lache mit den Lachenden.
Der Zuschauer des epischen Theaters sagt: Das hätte ich nicht gedacht. – So darf man es nicht machen. – Das ist höchst auffällig, fast nicht zu glauben. – Das muß aufhören. – Das Leid dieses Menschen erschüttert mich, weil es doch einen Ausweg für ihn gäbe. – Das ist große Kunst: da ist nichts selbstverständlich. – Ich lache über den Weinenden, ich weine über die Lachenden.

Aus: Bertolt Brecht: Gesammelte Werke Bd. 15. Schriften zum Theater 1. Frankfurt/Main: Suhrkamp 1967, S. 265

■ *Weisen Sie auf der Grundlage des Textes „Vergnügungstheater oder Lehrtheater" von Bertolt Brecht epische Elemente in der vierten Szene nach.*

Epische Elemente in Szene 4

Bild/Seite	Inhalt	Merkmale des epischen Theaters

■ *Weisen Sie auf der Grundlage des Textes „Vergnügungstheater oder Lehrtheater" von Bertolt Brecht epische Elemente in der vierten Szene nach.*

Epische Elemente in Szene 4 (Lösung)

Bild/Seite	Inhalt	Merkmale des epischen Theaters
4 (S. 33 f.)	Vorarbeiter berichtet dem Burschen über einen tödlichen Unfall	narrativ; ein Vorgang wird erzählt
S. 34 ff.	Information zu den Unglücksfällen (Luckerniddle, Gloomb)	der Zuschauer wird in Kenntnis gesetzt, zur Stellungnahme aktiviert und provoziert
S. 41	Slift demonstriert Johanna das Fehlverhalten der Armen	
S. 41 f.	Johannas Schlussmonolog: die Armut der Armen führt zu unangemessenem Handeln	der Mensch wird mit seinen Beweggründen zum Gegenstand der Untersuchung
S. 34	Vertuschung des Unglücks aus Angst vor Verlust des Arbeitsplatzes (der Bursche)	
S. 35	Erpressung durch Fabrikinspektor; Ausnutzen der Notsituation des Burschen	existenzielle Not zwingt zum entfremdeten Handeln

Gesamtes Stück: Die Welt ist unmenschlich, wenn nicht eingegriffen wird.

Friedrich Schiller (1759–1805): Die Worte des Glaubens

Drei Worte nenn ich euch, inhaltsschwer,
Sie gehen von Munde zu Munde,
Doch stammen sie nicht von außen her,
Das Herz nur gibt davon Kunde.
Dem Menschen ist aller Wert geraubt,
Wenn er nicht mehr an die drei Worte glaubt.

Der Mensch ist frei geschaffen, ist frei,
Und würd er in Ketten geboren,
Lasst euch nicht irren des Pöbels Geschrei,
Nicht den Missbrauch rasender Toren.
Vor dem Sklaven, wenn er die Kette bricht,
Vor dem freien Menschen erzittert nicht.

Und die Tugend, sie ist kein leerer Schall,
Der Mensch kann sie üben im Leben,
Und sollt er auch straucheln überall,
Er kann nach der göttlichen streben,
Und was kein Verstand der Verständigen sieht,
Das übet in Einfalt ein kindlich Gemüt.

Und ein Gott ist, ein heiliger Wille lebt,
Wie auch der menschliche wanke,
Hoch über der Zeit und dem Raume webt
Lebendig der höchste Gedanke,
Und ob alles in ewigem Wechsel kreist,
Es beharret im Wechsel ein ruhiger Geist.

Die drei Worte bewahret euch, inhaltsschwer,
Sie pflanzet von Munde zu Munde,
Und stammen sie gleich nicht von außen her,
Euer Innres gibt davon Kunde,
Dem Menschen ist nimmer sein Wert geraubt,
Solang er noch an die drei Worte glaubt.

Aus: Friedrich Schiller: Sämtliche Werke. Band I. Hrsg. von Albert Meier. München: Taschenbuch Verlag 2004, S. 214 f.

- *Das Gedicht von Friedrich Schiller enthält wesentliche Gedanken der Weimarer Klassik. Versuchen Sie, diese Gedanken zu erfassen, indem Sie bestimmen, worin Schiller den „Wert“ des Menschen sieht und unter welchen Bedingungen er den Wert bedroht sieht.*

Weimarer Klassik

Der folgende Text liefert einen Überblick über die Epoche der Weimarer Klassik.

Zeitgeschichtlicher Hintergrund

Das zentrale politische Ereignis stellt die Französische Revolution mit ihren Folgen dar.
Ursprünglich waren die Ziele der Französischen Revolution – die Ablösung der alten Feudalstrukturen und die Errichtung eines Staates auf den Grundsätzen der „Freiheit, Gleichheit und Brüderlichkeit" – von den fortschrittlich gesinnten bürgerlichen Kreisen begrüßt worden, so auch von den in Weimar wirkenden Dichtern Goethe, Schiller, Wieland und Herder.
Aufgrund wirtschaftlicher Krisen und als Folge des politischen Drucks anderer Staaten gerieten die Ziele der Revolution in Gefahr, worauf die Revolutionäre wiederum mit erhöhter Gewalt reagierten. Insbesondere die Hinrichtung Ludwigs XVI. 1793 und die sogenannten Septembermorde 1792, bei denen über 1200 Revolutionsgegner getötet wurden, führten zu einer ablehnenden Haltung des revolutionären Weges.

Menschenbild

Vor allem Friedrich Schiller hat in seinen philosophischen Schriften betont, dass er die Menschen seiner Zeit noch nicht für fähig hielt, tatsächlich „autonom", nur der Stimme ihrer Vernunft gehorchend, wie es die Aufklärung gefordert hatte, ihr Leben zu gestalten. Gleichwohl hielten er wie auch Goethe an einem optimistischen Menschenbild fest. Von Johann Gottfried Herder übernehmen sie den Gedanken der „Bildung zur Humanität": Danach besitzt der Mensch die Anlage zur wahren Menschlichkeit, mittels derer er seine destruktiven, asozialen Neigungen dauerhaft unterdrücken kann. Dazu bedarf es aber eines ständigen Erziehungsprozesses, da ansonsten die Menschheit zur „Brutalität" verkommt.

Kunstauffassung

Goethe und Schiller zufolge ist es nun vornehmlich die Aufgabe der Kunst, diesen Erziehungsprozess zu übernehmen. Sie kann dies, weil sie eine wirklich „zweckfreie" Beschäftigung ist, d.h., sie ist „autonom", sie steht in keinerlei Dienstverhältnis. Bedingung für diese Autonomie ist es, dass sie sich jeglicher Beschäftigung mit tagespolitischen Ereignissen enthält.
Der Kunst kommt es zu, den Idealtypus des Menschen zu zeigen, einen Menschen, der einen sittlichen Erkenntnisprozess durchläuft und sich zu einer harmonischen Persönlichkeit bildet, die die unterschiedlichen Anlagen – Pflicht und Neigung, Sinnlichkeit und Vernunft – aufeinander abstimmt und in Einklang bringt. Auch die Form der Kunst soll einem Ideal entsprechen: In Abkehr von der Sturm-und-Drang-Zeit ist nicht mehr der Geniegedanke bestimmend, sondern die Orientierung an Gesetz und Regel. Die Schönheit der Kunst soll den Menschen zur Einsicht in das Gute und das Wahre führen und ihn so ästhetisch erziehen. Als Vorbild dienen Goethe und Schiller die Werke der Antike oder vielmehr ihre Vorstellung von der Antike. Sowohl in den antiken Tempelanlagen als auch in den Statuen sahen sie ihr Ideal des harmonischen Kunstwerks, das an Regel und Gesetz gebunden ist. Aber auch in der antiken Literatur sahen sie das Individuum eingebunden in eine höhere Ordnung.

Wirkung der Klassik

Der Begriff „klassisch" stammt von dem lateinischen Begriff „classicus": mustergültig, erstrangig. Unser heutiges Alltagsverständnis des Begriffs „Klassiker" bezieht sich auf diese Bedeutung. Die Kennzeichnung „Klassische deutsche Literatur" für die in dieser Epoche entstandenen Werke ist erst ein Produkt des späten 19. Jahrhunderts. Goethe und Schiller konnten sich in diesem Verständnis noch gar nicht als „deutsche Klassiker" empfinden, da Deutschland als einheitliche Nation noch nicht existierte, sondern aufgeteilt war in viele unterschiedlich große Fürsten- und Herzogtümer. Das bekannte Denkmal in Weimar, das die beiden als „Dichterfürsten" zeigt, wurde 1857 aufgestellt und kann als ein Zeichen des beginnenden Nationalbewusstseins verstanden werden.
Die geschichtlichen Erfahrungen haben uns heute skeptischer gemacht gegenüber dem Humanitätsideal der Weimarer Klassik. Die Werke Goethes und Schillers haben nicht verhindern können, dass zur Zeit des Nationalsozialismus nur wenige Kilometer von Weimar entfernt Menschen auf grausamste Weise im Konzentrationslager Buchenwald umgebracht worden sind.
Ob damit das Ideal als solches widerlegt ist, soll dahingestellt sein. Immerhin hat der deutsche Philosoph Theodor W. Adorno gefordert, dass das oberste Ziel aller Erziehung sein müsse, „dass Auschwitz nicht noch einmal sei".
Welchen Beitrag zu dieser Erziehung die Literatur leisten kann, bleibt offen und ist umstritten.

Aus: Johannes Diekhans u. Michael Fuchs: P.A.U.L.D. Oberstufe. Schöningh Verlag Paderborn 2013, S. 196.

- *Erstellen Sie zu dem Epochenüberblick einen Stichpunktkatalog oder eine Mindmap und stellen Sie die wesentlichen Aussagen dem Kurs vor.*
- *Welche Vorstellung hat die Klassik vom idealen Menschen?*
- *Inwieweit ergeben sich inhaltliche Parallelen zu Johannas Menschenbild?*

Brechts Kommentar zum Textverständnis – Anmerkungen 4

In seinen Schriften zum Theater erklärt Brecht die folgende Passage aus seinem Schauspiel „Die heilige Johanna der Schlachthöfe“

4

Um die verschiedentlich von Katholiken mit Empörung zitierte, verzweifelte Warnung der Johanna Dark:

„Darum, wer unten sagt, daß es einen Gott gibt
Und kann sein unsichtbar und hülfe ihnen doch
Den soll man mit dem Kopf auf das Pflaster schlagen
Bis er verreckt ist“,

zu verstehen, muß man sie genau nehmen und wird dann sehen, daß sie keineswegs über Gott spricht, sondern über das Reden von Gott, und zwar über ein bestimmtes Reden in einer bestimmten Situation und von bestimmten Aussagen über Gott. Sie spricht nämlich von jenen Reden, nach denen Gott keinerlei Wirksamkeit in gesellschaftlicher Hinsicht zu haben braucht, an einen solchen Gott glaubend, müssen die Menschen nichts Bestimmtes durchsetzen. Es genügt, wenn sie innerlich gewisse Sensationen verspüren. Der Glaube, der hier anempfohlen wird, ist ein folgenloser, was die Umwelt betrifft, und ihn anzuempfehlen, nennt die Johanna ein soziales Verbrechen.

Aus: Bertolt Brecht: Schriften zum Theater 2. Suhrkamp Verlag Frankfurt 1963, S. 145

■ *Erläutern und erklären Sie anhand der Anmerkungen die Warnung Johannas.*

Bertolt Brecht: Was nützt die Güte?

1
Was nützt die Güte
Wenn die Gütigen sogleich erschlagen
werden, oder es werden erschlagen
Die, zu denen sie gütig sind?

Was nützt die Freiheit
Wenn die Freien unter den Unfreien leben müssen?

Was nützt die Vernunft
Wenn die Unvernunft allein das Essen verschafft, das jeder
benötigt?

2
Anstatt nur gütig zu sein, bemüht euch
Einen Zustand zu schaffen, der die Güte ermöglicht, und besser:
Sie überflüssig macht!

Anstatt nur vernünftig zu sein, bemüht euch
Einen Zustand zu schaffen, der die Unvernunft der einzelnen
Zu einem schlechten Geschäft macht!

In: Lesebuch der Ethik. Philosophische Texte von der Antike bis zur Gegenwart, hg. von Ottfried Höffe. München: Beck 1998, S. 365

- *Worin besteht Brechts Kritik an der moralischen Haltung der Güte?*
- *Was fordert Brecht vom Einzelnen und von der Gesellschaft?*

Bertolt Brecht: Die Nachtlager

Ich höre, daß in New York
An der Ecke der 26. Straße und des Broadway
Während der Wintermonate jeden Abend ein Mann steht
Und den Obdachlosen, die sich ansammeln
Durch Bitten an Vorübergehende ein Nachtlager verschafft.
Die Welt wird dadurch nicht anders
Die Beziehungen zwischen den Menschen bessern sich nicht
Das Zeitalter der Ausbeutung wird dadurch nicht verkürzt
Aber einige Männer haben ein Nachtlager
Der Wind wird von ihnen eine Nacht lang abgehalten
Der ihnen zugedachte Schnee fällt auf die Straße.
Leg das Buch nicht nieder, der du das liesest, Mensch.
Einige Menschen haben ein Nachtlager
Der Wind wird von ihnen eine Nacht lang abgehalten
Der ihnen zugedachte Schnee fällt auf die Straße
Aber die Welt wird dadurch nicht anders
Die Beziehungen zwischen Menschen bessern sich dadurch nicht
Das Zeitalter der Ausbeutung wird dadurch nicht verkürzt.

In: Lesebuch der Ethik. Philosophische Texte von der Antike bis zur Gegenwart, hg. von Ottfried Höffe. München: Beck 1998

- *Formulieren Sie den Kern der Kritik Brechts an Mitleidshandlungen.*
- *Vergleichen Sie das Handeln aus Mitleid mit dem Handeln Johannas.*

Die Jungfrau von Orleans – Der Inhalt im Überblick

Die Handlung spielt in Frankreich zur Zeit des Hundertjährigen Krieges zwischen Frankreich und England. Der lothringische Landmann Talbot will seine drei Töchter verheiraten, um sie angesichts der drohenden Kriegsnöte sicher versorgt zu wissen. Doch im Gegensatz zu ihren Schwestern willigt die Schäferin Johanna nicht in die Ehe mit dem für sie ausgewählten Raimond ein, sehr zum Missfallen ihres Vaters, der sie aufgrund ihres Einzelgängertums im Bund mit dunklen Mächten wähnt. Als ihr der Landmann Bertrand einen Helm überreicht, in dessen Besitz er auf mysteriöse Weise gelangt ist, geht mit der bislang zurückhaltenden Johanna sogleich eine deutliche Veränderung vor. Ganz offensichtlich fühlt sie sich von dem Helm besonders angezogen. Als sie von einer Jungfrau spricht, die die Engländer aus dem Land vertreiben und das französische Königtum erneuern soll, sehen die anderen keinen Zusammenhang zwischen dieser Prophezeiung und Johanna selbst. Aber als Johanna allein ist, stellt sich heraus, dass sie sich selbst für die Berufene hält, die Frankreich befreien soll und dafür die Ehelosigkeit gelobt hat.

Im Hoflager des französischen Königs stellt sich die militärische Lage Frankreichs als katastrophal dar: Es gibt kaum mehr finanzielle Mittel, um die Soldaten weiter zu entlohnen. Der verzweifelte König Karl träumt davon, sich der Situation zu entziehen und sich im nicht von den Engländern bedrohten Süden seines Landes zur Ruhe zu setzen. Seine Feldherren können ihn nicht zur Fortsetzung der Verteidigungshandlungen bewegen, ebenso wenig wie seine Geliebte Agnes Sorel, die für die Bezahlung der Soldaten sogar bereit ist, ihr Privatvermögen zu opfern. Die unvermittelt eintreffende Nachricht, dass sich das Schlachtenglück gewendet hat und das französische Heer durch das Eingreifen einer jungen Frau einen unerwarteten Sieg feiern konnte, führt einen abrupten Stimmungswechsel herbei. Gespannt sieht man dem Erscheinen Johannas entgegen, die den Hof sogleich von ihren außergewöhnlichen Fähigkeiten überzeugt: Sie besteht eine Probe, indem sie die richtige Person als König identifiziert und überdies den exakten Inhalt seiner persönlichen Gebete kennt. Außerdem schenkt man ihrer Berufungsgeschichte Glauben und fasst mit der Ausrufung Johannas zur Heerführerin neue Siegeszuversicht. Als Siegeszeichen wählt Johanna eine Fahne mit der Jungfrau Maria.

Johanna hat beim Kampf um die Stadt Orleans den französischen Sieg erreicht. Die Niederlage gegen eine Frau demoralisiert und entzweit das englische Lager. Unterdessen führt Johanna bereits den nächsten siegreichen Überraschungsschlag gegen die Engländer, in dessen Verlauf sie den um sein Leben flehenden englischen Offizier Montgomery im Kampf tötet. Außerdem gelingt ihr eine wichtige strategische Schwächung der Gegner, da sie den für England streitenden Herzog von Burgund in das französische Lager zurückführt. Im Hoflager wird zunächst die Versöhnung zwischen Karl und dem französischen Herzog vollzogen. Dann rückt Johanna in den Mittelpunkt, die als Belohnung für ihre Verdienste in den Adelsstand erhoben wird. Aber als die Ritter Dunois und La Hire um ihre Hand anhalten, lehnt sie dieses Ansinnen unter Verweis auf ihren göttlichen Auftrag und auf ihre Verpflichtung zur Ehelosigkeit ab und stürzt sich in die Schlacht um die Stadt Reims. Da erscheint ihr ein schwarzer Ritter, der ihre Mission für erfüllt erklärt und sie davor warnt, an den Krönungsfeierlichkeiten in Reims teilzunehmen. Doch Johanna schlägt die Warnungen in den Wind. Im folgenden Zweikampf gegen den Ritter Lionel kann sie diesen nicht töten, weil sie sich spontan in ihn verliebt. Da sie ihr Verhalten gegenüber Lionel als Bruch ihres Gelübdes und als Nichterfüllung ihres Auftrags wahrnimmt, ist ihre Selbstsicherheit erschüttert.

Johannas innere Verunsicherung steht in scharfem Kontrast zu ihrer Popularität. Sie wird vom Volk als Heilige verehrt und soll deshalb auch eine exponierte Rolle bei den Krönungsfeierlichkeiten in Reims spielen. Sogar ihre Schwestern sind mit ihren Männern nach Reims gekommen, um Johanna wiederzusehen. Gerade als König Karl sie öffentlich würdigt, ergreift ihr Vater das Wort und beschuldigt seine Tochter, mit dem Teufel im Bunde zu sein, um sie so zum rechten Glauben zurückzuführen. Johanna verteidigt sich nicht gegen die Vorwürfe, und ein schweres Gewitter wird von den Vertretern des Hofes als göttliches Zeichen für die Richtigkeit der Anschuldigungen gewertet. Johanna muss in die Verbannung gehen und wird dabei nur von Raimond begleitet, der ihr die Treue hält.

Sie erlebt ihr Exil als Teil ihrer Buße und als Weg zur Selbsterkenntnis. Als sie von den Engländern gefangen gesetzt wird, hat sie offensichtlich zu neuer innerer Stärke gefunden. Sie bietet sogar Lionel die Stirn, von dem sie selbstbewusst den Rückzug der Engländer aus Frankreich fordert. Als den Franzosen eine schwere Niederlage auf dem Schlachtfeld droht, erbittet Johanna in einem Gebet göttliche Hilfe und kann sich tatsächlich trotz ihrer schweren Ketten aus dem Gefängnis befreien. Aufgrund ihres Eingreifens in die Schlacht trägt Frankreich den Sieg davon. Allerdings bezahlt Johanna ihren Einsatz mit einer tödlichen Verwundung. Sie stirbt im Beisein des Königs und der Offiziere und mit dem Bewusstsein, ihren Auftrag erfüllt zu haben und deshalb direkt in den Himmel aufzufahren.

Aus: Johannes Diekhans (Hrsg.): Einfach Deutsch ... verstehen. Friedrich Schiller: Die Jungfrau von Orleans. Paderborn: Schöningh Verlag 2013, S. 7 f.

■ *Präsentieren Sie den Inhalt des Dramas „Die Jungfrau von Orleans". Notieren Sie die wichtigsten Handlungsschritte auf einer Folie.*

Friedrich Schiller: Die Jungfrau von Orleans [Auszug]

In einem Kampf trifft Johanna auf den englischen Offizier Lionel, in den sie sich auf den ersten Blick verliebt. Im gleichen Moment entwickelt sie Schuldgefühle, weil sie sich an ihr Gelübde, die Befreiung Frankreichs von den Engländern zu erfüllen, erinnert. Dazu ist ihr auferlegt, niemals einen Mann zu lieben.

Der folgende Dramenauszug beschreibt Johannas Selbstzweifel.

Vierter Aufzug, Erster Auftritt

JOHANNA

[...]
Sollt ich ihn töten? Konnt ich's, da ich ihm
Ins Auge sah? Ihn töten! Eher hätt ich
Den Mordstahl auf die eigne Brust gezückt!
Und bin ich strafbar, weil ich menschlich war?
Ist Mitleid Sünde? – Mitleid!
[...]
Warum musst ich ihm in die Augen sehn!
Die Züge schaun des edlen Angesichts!
Mit deinem Blick fing dein Verbrechen an,
Unglückliche! Ein blindes Werkzeug fordert Gott,
Mit blinden Augen musstest du's vollbringen!
sobald du s a h s t, verließ dich Gottes Schild,
Ergriffen dich der Hölle Schlingen!
[...]
Ach, ich sah den Himmel offen
Und der Sel'gen Angesicht!
Doch auf Erden ist mein Hoffen,
Und im Himmel ist es nicht!
Musstest du ihn auf mich laden
Diesen furchtbaren Beruf,
Konnt ich dieses Herz verhärten,
Das der Himmel fühlend schuf?
[...]
Doch du rissest mich ins Leben,
In den stolzen Fürstensaal,
Mich der Schuld dahinzugeben,
Ach! Es war nicht meine Wahl!

Aus: Friedrich Schiller: Die Jungfrau von Orleans. Paderborn: Schöningh Verlag 2012, S. 99 – 101

- *Worin sieht die Jungfrau von Orleans ihre Schuld? – Vergleichen Sie ihr Schuldeingeständnis mit dem der Johanna bei Brecht.*

Baustein 3

Die Antipoden: Mauler – Heilsarmee – Arbeiter

In diesem Baustein geht es zunächst um die Analyse der Mauler-Figur und das Verhältnis von Kapitalismus und Religion. Zudem werden das Anliegen der Arbeiter und der Heilsarmee im Mittelpunkt der Erarbeitung stehen. Folgende Aspekte finden Berücksichtigung:

- Mauler als gespaltene Persönlichkeit: als vordergründiger Menschenfreund und als Kapitalist
- Mauler und die Religion
- die Rolle der Heilsarmee
- das Anliegen der Arbeiter

3.1 Mauler als gespaltene Persönlichkeit

Die Figur des Fleischkönigs wird von Brecht in zweifacher Weise dargestellt: als Kapitalist und als Philanthrop. Als Mensch mit Herz, der gleichzeitig Geschäftsinteressen verfolgt, wird er im ersten Bild präsentiert. Immer wieder offenbart er durch Reden und scheinbar ernst gemeintes Handeln seine menschlichen Züge. Diese sind es, denen Johanna vertraut und derentwegen sie zu spät erkennt, dass Mauler letztlich von kapitalistischen Interessen geleitet wird.
Als vorbereitende Hausaufgabe erhalten die Schülerinnen und Schüler die Aufgabe, einen Gegenstand auszuwählen, der stellvertretend für Mauler stehen könnte. Die Auseinandersetzung mit dem zwiespältigen Charakter und die geforderte Abstraktion ermöglichen eine subjektive Annäherung an die beiden Figuren und eröffnen erste Deutungszusammenhänge. Die entstandene „Requisitenskulptur“ kann als Ausgangspunkt für eine vertiefende Analyse dieser Figur genutzt werden. Sie kann auch abfotografiert und das Foto im Kursraum aufgehängt werden, um im Verlauf der Erarbeitung immer wieder darauf zurückzukommen.

Die Schülerinnen und Schüler erhalten folgenden Auftrag:

- *Bringen Sie aus Ihrem häuslichen Umfeld ein Requisit (konkret oder abstrakt) mit, das Ihrer Meinung nach zu Mauler passt, und überlegen Sie sich ein Statement, in dem Sie Ihre Auswahl begründen. Legen Sie das Requisit – begleitet von dem Statement – auf das Pult, sodass anschließend eine „Skulptur“ entsteht.*

Statements dieser Art sind möglich:

- Ich habe das Foto eines Krankenhauses mitgebracht, da Mauler sich auf dem Weg zur Eröffnung eines seiner Hospitäler befunden hat. Zudem werden immer wieder seine Gewissensbisse deutlich, die er bei Börsengeschäften offenbart.
- Ich habe eine Brieftasche mitgebracht, da er sich auf den Rat seiner Freunde aus der Wallstreet verlässt und seinen geschäftlichen Interessen nachgeht.

Im Anschluss an die Präsentation erfolgt eine erste Phase der Auswertung und Systematisierung. Dazu bietet es sich an, die Schülerinnen und Schüler, ausgehend von der Requisitenskulptur, Mauler beschreiben zu lassen.

- *Schreiben Sie einen Text zu dieser Requisitenskulptur. Beginnen Sie mit dem Satz: „Ich sehe einen Menschen, der …"*

Die Auswertung der Texte im Unterrichtsgespräch dient im Wesentlichen der Hypothesenbildung, die im Anschluss an die Erarbeitung der Figur zur Überprüfung noch einmal aufgegriffen werden kann.

In einem nächsten Schritt wird der Blick auf Maulers Figurenzeichnung im ersten Bild gelegt, wo gleichsam expositorisch der zwiespältige Charakter, der sich durch das ganze Stück zieht, dem Zuschauer vor Augen geführt wird. Im Sinne Brechts dürfte eigentlich nicht von Charakter gesprochen werden, weil Mauler keine individuelle Figurenzeichnung mit der Möglichkeit der Veränderung besitzt, sondern typischer Vertreter einer Klasse ist.
Mauler zeigt sich zunächst deutlich als Kapitalist, als er von seinen New Yorker Freunden in einem Brief, den er – an das Publikum gerichtet – auf der Bühne vorliest, Informationen über den Stand der Börsengeschäfte mit dem Hinweis erhält: „Demnach scheint es geraten, die Hand vom Fleischhandel zu lassen." (S. 7)
Als er seinen Kompagnon Cridle sieht, verbirgt er den Brief und täuscht einen Rückzug aus dem Geschäft mittels einer Mitleidsbekundung mit den Tieren auf dem Schlachthof vor. Die angestrebte Wandlung Maulers zu einem guten Menschen erweist sich hier jedoch als wenig glaubhaft. Mauler will noch als Geschäftsmann agieren und den Konkurrenten ausschalten, um selbst mögliche Gewinne zu erzielen. Damit folgt er dem Rat seiner Freunde von der Wallstreet (vgl. S. 7).
Pathetisch eröffnet Mauler das Gespräch: „Erinnere, Cridle, dich […] Erinnere, Cridle, dich" (S. 7), um dann den zu schlachtenden Ochsen zu beschreiben, der „blond und groß und *stumpf* zum Himmel blickend/Den Streich empfing […] Ach, Cridle, ach, unser Geschäft ist blutig […] heute noch geb ich es auf, dies blutige Geschäft." (S. 7/8) Dass der erfolgreiche Fleischkönig Mauler von einem blutigen Geschäft spricht und die Arbeit im Schlachthof beklagt, wirkt auf den Zuschauer ebenso befremdlich wie die Aussage, den Anblick eines Ochsen habe er aufgrund seines Mitgefühls nicht ertragen können. Folglich beteuert er, gewillt zu sein, „ein guter Mann zu werden/Und nicht ein Schlächter" (S. 8). Gleichzeitig jedoch erfüllt er die von Cridle gestellte Bedingung, den Fleischkönig Lennox auszuschalten: „Drum eilig/Muß dieser Lennox fallen […] Cridle, komm, ich will/Dir sagen, was du machen mußt, daß Lennox/Schnell fällt. Dann aber mußt du/Mir dies Geschäft abnehmen, das mir leid ist." (S. 8/9) Unter diesem Vorwand verkauft er seinen Anteil an Cridle für zehn Millionen (vgl. S. 8).

Folgende Arbeitsaufträge sind denkbar:

- *Lesen Sie das erste Bild (S. 7 – 9) mit verteilten Rollen bzw. versuchen Sie eine Inszenierung mit dem Text in der Hand.*
- *Als was präsentiert sich Mauler zu Beginn der Szene? Warum führt Brecht ihn in dieser Weise in das Geschehen ein?*
- *Im Verlauf der Szene wird eine weitere Facette in der Figurenzeichnung Maulers durch seine Selbstdarstellung deutlich. Beschreiben Sie diese und diskutieren Sie, wie glaubhaft diese Selbstdarstellung Maulers ist.*

Figurenzeichnung Maulers

- Geschäftsmann, Fleischkönig
- bringt seinen Konkurrenten zu Fall

- will ein guter Mann werden
- erträgt das „blutige Geschäft" (S. 8) nicht mehr

→ **Mauler erscheint in Aussagen und Verhalten widersprüchlich**

Der aufkommende Zweifel an Maulers ernst gemeinter Wandlung wird verstärkt durch die Darstellung des Dialogs zwischen ihm und Cridle überwiegend im Blankvers, einem fünfhebigen Jambus ohne Endreim, der zentral für das vor allem an der Klassik orientierte idealistische Drama des 18. Jahrhunderts war (vgl. z. B. „Iphigenie auf Tauris"). Durch diese metrische Gestaltung erhält das Gespräch eine besondere Wirkung auf den Zuschauer. Die merkwürdige Verzahnung von inhaltlicher Aussage und rhythmischer Sprechweise führt zu einer offensichtlichen Wirkungsabsicht Brechts.

Im klassischen Drama wird die Sprechweise der geistigen Auseinandersetzung auf hohem Niveau angepasst (anspruchsvoller Stil, hypotaktischer Satzbau, Tendenz zu überpersönlichen Kategorien führt zur komplexen sprachlichen Gestaltung). In diesem Dialog zeigt sich jedoch eine eklatante Diskrepanz von Darstellungs- bzw. Sprechweise und Gesprächsinhalt. Der wiedergegebene Inhalt steht im Widerspruch zum pathetischen Sprachgebrauch Maulers. Der Ochse wird nicht geschlachtet, sondern erhält einen „Streich" (S. 7), eine groteske Formulierung. Diese Darstellungsweise gibt Mauler als Fleischkönig und Kapitalist der Lächerlichkeit preis. Grotesk wirkt auch die Anspielung auf das Heldenepos Homers: Mauler wird von Cridle wie Odysseus als „listenreich[e]" (S. 8) bezeichnet, er ist jedoch nichts weiter als ein gerissener Fleischverkäufer.

In jungen Jahren richtete sich Brecht vehement gegen „Sprache und Sache, Substanz und Funktion der deutschen Klassik" (Mayer, Tradition, S. 53). Vor diesem Hintergrund sind seine Klassiker-Bezüge als Angriff auf Sprache und Vers und auch auf die Dramaturgie zu verstehen.

Zur Bedeutung des Blankverses äußert sich Brecht: „Abgesehen davon, daß der Blankvers mit der deutschen Sprache eine sehr unglückliche Ehe führt [...] hat er für immer dieses Anachronistische an sich, das fatale Feudale" (Mayer, Tradition, S. 53). Demnach hat Brecht jahrzehntelang „die Werke der deutschen Klassik weitgehend eigentlich als bloßen Überbau im Dienste von Ausbeutern" (Mayer, Tradition, S. 53) verstanden. Wie Mayer herausstellt, habe Brecht später sein Urteil über die deutsche Klassik jedoch revidiert.

Der Gebrauch des Verses in der klassischen Dichtung diente der Dokumentation des Glaubens an eine festgelegte, gesetzhaft notwendige Ordnung des Daseins. Der Geist des deutschen Idealismus spiegelt sich gleichsam in der dramatischen Versform. Ein klassisch strenges Versmaß im Munde skrupelloser Geschäftemacher wirkt empörend, ist ein Widerspruch zwischen Form und Inhalt und geschieht in programmatischer Absicht, nämlich auf den Zuschauer befremdend zu wirken. Das Handeln von Maurer und Cridl geschieht gerade nicht in der Absicht des klassischen Geistes, sondern das Gegenteil ist der Fall; nicht von Humanität, sondern von Menschenverachtung ist ihr Handeln geprägt. Sie demaskieren sich selbst. Die Harmonie von Form und Inhalt wird verfremdend gegen die bürgerliche Klasse angewandt. Die Sprache macht sie formal zu Repräsentanten der bürgerlichen Welt und ihrer idealistischen Tradition, „sodass sich an ihnen offenbart, was dieses Bürgertum mit seiner idealistischen Selbstdeutung in Wahrheit ist" (Jendreiek, S. 105). In Bezug auf das

Schauspiel dienen Brecht die Klassiker-Bezüge dazu, „das klassische Pathos in peinliche Lebenslagen zu verstricken" (Mayer, Tradition, S. 54). Die Klassikersprache, so Mayer, werde ausschließlich als Ausbeutersprache benutzt, die der konkreten gesellschaftlichen Wirklichkeit völlig enthoben ist.
Brecht äußert sich diesbezüglich:

> „Können wir in der Form des Jambus über Geld sprechen? Der Kurs der Mark, vorgestern auf 50, heute schon auf 100 Dollar, morgen darüber usw. – geht das? Das Petroleum sträubt sich gegen die fünf Akte, die Katastrophen von heute verlaufen nicht geradlinig, sondern in der Form von Krisenzyklen, die „Helden" wechseln mit den einzelnen Phasen, sind auswechselbar usw., die Kurve der Handlungen wird durch *Fehl*handlungen kompliziert, das Schicksal ist keine einheitliche Macht mehr, eher sind Kraftfelder mit entgegenwirkenden Strömungen zu beobachten, die Mächtegruppen selber zeigen nicht nur Bewegungen gegeneinander, sondern in sich selber usw. usw."
>
> Aus: Berliner Börsen-Courier vom 31. März 1929; Zitiert nach: Hans Mayer: Bertolt Brecht und die Tradition, Pfullingen 1961, S. 53

Dass hier komplexe ökonomische Zusammenhänge, Marktmechanismen vermischt mit subjektiven Empfindungen und existenziellen Entscheidungen wie im klassischen Dialog dargestellt werden, ist ein Mittel der Verfremdung und schafft eine Distanz zum Geschehen. Der Protagonist Mauler wird entlarvt, seiner Glaubwürdigkeit enthoben und beide Geschäftspartner werden als korrumpierbar eingeführt. Damit stellt Brecht gleichzeitig das kapitalistische System auf ein brüchiges Fundament.
Haben die Schülerinnen und Schüler bereits ein klassisches Drama gelesen, sollte darauf zurückgegriffen werden. Ansonsten können die Hintergrundinformationen durch einen kurzen Lehrervortrag gegeben werden.

- *Lesen Sie noch einmal den Dialog zwischen Mauler und Crisp und beschreiben Sie die auffällige sprachliche Gestaltung.*
- *Welches Verhältnis besteht zwischen Sprechweise und Inhalt?*
- *Diskutieren Sie, welche Wirkung Brecht damit beim Zuschauer erzielen will.*

Sprachliche Form des Personenduells

• Metrum des Dialogs:	Blankvers, orientiert am klassischen Drama
• thematischer Schwerpunkt:	komplexe Marktmechanismen Börsengeschäfte
• sprachliche Gestaltung/ Wortmaterial:	pathetische Sprache

Wirkung: unpassende Verknüpfung/Verfremdungseffekt
groteskes Auftreten der Figuren
Intention: kritische Sicht auf das kapitalistische System

3.2 Mauler als vermeintlicher Menschenfreund

Im Verlauf des Stücks wird Mauler zwar immer wieder als kalkulierender Geschäftsmann dargestellt bzw. er stellt sich selbst so dar; zugleich möchte er jedoch auch als Philanthrop angesehen werden – ein Widerspruch in sich, wie sich zeigen wird. Er selbst bekundet: „Der Fleischkönig und Philanthrop P. Mauler begibt sich zu der Eröffnung der P. Maulerschen Krankenhäuser, der größten und teuersten Hospitäler der Welt!" (S. 11) In der Forschungsliteratur wird in diesem Zusammenhang u. a. auf den philanthropischen Zug John D. Rockefellers (1839 – 1937) verwiesen, der aufgrund seiner Stiftungen als menschenfreundlich galt. Zu durchaus gängiger Praxis im Verhalten der Reichen und Mächtigen kann als Ergänzung ein Rechercheauftrag gestellt werden:

- *Recherchieren Sie zu John D. Rockefeller. Inwiefern galt er als Philanthrop?*

Zudem bietet der Text „Gunst und Güte der reichen Männer" (**Zusatzmaterial 7,** S. 155) ergänzende Informationen.

Im Zentrum der Erarbeitung steht jedoch Maulers nach außen getragene Menschenfreundlichkeit, die bereits im ersten Bild präsentiert und entlarvt wird.
Der Fleischfabrikant Graham kennt den zwiespältigen Charakter Maulers und weiß mit ihm umzugehen, um ans Ziel zu gelangen: „Unbändig ist sein Geldsinn [...] er selbst ist weich und liebt das Geld nicht/Und kann nicht Elend sehen." (S. 22) An anderer Stelle empfiehlt Graham: „Rühr an sein Herz, Lennox! Rühr an sein Herz!/s'ist eine empfindliche Müllgrub!" (S. 25) Diese Empfindsamkeit veranlasst ihn, der Heilsarmee Geld zu spenden, das er allerdings den Viehmetzgern abnimmt, anstatt – wie Johanna es wünscht – die Schlachthöfe zu öffnen: „Gebt Geld her, ihr Viehmetzger, jetzt gebt Geld her! [...] Nimm's für die armen Leute, Mädchen!/Aber wisse, ich fühl keinerlei Verpflichtung." (S. 31) In der Regieanmerkung heißt es dazu: „Er nimmt allen alles Geld ab und gibt's ihr." (S. 31)
Die Spende des Kapitalisten wird als das erkannt, was sie in Wahrheit ist: als Verteilung von Geld, das anderen abgenommen wird und eigentlich anderen gehört. „Es ist das Wesen der kapitalistischen Spende, dass sie zur Selbstbeweihräucherung und Erhöhung des Spenders weitergibt, was er sich durch Ausbeutung angeeignet hat." (Jendreiek, S. 120)
Maulers Menschlichkeit ist berechnend und eigennützig, auch da, wo er kein geschäftliches Interesse zu zeigen scheint: Auf den Hinweis Slifts, dass seine (sc. Maulers) Manipulationen auch zum eigenen geschäftlichen Nachteil sein könnten, antwortet Mauler: „Und wenn's so ginge! Hättest du die Stirn/Aus solchem Elend dir dein Fleisch zu schneiden/Wo sie jetzt aufpassen wie die Luchse/Wer hier was macht? Ich hätt die Stirn nicht." (S. 44) Am Elend möchte er sich nicht bereichern, beteuert aber sogleich, dass ihm am Image viel liege. Ihn bewegt die Angst, seine profitsüchtige Ausnutzung des Elends könnte entdeckt werden; das Elend der vielen interessiert ihn nicht.
An der Viehbörse möchte Mauler nicht gesehen werden und will Johanna aus dem Weg gehen: „Bleibt stehen vor mir./Ich will hier nicht gesehen sein [...] Nichts von Geschäften jetzt. Graham, mein Hut. Denn ich muß weg." (S. 50) Als Johanna den Börsenleuten die Armen zeigt, fällt Mauler bei deren Anblick „in Ohnmacht" (S. 53). Die Konfrontation mit dem realen Geschehen, dem Insistieren Johannas und der konkreten Situation der Proletarier rührt ihn. Auf diese Weise kann er sich der Wahrheit über sein ausbeuterisches Verhalten und der Lage des Proletariats verschließen.
Seine Gedanken an das Elend der Massen teilt er seinem Makler Slift in dessen Haus mit: „Jetzt, Slift/Will ich dir meine wahre Ansicht sagen/Über unsere Geschäfte:/So ohne alles, nur mit Kauf und Verkauf/mit kaltem Hautabziehn von Mensch zu Mensch/Kann es nicht gehn; es sind zu viele, die vor Jammer brüllen, und es werden mehr." (S. 59) Allerdings wird

sich zeigen, dass er hier wenig aufrichtiges Mitleid und wirkliches Interesse für die arbeitenden und notleidenden Menschen zeigt, sondern vielmehr seine eigene prekäre Lage als Fleischkönig sieht: „Was da in unsere blutigen Keller fällt, das/Ist nicht mehr zu vertrösten, die/Werden uns, wo sie uns fassen/Auf die Pflaster schlagen/Wie faulen Fisch." (S. 59) Deutlich spürbar wird hier die Angst, wohl wissend um eigenes ausbeuterisches und betrügerisches Verhalten, in die Hände der Entrechteten zu fallen: „Bevor wir/So weit sind, wird man in Rudeln uns/An Mauern stellen und diese Welt säubern von uns und/Unserm Anhang." (S. 59)
In diesem Zusammenhang denkt er darüber nach, warum ihn Johannas Worte, „dies dumme, weltenferne Reden/Billig und flach Geplapper" (S. 59), anrühren. Die Antwort gibt er sich selbst: „Weil es umsonst getan wird sicher und achtzehn Stunden am Tag und/in Regen und Hunger." (S. 59) Er vergleicht seine eigene Situation mit der Johannas als Repräsentantin der Heilsarmee. Kann sie sich risikolos in Sicherheit wiegen, muss er sich „in diesen unaufhörlich/Brennenden Städten und in dem Sturz der/Von oben nach unten durch Jahre/Ohn Unterlaß zur Hölle fließenden/Brüllenden Menschheit" (S. 60) bewegen und sich mit den Tröstungen und Worten Johannas auseinandersetzen. Doch auch hier zeigt Mauler seine Angst: Nicht Gott fürchtet er, sondern etwas „anderes [...] das/Was unter mir! Was auf dem Schlachthof steht und nicht/Die Nacht durchstehen kann und doch am Morgen/Aufsteigen wird, ich weiß es." (S. 60)
Gewissensbisse hat Mauler, als sein Ankauf von Fleisch, den er aus eigenem Antrieb heraus getätigt hat („doch kauft ich's/Nicht wegen diesem Brief mit dieser Nachricht/[...] aus niederen Gründen nicht, sondern/Weil die Person (sc. Johanna) mich so erschüttert hat, ich kann schwören", S. 62), zeitgleich mit einem Brief seiner Freunde von der Wallstreet zusammenfällt. Sie raten ihm, Fleisch zu kaufen (vgl. S. 62). Mauler weiß um das ökonomische Unterfangen, wenn er dem Vorschlag nachkommt und noch einmal Fleisch kauft. Mithilfe eines Beispiels verdeutlicht er Slift das inhaltliche Verständnis des Briefes: „[...] einer hat gestohlen/Und wird von einem abgefaßt./Wenn er nun den nicht auch noch niederschlägt/Ist er verloren, tut er's, ist er durch./Der Brief [...] verlangt/Solch eine Untat." (S. 63) Mauler wehrt sich gegen einen erneuten Fleischkauf, ein nochmaliger Betrug, wie er es selbst nennt, komme nicht infrage: „[...] ich will nichts/Damit zu schaffen haben." (S. 63) Schließlich ist es Johanna, die in diesem Moment mit den Viehzüchtern auftritt und sich bei Mauler für ihr Anliegen, einen Käufer für ihr Vieh zu finden, einsetzt. Nach anfänglicher Ablehnung „fängt [er] an zu rechnen" (S. 65) und entscheidet sich für den Kauf: „Slift, bring mir alles, was einem Schwein oder einem Ochsen ähnlich sieht, ich kaufe." (S. 65) Der Makler betont anschließend die rettende Maßnahme: „Um Illinois zu retten und den Untergang der Farmer und Viehzüchter abzuwenden, hat sich Pierpont Mauler entschlossen, alles Vieh aufzukaufen, das auf dem Markt steht." (S. 66) In forcierter Bescheidenheit und sicher auch aus Angst tritt Mauler hinter den Handel zurück: „[...] sein Name darf nicht genannt werden." (S. 66)
Die Viehzüchter bedanken sich lautstark: „Es lebe Pierpont Mauler, der den Viehhandel rettet!" (S. 66) Maulers Menschenfreundlichkeit erscheint vordergründig und nicht aus tief empfundener Fürsorge und Verantwortlichkeit für die Arbeiter. Alle Überlegungen werden letztlich durch sein ökonomisches Interesse begleitet, gesteuert und bestimmt. Sofern die Wohltätigkeiten seinen Finanzproblemen schaden und seinen subjektiven Interessen zuwiderlaufen, werden sie eingestellt. In diesem Sinne ist Mauler ein Ideologe, weil er seine Privatinteressen als allgemeine ausgibt und Johanna damit täuscht.
In Partnerarbeit können folgende Aufträge bearbeitet werden:

- *Johanna nimmt Mauler als hilfsbereit und menschenfreundliche Person wahr. Lesen Sie die Seiten 22, 25, 31, 50, 53, 59, 60, 62, 63 und 66 und arbeiten Sie heraus, welche Rolle diese Eigenschaften im jeweiligen Kontext spielen.*

- *Erläutern Sie Maulers Denk- und Handlungsweise. Wie glaubwürdig erscheint sein jeweiliges Engagement? Zeigen Sie auch auf, auf welche Weise diese Glaubwürdigkeit jeweils erschüttert wird.*
- *Verfassen Sie einen kommentierenden Text, in dem Maulers soziales Engagement bewertet wird. Dieser Text sollte geeignet sein, ihn auf der Bühne vorzutragen.*

Mauler – ein beherzter Philanthrop?

Positive Eigenschaften	Entlarvung
• sozial engagiert: Mauler'sche Krankenhäuser	
• spendet der Heilsarmee Geld	• gespendetes Geld hat er den Viehmetzgern zuvor abgenommen • weiß um die Not der Arbeiter, die er mitverursacht hat • erträgt das Elend der Arbeiter nicht • möchte an der Börse nicht gesehen werden

→ Philanthropische Neigungen sind abhängig vom gesellschaftlichen Kontext bzw. vom eigenen Nutzen, sie besitzen keinen Wert an sich. Mauler besitzt und vermittelt ein falsches Bewusstsein.

3.3 Mauler als Kapitalist und seine religiös motivierten Rechtfertigungsstrategien

Bereits in den Erarbeitungsschritten zuvor ging es zwangsläufig um die kapitalistische Seite in der Figurenzeichnung Maulers, die im Folgenden noch einmal auch vor dem Hintergrund seiner Rechtfertigungsstrategien gesondert in den Blick genommen werden soll.
In dem Gespräch mit Johanna im Bild 8, das im Zentrum der Erarbeitung steht, legitimiert Mauler seine kapitalistische Strategie und seine Selbstverwirklichung als Geschäftsmann: Seinen Makler Slift lässt er an der Börse die Viehpreise in die Höhe treiben, um den Fleischfabrikanten „diesmal die Haut endgültig [abzuziehn]/Wie's mir Natur ist" (S. 79). Wenig später beteuert er zwar wieder sein Mitleid mit den Armen, die „auf Arbeit warten" (S. 82) und „keine gute Arbeit" (S. 82) haben. Zugleich wird diese Anteilnahme eingeschränkt und für den Zuschauer letztlich entwertet: „Aber dies ist ein Geschäft, bei dem's/Um Sein und Nichtsein geht, darum: ob ich/In meiner Klasse der beste Mann bin oder/Selber den dunklen Weg zum Schlachthof geh." (S. 82) Eindeutig treten das Klassenbewusstsein Maulers und dessen Machtstreben in den Vordergrund. Um „der beste Mann" (S. 82) seiner Klasse zu sein, muss er seine Gegner ausschalten.
Aufschlussreich ist sein anschließender Vortrag über die Bedeutung des Geldes, in dem er indirekt seine Position rechtfertigt: Geld sei „ein Mittel, einiges zu verbessern, und sei's/Für einige nur" (S. 83). Dass Mauler Geldsorgen bzw. Geldnöte in seinem Handeln nicht berühren, zeigt der Verweis auf ‚seine Natur', zudem bekommt er stets zur rechten Zeit entsprechende Hinweise von der Wallstreet.

Als Rechtfertigung für sein Denken und Handeln spricht er von einem „[s]eit Menschengedenken" errichteten „Aufbau" (S. 83), der einem Kreislauf gleicht, weil er immer wieder verfällt, Opfer fordert und „immerfort" (S. 84) unter großen Lasten das nur Mögliche dem Planeten abpresse (vgl. S. 84), und zwar „alle Zeit/Von den Besten" (S. 84) verteidigt. Wenn Mauler hier von „den Besten" spricht, meint er die Kapitalisten.
Als gerissener Kapitalist, der sich für unentbehrlich hält und in erster Linie an die eigene finanzielle Sicherheit denkt, erweist er sich durch die weiteren Aussagen. Er selbst könne sich nicht gegen die Gesetze des Marktes stellen, denn „das wär, als wenn eine/Mücke davon abläßt, einen Bergrutsch aufzuhalten. Ich würd/Ein Nichts im selben Augenblick und über mich weg ging's weiter." (S. 84) Er legitimiert sein Handeln, indem er die Unmöglichkeit eines anderen, besseren Handelns vor Augen führt. Selbst wenn er wollte, sei es unmöglich, die „Gesetze des Marktes" zu ändern.
Mauler schildert zudem ein Zukunftsszenarium, nämlich den Zusammenbruch des kapitalistischen Systems: „Denn sonst müßt alles umgestürzt werden [...]/Und verändert der Bauplan von Grund aus nach ganz anderer/Unerhörter neuer Einschätzung des Menschen, die ihr nicht wollt/Noch wir, denn dies geschähe ohne uns und Gott, der/Abgeschafft würd, weil ganz ohne Amt." (S. 84) Jeder Versuch, die kapitalistische Ordnung zu ändern, würde ein Aufstand gegen Gott bzw. dessen Beseitigung bedeuten. Die Religion ist notwendig, um das kapitalistische System zu heiligen. Der Erhalt des kapitalistischen Systems kann also nur durch den Erhalt Gottes, durch die Instrumentalisierung der Religion, letztlich durch die Nutzung der religiösen Weltsicht geschehen. Indem Mauler ein religiös fundiertes Handeln vorgibt, rechtfertigt er seine ausbeuterischen und menschenverachtenden Entscheidungen als gottgemäß und erweist sich erneut als Ideologe, der seine ökonomischen Interessen als allgemeingültige, metaphysisch legitimierbare Werte ausgibt. Gott dient der Rechtfertigung kapitalistischer Ausbeutung und die Religion dient der Beruhigung der notleidenden Massen. Aus diesem Grund instrumentalisiert er die religiöse Institution: „[...] ihr müßt/Gott wieder aufrichten/Die einzige Rettung, [...] auf daß er/Fuß fasse in den Quartieren des Elends und seine Stimme erschalle auf den Schlachthöfen." (S. 84/85) In seinem eigenen Interesse liegt folglich ein Fortbestehen der religiösen Institution. Nur aus Geschäftsinteresse heraus gibt sich Mauler religiös; deshalb ist er bereit, die Mietkosten zu übernehmen.
Johannas Reaktion auf die materielle Unterstützung Maulers wirkt zunächst befremdlich: „Ich weiß, ich sollt mich freuen, jetzt zu hören/Daß Gott geholfen werden soll." (S. 85) Das Bündnis zwischen Kapitalismus und Religion erscheint als „totale Perversion: der Fleischkönig hilft Gott, Gott gilt als Marktwert und Medium des Geschäfts, nicht als absoluter Herr der Welt. Was in der Welt geschieht und über die Armen als Schicksal hereinbricht, geschieht als Werk nach dem Willen des Fleischkönigs." (Jendreiek, S. 124)
Die Rede Maulers (S. 82 – 85) sollte in einzelnen Abschnitten gelesen und erläutert werden: Zunächst geht es Mauler um das Verhältnis zum Geld. Seine Auffassung, Geld sei ein Mittel, „einiges zu verbessern, und sei's/Für einige nur" (S. 83), leitet schließlich zu seinem Hauptanliegen über.

Die Schülerinnen und Schüler erhalten folgenden Arbeitsauftrag:

- *Erläutern Sie den inhaltlichen Zusammenhang, in dem die Ausführungen Maulers auf den S. 82–85 stehen.*
- *Tragen Sie seine „Rede" (S. 82: „Aber dies ist ein Geschäft ..." – S. 85: „Das würde genügen") anschaulich vor.*
- *Gliedern Sie seine Ausführungen in Sinnabschnitte. Formulieren Sie zu den Abschnitten Überschriften.*

Für die Gliederung ergibt sich folgendes Tafelbild:

Gliederung der Rede Maulers (S. 83 – 85)

1. Abschnitt:	„Aber dies ist ein Geschäft" (S. 82) – „zum Beweis meiner guten Gesinnung" (S. 83): **Rechtfertigung seiner kapitalistischen Strategie**
2. Abschnitt:	„Warum bist du gegen Geld?" (S. 83) – „Von den Besten verteidigt" (S. 84): **Der Vorteil des Geldes in den Händen weniger**
3. Abschnitt:	„Denn sieh, wenn ich" (S. 84) – „Das würde genügen" (S. 85): **Die Notwendigkeit des Geldes und der Religion zur Erhaltung des Kapitalismus**

- *Arbeiten Sie heraus, welchen Wert für Mauler die Religion im kapitalistischen System hat, und beurteilen Sie seine Argumentation.*
- *Welche Erwartungen hat er in diesem Zusammenhang an Johanna und wie reagiert diese?*

Als Ergebnis des sich anschließenden Unterrichtsgesprächs wird folgendes Tafelbild vorgeschlagen:

Maulers Rechtfertigungsstrategie

- Mauler legitimiert das kapitalistische System religiös
- eine Umwälzung des Systems würde gleichzeitig eine Abschaffung Gottes bedeuten
- Appell an Johanna, die religiöse Lehre auf den Schlachthöfen zu verbreiten

→ Religion als Instrument in den Händen der Reichen zum Erhalt der eigenen Macht, Entwertung der Religion

Im weiteren Verlauf geht es darum, die Bedeutung der Religion für den Kapitalismus aus der Sicht der marxistischen Literaturtheorie aufzuzeigen. Zur grundsätzlichen Bedeutung der Religion im Schauspiel und zum eingehenden Verständnis sollte der Text von Brecht „Über das Verständnis der Religion im Schauspiel" (**Arbeitsblatt 20,** S. 129) erarbeitet werden.

- *Wie versteht Brecht die Auseinandersetzung mit der Religion in seinem Werk? Halten Sie einen Kurzvortrag in Ihrem Kurs.*
- *Stellen Sie Bezüge her zu Maulers Umgang mit der Religion.*
- *Warum soll der Zuschauer „nicht etwa die Johanna anerkennen und den Apparat verwerfen" (Z. 28 f.)?*

Brecht geht es in Bezug auf die Bedeutung der Religion um die Folgen religiösen Verhaltens und um den Missbrauch religiöser Bewusstseinsinhalte, nicht jedoch um eine Abwertung des Glaubens an sich. Im Fokus steht die Glaubwürdigkeit des Handelns von Institutionen und einzelnen Vertretern. Der Zuschauer soll dem durchaus widersprüchlichen Agieren einzelner Institutionen bzw. Gruppen (vgl. die Schwarzen Strohhüte oder Mauler), die eine Einheit innerhalb eines System bilden und sich wechselseitig stabilisieren, kritisch gegenüberstehen.

Diese Erkenntnisse sollen im Folgenden anhand eines Auszugs aus dem Bild 10 konkretisiert werden. Dabei geht es um den Wert der Religion für Mauler und die Bedeutung seiner Hinwendung zu Gott.

Mauler fühlt sich von den Streikenden bedroht und beauftragt einen seiner Detektive, von der Polizei ein Eingreifen zu fordern: „Geh sofort und ruf die Polizei an, nenn meinen Namen, frag sie, wofür wir unsere Steuern zahlen. Verlang, daß man den Hetzern die Köpfe eintrommelt." (S. 101) Die Gewalttaten fürchtend und um das eigene Leben besorgt, sucht Mauler das Haus der Schwarzen Strohhüte auf und „ERNIEDRIGT SICH" (S. 119): „Ich klag mich an der Ausbeutung/Mißbrauchs der Gewalt, Enteignung aller/Im Namen des Eigentums. Sieben Tage hielt ich/Diese Stadt Chicago am Hals/Bis sie verreckt war." (S. 122) Die von den Schwarzen Strohhüten erbetene Hymne verschafft ihm innere Ruhe: „Denn mir ist/Leicht ums Herz." (S. 122) Das Bekenntnis zur eigenen Schuld vor Gott und seine Reue, von der er offenbar „zerfleischt" (S. 122) ist, befreit ihn von seiner Schuld und verschafft ihm ein reines Gewissen. Gott erscheint als Instanz, die im Falle eines unternehmerischen Fehltritts jegliches Vergehen gleichsam ungeschehen macht und letztlich legitimiert.

Mauler bekennt sich als Sünder, führt aber zugleich an, dass er am „siebenten" (S. 122) Tag „[a]lles von mir abtat, so daß ich jetzt/ohne Habe dasteh" (S. 122). Gemäß der biblischen Schöpfungsgeschichte, in der es heißt: „Gotte segnete den siebenten Tag und heiligte ihn, weil er an ihm ruhte von all seinen Werken" (1. Mose 2, 3), hat Mauler sein Werk vollendet und begibt sich an diesem siebenten Tag zur Ruhe – im Sinne Gottes. In diesem Sinne ist die Religion Teil eines Systems und trägt zu dessen Erhalt bei.

Noch im Haus der Strohhüte erfährt Mauler durch Graham von der Schlacht an der Viehbörse: Die Viehzüchter bitten Mauler flehentlich um Hilfe. Zu diesem Zeitpunkt erhält Mauler einen Brief seiner Freunde von der Wallstreet, die ihm gleichsam eine Handlungsanweisung geben (vgl. S. 129 f.). Mauler taktiert hier erfolgreich. Er liest den Brief „abseits" (S. 129), übergibt ihn dann den Viehzüchtern und Packherren. Zugleich gibt er vor, ihm liege nichts mehr am Geschäft: „Wie so ganz anders/Jetzt alles scheint. Jagt doch nicht weiter, Freunde./Euer Gut ist hin [...]/Doch nicht deshalb, weil wir nicht mehr mit irdischen/Gütern gesegnet sind – das kann nicht jeder sein –/Nur weil wir keinen Sinn für Höheres haben,/Darum sind wir arm!" (S. 129/130) Damit erweckt er den Anschein, dem Vorschlag seiner Freunde nicht zu folgen. Demütig bittend stehen Viehhändler und Packherren vor ihm – und damit hat Mauler gerechnet – und übertragen ihm „[d]as Joch der Verantwortung" (S. 130). In dieser Situation kann er gleichsam die Religion unter dem Deckmantel, großes Interesse an ihrer Verbreitung durch Unterstützung von „Bibelläden" (S. 130) zu haben, weiter instrumentalisieren: „Wenn wir euch Schwarzen Strohhüten/Eure Sach aufzögen in großer Weise, würdet ihr da/Mit Suppen versehen und Musik und/Geeigneten Bibelsprüchen, auch mit Obdach/In äußersten Fällen, für uns reden/Überall, daß wir gute Leute sind? Gutes planend in/Schlechter Zeit?" (S. 131) Nur durch „[ä]ußerste Maßnahmen" (S. 131) könne „dies System/Von Kauf und Verkauf, das wir nun einmal haben/Und das auch Schattenseiten hat" (S. 131), gerettet werden. Der Fleischkönig selbst gibt den Grund für sein Tun an. Die Religion soll von der drohenden Revolution ablenken und die Massen beschwichtigen: „Dies alles geschieht, damit nicht/In finsterer Zeit blutiger Verwirrung [...] Die rohe Gewalt des kurzsichtigen Volkes/Zerschlägt das eigene Handwerkszeug [...]/Sondern zurückkehrt Ruhe und Ordnung [...]" (S. 132/133)

Religion und Kapitalismus erhalten durch diese Art der Kooperation das System, das durch „Kauf und Verkauf" (S. 131), durch Ausbeutung der Vielen durch die Wenigen, bestimmt ist.

- *Lesen Sie die Seiten 119 – 122 und 129 – 133 und klären Sie den inhaltlichen Zusammenhang. Welche Rolle spielt für Mauler die Religion bei der Legitimation seines Handelns?*
- *Wie gelingt es ihm, die Schwarzen Strohhüte und auch die Viehzüchter in seinem eigenen Interesse zu beeinflussen?*
- *Wie beurteilen Sie den Wert der Religion für Mauler?*

Mauler braucht die Religion aus Eigeninteresse

- Bedrohung der eigenen Existenz führt zur Bekenntnis seiner Schuld
- Gott wird als Instanz zur Abwendung von Schuld und zur Sicherung des kapitalistischen Systems missbraucht
- Mauler gebärdet sich als Sünder
- Bekenntnis zum „innere[n] Mensch[en]" mit „Sinn für Höheres" (S. 130)
- Vortäuschen eines endgültigen Zusammenbruchs des Marktes
- taktisches Agieren mit dem Vorschlag der Freunde (Brief)
- Instrumentalisierung der Schwarzen Strohhüte

…

⟶ Instrumentalisierung der Religion zur Rettung des kapitalistischen Systems

Die Schlacht an der Viehbörse

Das Taktieren Maulers kann nur gelingen, weil er einem bestimmten Sprachduktus folgt. Wenn er sich als Reicher und Mächtiger der Sprache Johannas bedient, indem er seine Armut mit mangelndem Streben nach Höherem (vgl. S. 129) begründet, muss er bei den Packherren Erfolg haben, denn sie streben wie Mauler nach Geld.
Im Umkreis der Börsenmakler und des Finanzmarktes herrscht eine Sprache, die angereichert ist mit Kriegs- und Kampfmetaphorik.
Mauler selbst und auch andere Figuren im Drama bedienen sich dieses Vokabulars und äußern sich zudem – dem Titel des Schauspiels entsprechend – in der Metaphorik des Schlachthauses; dies wird in der folgenden Sequenz deutlich.
Die Geschehnisse auf dem Finanzmarkt werden durch Grahams Bild einer gigantischen Schlacht an der Viehbörse (S. 125 ff.) enttarnt, indem er sie durch die Wahl des gehobenen Versmaßes des klassischen Dramas und zum Teil des antiken Epos verfremdet. Ökonomische Vorgänge werden mit brachialer Gewalt verknüpft; so äußert sich Mauler: „Oh, ewiges Schlachten! Das ist heut nicht anders/Als es vor Menschenaltern war, wo sie/Mit Eisen sich die Köpfe blutig schlugen!" (S. 125) An anderer Stelle heißt es z. B.: „Wäre ein Elefant zufällig hineingeraten/Einfach zerdrückt worden wie eine Beere" (S. 126 – 127); die „Bankinstitute […] stürzen sich in den Endkampf." (S. 126)
Auf diese Weise wird sprachlich gezeigt, dass „die gehobene Sprache der bürgerlichen Kultur mit den ganz und gar nicht erhabenen Vorgängen der bürgerlichen Wirklichkeit nicht mehr zusammenhängt" (Müller, 2009, S. 110).

Das Streben der Fleischkönige gilt dem Besitz, Reichtum und der Ausbeutung. Als Geschäftemacher verhalten sie sich konsequent bürgerlich. Mauler stellt Katastrophen (Arbeitslosigkeit) als naturgegeben dar. Die Natur (Gott) gilt als Macht und dient einer Rechtfertigung; keine menschliche Gegenwehr ist möglich. Folglich bekommt die Willkürherrschaft der Mächtigen im Sinne einer erneuten metaphysischen Überhöhung den Schein eines naturgegebenen Rechts und rechtfertigt sich daraus.
Zur Erarbeitung sind folgende Aufträge in einer Gruppenarbeit denkbar:

- *Lesen Sie die Seiten 125, „Erlaube, Mauler, daß wir dir in Kürze“, bis 128, „Was nützt's, den toten Mann am Hals zu halten?“.*
  - *Wie wirkt diese Darstellung auf Sie?*
  - *Formulieren Sie für den Textausschnitt eine Überschrift.*
  - *Stellen Sie sprachliche Besonderheiten (Stilmittel, Begrifflichkeiten etc.) heraus.*

  ...

Die Schlacht an der Börse

- Verknüpfung von Verssprache und Inhalt wirkt befremdlich
- Vokabular eines Kriegsschauplatzes:
  „Schlacht – Abgrund“ (S. 125), „ewiges Schlachten“ (S. 125), „Endkampf“ (S. 126), „Unter kämpfenden Reitern“ (S. 127)
- Sachfeld Finanzen:
  „Nationalbank. Markt – Makler“ (S. 126)
- Personifikation: Nationalbank als „alte Greisin“ (S. 126); „zitternd standen die Preise“ (S. 126)

...

Im nächsten Schritt sollen die Schülerinnen und Schüler, ausgehend von der Wirkung dieser Szene, die Intention, die Brecht mit dieser Darstellung verfolgt, exemplarisch erarbeiten.
Dabei geht es um Anklänge an Verse aus dem Gedicht „Hyperions Schicksalslied“ von Hölderlin (**Arbeitsblatt 21**, S. 130).
Es geht an dieser Stelle nicht um eine Analyse des Gedichts, sondern um eine inhaltliche Erfassung.

In der ersten Strophe werden die göttlichen Wesen, die sich im fernen Elysium befinden, angesprochen. Ihr Dasein ist gekennzeichnet durch Schönheit, Klugheit Schicksalslosigkeit, Ewigkeit und Harmonie (vgl. V. 1 – 6). Die Menschenwelt dagegen ist einem blinden Schicksal ausgeliefert; die Menschen sind gezwungen, Leid zu ertragen, ruhelos zu sein und ins Ungewisse herabzustürzen (V. 16 – 24).
Die Götter blicken auf die leidenden Menschen herab. Eine enge Beziehung zwischen Göttern und Menschen existiert nicht.
In der Darstellung Brechts wird die Schicksalsergebenheit des bürgerlich-idealistischen Denkens ad absurdum geführt. Die Preise, so heißt es, fallen „von Notierung zu Notierung […]/Tief ins Unendliche hinab“ (S. 127/128). Erscheint dieser Preissturz als unaufhaltsam und unabwendbar, wird er sofort im folgenden Satz als Täuschung entlarvt: „Bei dreißig erst hielten sie.“ (S. 128) Der Preissturz kann also gestoppt werden, wenn der Mensch die erforderlichen Maßnahmen trifft. Damit wird dem Zuschauer vermittelt, dass die Zustände an der Börse Machenschaften ausbeuterischer Willkür sind und daher vermeidbar. „Das Dogma von

der Ohnmächtigkeit des Menschen vor einem übermächtigen Schicksal soll sich in dieser Demonstration als Erfindung einer Klasse erweisen, die ein Interesse an der Ausbeutung des Menschen hat." (Jendreiek, S. 106)

- *In welcher Situation befinden sich die Menschen in dem Gedicht „Hyperions Schicksal" von Hölderlin und wie ist ihr Verhältnis zu den Göttern?*
- *Lesen Sie die Seiten 125–128; achten Sie besonders auf die Aussagen über den Preissturz (S. 127 unten – S. 128). Vergleichen Sie die Aussagen mit denen des Gedichts (V. 16–24).*
- *Mit welcher Aussage wird der Preissturz hier inhaltlich dargestellt?*
- *Mit welcher Intention könnte Brecht diese Darstellung in Versen gewählt haben?*

Vergleich Hyperion – Johanna

Hyperions Schicksalslied	Heilige Johanna
• „Doch uns ist gegeben" (V. 16) • „[...] es fallen/Die leidenden Menschen [...] Wie Wasser von Klippe/Zu Klippe geworfen" (V. 18 ff.)	• „Den Preisen [...]/War es gegeben [...] zu fallen/Wie Wasser von Klippe zu Klippe geworfen" (S. 127 f.)
• „ins Ungewisse hinab" (V. 24)	• „Tief ins Unendliche hinab. Bei dreißig erst hielten sie" (S. 128)
↓	↓
ungewissses Schicksal der leidenden Menschen	vermeintliches Fallen der Preise ins Unendliche; menschliche Gegenwehr ist möglich

Entscheidend ist hier die Intention, mit der Brecht diese Schlacht darstellt. Auch Mauler wird schließlich den Kampf gewinnen und sein Monopol wird neu gegründet und in diesem Sinne fortbestehen. Maulers Werk bekommt eine historische Dimension, die durch das verfremdungstechnische Mittel des Kommentars episiert wird.
Am Ende des Stücks werden die neuesten Nachrichten über den Lautsprecher verkündet: „Sturz des Pfundes! Die Bank von England seit dreihundert Jahren zum ersten Male geschlossen! ..." (S. 146 ff.) Das Weltgeschehen wird auf der Bühne gegenwärtig.
Die Sprache als Mittel der Verfremdung und als Ausdruck von Kritik ist bei Brecht ein wichtiges Mittel zur Bewusstseinsbildung.

3.4 Die Bedeutung der Heilsarmee – Die Macht der Religion

Im Folgenden geht es darum, die Hilfsbereitschaft der Heilsarmee darzustellen und die verkündete Lehre anschließend im Sinne einer kritisch-distanzierten Bewertung, die auch der Zuschauer vornehmen soll, als Ideologie zu entlarven, weil sie nichts anderes als ein Teil eines sich selbsterhaltenden Systems ist. Eine herausragende Position nimmt Paulus

Snyder, Major der Schwarzen Strohhüte, ein. Er kann stellvertretend für die materiell ausgerichtete Gesinnung der Institution angesehen werden.
Die finanzielle Lage der Schwarzen Strohhüte ist prekär. Aus diesem Grund hält Synder im Haus der Schwarzen Strohhüte zwei Reden in Folge. In der ersten Rede, gerichtet an einige Arme, darunter Frau Luckerniddle und Gloomb, und an den Vermieter Mulberry, der die Miete für das Haus beansprucht (S. 68), stellt er kryptisch seine Überlegung zur Finanzierung der Hausmiete dar.
Die sich anschließende Rede (S. 70) richtet er an die Mächtigen, die sich im Haus versammelt haben, und stellt ihnen sein menschenverachtendes und zugleich gewinnbringendes Finanzierungsprogramm dar.
Politisches Engagement, etwa nach den Gründen für die Armut zu suchen, stößt bei den Mitgliedern der Institution auf Ablehnung und Unverständnis. Sie warnen Johanna: „Nicht misch dich in irdischen Zank!/Dem Zank verfällt, wer sich hineinmischt! [...] Die Güte verläßt ihn, der den schützenden/Ofen flieht." (S. 21) Einmischung in die Politik ist für sie verbunden mit Gefahr und Erfolglosigkeit im Erreichen gesteckter Ziele: „Von Stufe zu Stufe/Nachstrebend nach unten, der dir nimmer werdenden Antwort zu/Wirst du verschwinden in Schmutz!/ Denn nur Schmutz wird gestopft in die Münder/Der ohne Vorsicht Fragenden." (S. 21) Sie versuchen, das Wort Gottes weiterzutragen mit dem Ziel, die Arbeiter zu trösten und auch zu beschwichtigen: Ein wahrer Gottesglaube werde ihrer Meinung nach die Not vertreiben (vgl. S. 56).
Sie sind dabei nicht uneingeschränkt handlungsfähig, unterliegen ökonomischen Zwängen und sind deshalb auf finanzielle Hilfe und Unterstützung angewiesen; sie sammeln Geld von denjenigen, die selber nichts haben: „Sammelt mit Singen die Pfennige der Witwen und Waisen!/Groß ist die Not!/Haben nicht Obdach noch Brot/Doch der allmächtige Gott/Wird auch sie irgendwie speisen." (S. 67)
Offenbar fehlt auch den Predigern die Heilsgewissheit, denn sie können nur eine Hilfe „irgendwie" (S. 67) versprechen.
Indem sie fortwährend das Streben nach dem Jenseits und die Weltabkehr predigen, legitimieren sie damit die herrschenden Zustände der kapitalistischen Ordnung und pulverisieren ein mögliches revolutionäres Potenzial.
Das gesammelte Geld scheint Synder „wenig, wenig!" (S. 67). Aus diesem Grund ist es ihm lieber, die Armen, unter ihnen Frau Luckerniddle und Gloomb, würden in dem Haus der Schwarzen Strohhüte nicht so häufig erscheinen (vgl. S. 67).
Weil sie die Miete nicht zahlen können, spricht Synder zu den Gläubigen über seine Vorstellung der „Geldbeschaffung" (S. 68). Bemerkenswerterweise sitzen gerade die, die der Hilfe in erster Linie bedürfen, abseits (s. dazu S. 67, Regieanmerkung: *„Er (sc. Snyder) winkt sie noch weiter nach hinten.")*, denn, so betont er: „[...] so haben wir uns bisher an die Armen und Ärmsten gewendet, da wir von dem Gedanken ausgingen, daß die am ehesten etwas für Gott übrig haben, die seine Hilfe am nötigsten hätten." (S. 68) Geradezu zynisch klingt Snyders folgende Aussage, „daß gerade diese Schichten eine ganz unerklärliche Zugeknöpftheit Gott gegenüber an den Tag legen. Es mag dies aber auch daran liegen, daß sie nichts haben" (S. 68).
Snyder ist bereit, einen „Hauptschlag zu führen gegen den Unglauben und den Materialismus" (S. 68). Dieser Kampf hat für ihn die Bedeutung einer Gegenleistung an die Reichen. Ihm kann es nur recht sein, wenn sich die elenden Massen erheben und zur Gewalt greifen, denn dann kann er gegen Gewalt – und damit auf der Seite der Reichen handelnd – das Streben nach dem Reich Gottes predigen. Gewalt aufseiten der Arbeiter ist für Snyder „ [...] günstig. Wenn die Steinwürfe sie hierher jagen, werden die Fleischkönige lieber kommen und uns anhören." (S. 69) Die Verkündigung kostet Geld. So kann er im Gegenzug von den Fleischkönigen Geld für seine Hilfe und Dienste, die in der Predigt gegen revolutionäre Gewalt und Materialismus und damit in der Beschwichtigung der Arbeitslosen bestehen, einfordern.

- *Bereiten Sie zu zweit eine Präsentation der Rede (S. 68: „Meine lieben Schwarzen Strohhüte – S. 69: „Es ist kein Holz mehr da, Herr Major“) vor. Einer von Ihnen sollte den Text vortragen, der andere sollte den Vortrag pantomimisch begleiten.*
- *Erstellen Sie eine Strukturskizze zum Aufbau der Rede Snyders.*

Struktur der Rede Snyders (S. 68)

Geldbeschaffung nur durch Propaganda möglich

↓

Eingeständnis der Erfolglosigkeit bei den Ärmsten

↓

Einladung an die Wohlhabenden und Reichen Chicagos zur Unterstützung im Kampf gegen „den Unglauben und den Materialismus“ (S. 68)

↓

Eintreiben von Geld der Reichen zur Finanzierung der Miete

Snyder muss, um Geld von den Fleischkönigen zu bekommen, deren Angst vor einem Aufstand der verelendenden Arbeitermassen schüren. Aus diesem Grund ist er daran interessiert, zu wissen, ob „die Ausgesperrten immer noch geduldig auf den Schlachthöfen [stehen] oder reden [...] wie Aufsässige“ (S. 68). Schwelende Gewaltbereitschaft unter der Arbeiterschaft scheint ihm zur Durchsetzung seiner Interessen nur zu günstig. Wenn die Armen bei der Institution Schutz suchen, kann Snyder diese für seine Zwecke instrumentalisieren und die Fleischkönige erpressen, die Institution finanziell zu unterstützen (vgl. S. 69). Er wird auf Kosten der Armen und zum Wohl der Reichen seine Geschäfte betreiben, die ihm schließlich selbst Nutzen bringen. Wenn Snyder vom „Hauptschlag [...] gegen den Unglauben“ (S. 68) spricht, meint er das Ausnutzen und Ausbeuten der „untersten Schichten“ (S. 68).
Die Schülerinnen und Schüler können sich in Partnerarbeit über die Strategie Snyders austauschen. Dazu wird folgender Auftrag vorgeschlagen:

- *Lesen Sie die Seiten 68 – 69 noch einmal. Erschließen Sie, was Snyder meint, wenn er von einem „Hauptschlag [...] gegen den Unglauben und den Materialismus“ (S. 68) spricht.*

Der Austausch im Unterrichtsgespräch kann zu folgendem ersten Ergebnis führen:

Strategie Snyders

Instrumentalisierung der Armen – Ausnutzen ihres Elends zur Beschaffung von Geld von den Reichen

Auf welche Art und Weise Synder sein Ziel erreichen will, zeigt die folgende Rede, die er vor den Besitzenden hält (S. 70).
Einleitend weist er auf einen absehbaren möglichen Aufstand der Arbeiter hin: „Und daß einige schon murren und sagen: Wir müssen uns selber helfen. Werden nicht schon eure Namen genannt als diejenigen, die schuld sind, daß fünfzigtausend keine Arbeit haben und vor den Fabriken stehen?“ (S. 70) Da keine Hilfe von den Fabrikbesitzern und den Fleischkönigen zu erwarten ist, muss man sich selber helfen, und das kann nur durch Gewalt geschehen, denn die Arbeiter werden sagen: „Wir wollen es wie die Bolschewiken machen und die Fabriken in unsere Hand nehmen.“ (S. 70) Snyder spricht hier zunächst aus der Sicht der Arbeiter, während er daneben das schuldhafte Handeln der Mächtigen klar benennt: „Denn es hat sich herumgesprochen, daß das Unglück nicht entsteht wie der Regen, sondern von etlichen gemacht wird, welche ihren Vorteil davon haben.“ (S. 70) Die Krise ist also kein Naturereignis, auf das der Mensch keinen Einfluss hat, sondern eine von wenigen zu verantwortende, herbeigeführte Katastrophe. Mit dieser Darstellung hat er den Mächtigen den Glauben an die Sicherheit des Systems und das Vertrauen in ihre Handlungen erschüttert. Aus dieser Situation heraus kann Snyder nun seine eigene Position und die der Schwarzen Strohhüte offenbaren: „Wir Schwarzen Strohhüte aber wollen ihnen sagen, daß das Unglück wie der Regen kommt, niemand weiß woher, und daß das Leiden ihnen bestimmt ist und ein Lohn dafür winkt.“ (S. 70) Snyder spricht in der Sprache der Wirtschaft von „Lohn“ und meint damit das Leben im Jenseits. Zugleich wird er auch den Armen versprechen, „daß die Reichen bestraft werden, und zwar, wenn sie gestorben sind“ (S. 70). Snyder muss taktieren, um sowohl der einen als auch der anderen Seite Verständnis für ihre Lage und Wohlwollen zu zeigen mit dem Ziel, finanzielle Mittel zur Erhaltung der eigenen Institution zu bekommen, und zwar von den Reichen. Eindeutig versichert Snyder den Fleischkönigen: „Die Schwarzen Strohhüte stehen über dem Kampf, Herr Slift. Also diesseits.“ (S. 71) Sie werden die Elenden vom Irdischen ablenken und auf das Jenseits vorbereiten, die Welt bleibt dagegen den Mächtigen überlassen.

Die Schülerinnen und Schüler erhalten folgenden Arbeitsauftrag:

- *Bereiten Sie in gleicher Weise wie im ersten Erarbeitungsschritt einen Vortrag der Rede Snyders vor und präsentieren Sie Ihre Aufführungsidee.* 
- *Erstellen Sie eine Strukturskizze zum Aufbau der Rede Snyders.* 

Folgendes Tafelbild kann die Ergebnisse sichern:

Taktieren Snyders zwecks eigenen Machterhalts

Verweis auf den Ist-Zustand: hohe Arbeitslosigkeit

↓

Unzufriedenheit, möglicher Aufstand der Arbeiter

↓

Profitgier der Fleischkönige als Angriffspunkt zur Angstverbreitung durch Hinweis auf mögliche Gewaltanwendung

↓

Möglichkeit der Abwendung von Gewalt durch die Institution der Schwarzen Strohhüte

↓

Angstverbreitung, um ihre Unentbehrlichkeit zu festigen

In einem nächsten Schritt erarbeiten die Schülerinnen und Schüler in Partnerarbeit die konkreten Maßnahmen, die zum eigenen Machterhalt der Institution führen. Eine erpresserische Abmachung garantiert die Zahlung der Monatsmiete für die Schwarzen Strohhüte. Als Gegenleistung werden sie selbst durch Beschwichtigungsversuche und durch Verteilen von Suppe die elenden Arbeitermassen beruhigen und sich so auf die Seite der Mächtigen stellen.
Folgender Arbeitsauftrag wird vorgeschlagen:

- *Lesen Sie noch einmal den letzten Teil der Rede Snyders und das sich anschließende Gespräch zwischen den Packherren und Snyder (S. 70). Mit welchen Mitteln wollen die Schwarzen Strohhüte ihre Macht erhalten?*
- *Bewerten Sie das Verhältnis der Schwarzen Strohhüte zu den Reichen.*

Die Schwarzen Strohhüte sagen den Arbeitern, dass ...

- das Unglück nicht von Kapitalisten ausgeht, sondern eine Naturgewalt ist.
- den Armen das Leiden bestimmt ist.
- das Leiden im Jenseits belohnt wird.
- auch die Reichen bestraft werden, aber erst nach dem Tod.

⬇

Agieren im Dienst des Kapitalismus auf der Seite der Mächtigen

Die Schwarzen Strohhüte als Teil eines sich selbst erhaltenden Systems

Abschließend werden auf der Grundlage der Erarbeitung die einzelnen Phasen, in denen sich Synder die Verzahnung von Religion und Geld vorstellt, visualisiert und im Unterrichtsgespräch zusammengefasst.

- *Stellen Sie das gegenseitige Abhängigkeitsverhältnis von Religion (Snyder) und dem Materialismus/Kapitalismus (Fleischkönige) dar. Visualisieren Sie dieses Verhältnis.*

Folgendes Schema wird als Sicherung vorgeschlagen:

Snyders Konzept für den Einsatz der Religion zur Stärkung der eigenen Macht

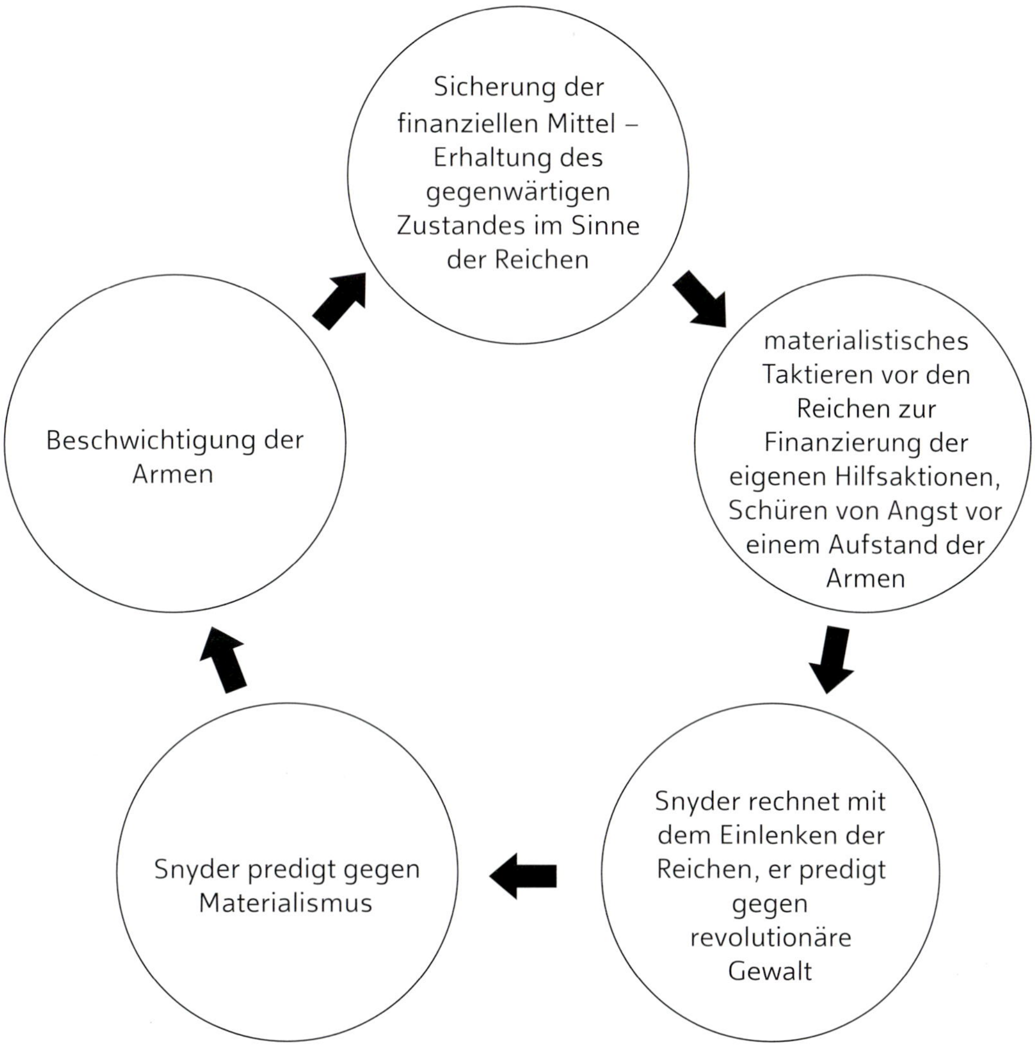

3.5 Die Arbeiter

In dieser Sequenz geht es um die verelendenden Massen, die sich von sich selbst entfremden und nur durch Gewalt zu ihrem Recht gelangen können. Der klare Aufruf dazu entspricht dem Gedanken der marxistischen Theorie. Hier richtet sich der Fokus auf den dialektischen Gegensatz zwischen Arm und Reich, der das gesamte Schauspiel durchzieht. Der Text „Die Lage der Arbeitslosen" (**Zusatzmaterial 8,** S. 156) stellt anhand eines Beispiels die miserable Lage der Arbeiter dar.

Die Polarität zwischen Reichtum und Armut spiegelt sich deutlich in der Rede des Arbeiterführers.
Die Sicht der Heilsarmee und auch die Johannas auf die Arbeitslosen entspricht der der Mächtigen. Dem „kurzsichtigen Volk[es]" (S. 12) scheint „rohe Gewalt" (S. 12) eigen.
Die Ausgebeuteten verlangen nach Taten. Frau Luckerniddle wünscht: „Ich möchte auch lieber Taten sehen." (S. 93); ebenso äußert sich Johanna: „Gibt es hier nicht Leute, die etwas unternehmen?" (S. 93) Als ein Arbeiter die „Kommunisten" (S. 93) als Aktive benennt, denkt Johanna jedoch an „Verbrechen" (S. 93), die revolutionäre Tat entspricht nicht ihrer Grundhaltung
Die Arbeiter beschließen einen Generalstreik. Der Arbeiterführer bezeichnet in seiner Rede (vgl. S. 96) expressis verbis Mauler als „Ausbeuter" (S. 96), deckt dessen Machenschaften und Betrügereien auf und kommt zu dem Schluss: „ In dieser Lage müssen wir erkennen, daß nur mehr die Anwendung von Gewalt uns helfen kann." (S. 96) Die Durchsetzung eigener Rechte ist nur durch eine Revolution möglich. Der Aufruf zum „Generalstreik" (S. 97) ist beschlossen.

Die Schülerinnen und Schüler erhalten folgenden Arbeitsauftrag:

- *Gestalten Sie die Rede des Arbeiterführers in einem anschaulichen Vortrag. Lesen Sie dazu die Seiten 96/97.*
- *Beschreiben Sie die Struktur der Rede. Verwenden Sie dafür die Begriffe „Ausgangslage", „Situation der Arbeiter", „Folge".*
- *Wie reagiert Johanna auf das Ansinnen der Arbeiter?*

Aufbau der Rede des Arbeiterführers

Ausgangslage:	Mauler als Ausbeuter verhindert Schaffung von Arbeitsplätzen
Situation der Arbeiter:	keine Aussicht auf Arbeit
Folge:	Gewaltanwendung, Ankündigung und Planung eines Generalstreiks; Mobilisierung der Arbeiterschaft

Abschließend geht es um die Erarbeitung und Funktionalisierung des Chors, bestehend und explizit so benannt aus den Arbeitern, und des Gegenchors im Bild 9g. Ähnlich dem antiken Chor in der griechischen Tragödie fassen die beiden Chöre zusammen, kommentieren und bewerten das Geschehen antithetisch als Entscheidungshilfe für den Zuschauer.
Johanna, die einen Brief mit wichtigen Informationen zum Streik weiterleiten soll, wird ermahnt und zur Solidarität aufgefordert: „Das Netz, dessen eine Masche/Zerrissen ist, nützt nicht mehr [...]" (S. 98) Nur wenn zwischen den einzelnen Streikgruppen eine lückenlose Absprache und Verbindung hergestellt werden kann, ist der Generalstreik erfolgreich.
Auf den Schlachthöfen warten die Arbeiter. Brecht lässt sie in zwei verschiedenen Gruppen sprechen: Chor und Gegenchor, die stellvertretend für zwei politisch gegensätzlich orientierte Strömungen innerhalb der Arbeiterschaft stehen: Der Chor plädiert für eine gewaltfreie Aktion, die im Abwarten besteht: „[...] Wenn das Elend gestiegen ist/Werden sie aufmachen./ Aber antworten müssen sie uns./Geht nicht weg, wartet die Antwort ab!" (S. 105) Die eine Gruppe hofft auf eine Öffnung der Schlachthöfe. Die andere Gruppe, vertreten durch den Gegenchor, antwortet: „Falsch! Wohin immer das Elend steigt:/Sie werden nicht aufmachen!/Nicht, vor ihr Profit steigt./[...] Helfen können nur wir selber uns/Anrufen können wir nur/Unseresgleichen." (S. 105) Die Hoffnung auf einen sozialen Wandel des kapitalistischen

Systems wird ersetzt durch die Feststellung eines nur möglichen revolutionären Wandels. Nur durch Aktion und Auflehnung gegen das herrschende System kann eine Änderung geschaffen werden. Die Beseitigung des Profitsystems entspricht der Auffassung der Kommunisten (vgl. S. 93). Chor und Gegenchor bereiten dramaturgisch die Rede des Arbeiterführers vor.

- *Lesen Sie die chorisch gesprochenen Aussagen der Arbeiter und die des Gegenchors auf S. 105.*
- *Welche Grundhaltungen werden gegenübergestellt?*
- *Welche Funktion haben diese Textpassagen im Hinblick auf den Zuschauer?*
- *Chor und Gegenchor sind dramaturgisch der Rede des Arbeiterführers vorangestellt. Aus welchem Grund könnte Brecht dies gemacht haben?*

Im Anschluss an diese Erarbeitung kann die theoretische Fundierung der sozialpolitischen Situation durch den Text von Marx und Engels, „Manifest der Kommunistischen Partei" (**Arbeitsblatt 22,** S. 131), erfolgen. Der sich als Folge der Industrialisierung entwickelte menschenverachtende Kapitalismus und dessen Auswirkung der Entfremdung des Einzelnen von sich selbst bilden den Kerngedanken des Textausschnittes.
Auf der Grundlage dieses Textes werden in einem weiteren Schritt Entsprechungen im Dramentext nachgewiesen. Dass Menschen durch Maschinen abgelöst werden, betont Mauler gleich zu Beginn im Gespräch mit Cridle: „Erinnere, Cridle, dich, wie wir vor Tagen [...]/An unserer neuen Packmaschine standen." (S. 7) Die Arbeiter beklagen ihre schlechten Lebensbedingungen und ihr Leben „mit so kleinen Löhnen" (S. 9). Hinzu kommen die miserablen Arbeitsbedingungen: „Lange schon ist diese Arbeit uns ekelhaft/Die Fabrik und die Hölle ... [...] Aber jetzt/Kann man für zwölf Stunden Arbeit nicht mehr/Das trockene Brot verdienen und/Die billigste Hose. Jetzt/Kann man [...]/Schon gleich verrecken." (S. 9 – 10)

Die Schülerinnen und Schüler erhalten folgenden Arbeitsauftrag:

- *Formulieren Sie die Hauptaussage des Textes.*
- *Zeigen Sie Entsprechungen im Dramentext auf. Lesen Sie dazu z. B. S. 7ff.*

In Bezug auf die Machtverhältnisse des bürgerlich-kapitalistischen Systems liefert Johanna folgende Analyse: „Da sitzen welche, Wenige, oben/Und Viele unten [...] 's ist ein Schaukelbrett, dieses ganze System/Ist eine Schaukel mit zwei Enden, die voneinander/Abhängen, und die oben/Sitzen oben nur, weil jene unten sitzen [...]" (S. 106) Die Wenigen sitzen „oben nur [...] solang jene unten sitzen" (S. 106). Wenn sich die Vielen, die unten sitzen, zusammenschlössen und „heraufkämen/Ihren Platz verlassend" (S. 106), funktioniere das Schaukelbrett nicht mehr. Durch den Zusammenschluss der Vielen gegen die Wenigen können die gesellschaftlichen Machtverhältnisse gewaltsam verändert werden.
Der Weg zur Veränderung des Schaukelbrettsystems geschieht nur durch die Revolution, im dramatischen Geschehen durch den Generalstreik.
Die Schülerinnen und Schüler erhalten folgenden Arbeitsauftrag:

- *Veranschaulichen Sie die Machtverhältnisse, die Johanna im Bild der Schaukel vorstellt. Lesen Sie dazu die Seiten 105 – 106.*

Machtverhältnisse im kapitalistischen System

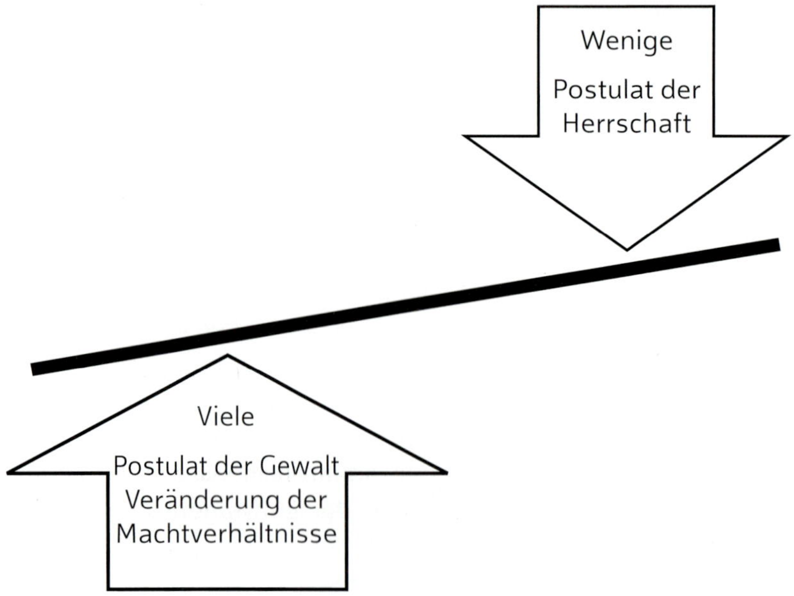

Die Arbeiter können nur erfolgreich werden, wenn sie sich solidarisch zeigen. „Nur wenn ihr zusammenbleibt/Könnt ihr euch helfen[...] Und vor allem lernt: Daß es nur durch Gewalt geht und/Wenn ihr es selber macht" (S. 108), äußern die Arbeiter.

Notizen

Über das Verständnis der Religion im Schauspiel

In den zahlreichen Notizbüchern Brechts finden sich Eintragungen zu den unterschiedlichen Problemen des Theaters. Viele dieser Texte sind abgedruckt in seinen „Schriften zum Theater", so auch die „Anmerkungen" zum Schauspiel „Die heilige Johanna der Schlachthöfe". In den folgenden abgedruckten Texten äußert sich Brecht zum Verständnis der Religion im Schauspiel.

Bertolt Brecht: Anmerkungen zu „Die heilige Johanna der Schlachthöfe"

2

So steht in der „Heiligen Johanna der Schlachthöfe", einem Stück dieser Dramatik, nicht das „innere Wesen der Religion", die Existenz Gottes, der Glaube zur Diskussion. Was zur Diskussion steht, ist das Verhalten des religiösen Menschen (soweit es von außen wahrnehmbar ist), das Reden von Gott, die Bemühungen von Menschen, Glauben zu erzeugen. Das Ziel des Stückes, eine tiefgreifende und zum Handeln ausreichende Erkenntnis der großen gesellschaftlichen Prozesse unserer Zeit zu vermitteln, würde verfehlt werden durch eine Lästerung „Gottes" oder eine Verächtlichmachung des religiösen Verhaltens. Denn wichtig ist von diesem Standpunkt aus die Aufspürung der Folgen religiösen Verhaltens in ganz bestimmten Situationen unserer Zeit und eines ganz bestimmten historischen, *jetzt* wahrnehmbaren Verhaltens.

3

Das Stück bezeichnet als notwendig für die Beurteilung des Verhaltens religiöser Institutionen (wie der Sekte der Schwarzen Strohhüte) das Erfassen der *Gänze* einer solchen Bewegung. Diese Bewegung wird gezeigt als eine in sich widerspruchsvolle: Zu ihr gehören untrennbar das religiöse Ingenium[1] (die Johanna Dark) und der Apparat (Paul Snyder und die übrige Station). In den Streit dieser Gegensätze darf sich aber der Zuschauer nicht zu sehr einmischen. Er soll nicht etwa die Johanna anerkennen und den Apparat verwerfen oder umgekehrt. Seine Kritik soll erfolgen an dem Ganzen der betreffenden Institution, denn im gesellschaftlichen Prozeß tritt die in sich widerspruchsvolle Institution als ein Ganzes auf. Weder die Johanna allein noch der Apparat allein könnte jene Folgen zeitigen, die in der Wirklichkeit wahrnehmbar sind. Ebenso ist auch die „andere Welt" der Schlachthöfe eine widerspruchsvolle Einheit, und in gewisser Weise, nämlich den ausgesperrten Arbeitern gegenüber – und hier erst erfolgt der eigentlich große kritische Hinweis auf die Unhaltbarkeit unserer Zustände durch das Stück – bilden Johanna und Mauler, mit ihnen die Schwarzen Strohhüte und die Besitzer der großen Produktionsmittel, eine Einheit.

Aus: Bertolt Brecht: Schriften zum Theater 2. Suhrkamp Verlag. Frankfurt/M. 1963, S. 143–144

---

[1] Erfindungsgabe, Mensch mit besonderen Fähigkeiten

■ *Wie versteht Brecht die Auseinandersetzung mit der Religion in seinem Werk? Halten Sie einen Kurzvortrag in Ihrem Kurs.*

Friedrich Hölderlin (1770 – 1843): Hyperions Schicksalslied (1799)

Der Dichter Friedrich Hölderlin begeisterte sich für die Ideale der französischen Religion und zugleich für das klassische Griechenland als die Wiege des Humanismus. In seinem Gedicht, das vom Geist der Aufklärung geprägt ist, greift Hölderlin auch auf die christliche und antike Welt zurück.

Ihr wandelt droben im Licht
Auf weichem Boden, selige Genien[1]!
Glänzende Götterlüfte
Rühren euch leicht,
Wie die Finger der Künstlerin
Heilige Saiten.

Schicksallos, wie der schlafende
Säugling, atmen die Himmlischen:
Keusch bewahrt
In bescheidener Knospe,
Blühet ewig
Ihnen der Geist,
Und die seligen Augen
Blicken in stiller
Ewiger Klarheit.

Doch uns ist gegeben,
Auf keiner Stätte zu ruhn,
Es schwinden, es fallen
Die leidenden Menschen
Blindlings von einer
Stunde zur andern.
Wie Wasser von Klippe
Zur Klippe geworfen,
Jahrlang ins Ungewisse hinab.

Aus: Friedrich Beißner (Hg.): Friedrich Hölderlin. Sämtliche Werke. Stuttgart: Kohlhammer 1953, Bd. I, S. 260

■ *In welcher Situation befinden sich die Menschen in dem Gedicht „Hyperions Schicksal“ von Hölderlin und wie ist ihr Verhältnis zu den Göttern?*

---

1 **Genien** (röm., Sing. Genius): Schutz-Geister für einzelne Menschen, hier wohl als Synonym für die griechischen Götter

Karl Marx/Friedrich Engels: Manifest der Kommunistischen Partei

Die Geschichte aller bisherigen Gesellschaft ist die Geschichte von Klassenkämpfen.

Freier und Sklave, Patrizier und Plebejer, Baron und Leibeigener, Zunftbürger und Gesell, kurz, Unterdrücker und Unterdrückte standen in stetem Gegensatz zueinander, führten einen ununterbrochenen, bald versteckten, bald offenen Kampf, einen Kampf, der jedes Mal mit einer revolutionären Umgestaltung der ganzen Gesellschaft endete oder mit dem gemeinsamen Untergang der kämpfenden Klassen.

Die Arbeit der Proletarier hat durch die Ausdehnung der Maschinerie und die Teilung der Arbeit allen selbstständigen Charakter und damit allen Reiz für die Arbeiter verloren. Er wird ein bloßes Zubehör der Maschine, von dem nur der einfachste, eintönigste, am leichtesten erlernbare Handgriff verlangt wird. Die Kosten, die der Arbeiter verursacht, beschränken sich daher fast nur auf die Lebensmittel, die er zu seinem Unterhalt und der Fortpflanzung seiner Rasse bedarf. [...]

An die Stelle der alten bürgerlichen Gesellschaft mit ihren Klassen und Klassengegensätzen tritt eine Assoziation, worin die freie Entwicklung eines jeden die Bedingung für die freie Entwicklung aller ist. *(1848)*

Aus: Karl Marx: Die heilige Familie. In: Frühe Schriften. Stuttgart: Kröner 1964, S. 317–319, 525 ff.

- *Formulieren Sie die Hauptaussage des Textes.*
- *Zeigen Sie Entsprechungen im Dramentext auf. Lesen Sie dazu S. 7 ff.*

Baustein 4

Brecht in der Kritik

In diesem Baustein wird danach gefragt, wie das Drama von der Öffentlichkeit aufgenommen wurde. Ergänzend können hier die Fragen Brechts in Bezug auf den Realitätsbezug seines Dramas in die Erarbeitung einfließen. Die beiden Texte „Erklärung des Sinns der ‚Heiligen Johanna der Schlachthöfe'" und der Text „Ist ‚Die heilige Johanna der Schlachthöfe' ein realistisches Werk?" sind abgedruckt im **Zusatzmaterial 9,** S. 157 und **Zusatzmaterial 10,** S. 158.

Im Einzelnen geht es in diesem Baustein um folgende Aspekte:

- die Rezeption des Dramas
- die Aktualität des Dramas aus der Perspektive der Schülerinnen und Schüler

4.1 Theaterkritiken

Im August 1930 lässt Brecht in der Berliner Zeitung sein Drama ankündigen. Nach Fertigstellung des Bühnenmanuskripts im Jahr 1931 wird eine Bühne für die Uraufführung gesucht. 1932 entstand eine Kurzfassung des Brecht-Schauspiels für den Hörfunk. Für diese Bearbeitung gab es Lob und Tadel, der in entschiedene Ablehnung durch den Nazi-Dichter Will Vesper gipfelte („Es bleibt abzuwarten, ob das deutsche Volk sich noch länger solch von innen aushöhlende Verhöhnung und Vernichtung seiner wertvollsten Güter [...] wird gefallen lassen"[1]).

Wegen der immer prekärer werdenden politischen Lage in Deutschland ließ sich – trotz verschiedener Bemühungen (1932 in Wien, 1933 in Berlin) – keine Bühne für eine Aufführung finden. Als das Stück 1933 zur Aufführung im Hessischen Landestheater in Darmstadt kommen sollte, scheiterte dieser Versuch. Es kam zu politischen Reaktionen von der (konservativ-christlichen) Zentrums-Fraktion des Landtags, die hinter dem Stück „Gottlosen-Propaganda" witterte (Knopf, 1986, S. 218).

1932 bemühte sich Gustaf Gründgens um eine Aufführung. Brecht antwortete auf diese Anfrage erst 1949, zehn Jahre später. In diesem Jahr sollte die Uraufführung in Zürich stattfinden. Auch dieser Plan scheiterte aufgrund der Streitigkeiten zwischen dem Regisseur Gründgens und einem Hauptdarsteller, der die Zusammenarbeit ablehnte.

Im Jahr 1955 fand in Düsseldorf eine szenische Lesung einer Johanna-Bearbeitung statt, 1956 gab es eine weitere in Oberhausen und in demselben Jahr eine in Soest.

Die Bühnen-Aufführung seines Werkes erlebte Brecht nicht mehr. Drei Jahre nach seinem Tod im Jahr 1959 und mehr als 28 Jahre nach der Entstehung wurde das Drama durch Gustaf Gründgens zur Aufführung gebracht.

Verschiedene Theaterkritiken informieren über die Reaktion der Zuschauer nach der Aufführung. Für alle Rezensionen (**Arbeitsblätter 23–29,** S. 137 ff.) gilt derselbe Arbeitsauftrag. Vorgeschlagen wird eine Gruppenarbeit.

---

[1] Die folgenden Ausführungen beziehen sich auf die Darstellung bei Jan Knopf: Brechts „Heilige Johanna der Schlachthöfe". Suhrkamp Verlag 1986, S. 217 f.

- *Lesen Sie die Rezension und stellen Sie den Schwerpunkt der Kritik heraus. Was wird an dem Stück positiv hervorgehoben? Was wird bemängelt?*
- *Wie bewerten Sie die Kritik?*

Die folgende Übersicht zeigt die einzelnen Kritikpunkte:

Theaterkritiken

Autor	Kritikpunkte/Aussagen
„Inspektor" 30.4.1959	• Schwarz-Weiß-Malerei. Die Besitzenden sind schlecht und die Armen gut. • Religionsbezug wird als Angriff gegen Gott missverstanden. • Bejubeln des eigenen Fehlverhaltens
Walther Karsch (Der Tages-Spiegel, 3.5.1959)	• Versuch, den Kapitalisten realistisch darzustellen, ist misslungen. • Darstellung Maulers amüsiert das Publikum. • ausgezeichnete Darstellung der Mutlosigkeit der Arbeiter (Mutlosigkeit, Zweifel) • Detailkenntnisse über das Börsengeschehen sind ebenso erschütternd wie die Darstellung der Heilsarmee als käufliche Helfer des Kapitals. • Hauptkritik daran, dass die Klassengesetze nur durch Gewalt beseitigt werden könnten und derjenige, der sich eine andere Art der Veränderung vorstellt, minderwertig sei • Kritik am Publikum, dass die kritisierten Punkte unkritisch aufgenommen hat
Willy Haas (Die Welt, 4.5.1959)	• Brecht als Experimentator und großer Dichter ist weniger von sozialistischen und marxistischen Grundmotiven geleitet als vielmehr von theologischen. • Flachheit des dramaturgischen Motivs: Nichtabgabe eines Briefes mit daraus resultierender Katastrophe kann auch das Motiv eines Lustspiels sein • Das Drama entspricht nicht dem Zeitgeist, es ist weiter entfernt als die Steinzeit. • Alles „Stoffliche ist völlig falsch und prähistorisch und geht uns nichts mehr an". • Der Schauspieler Gründgens hat auch das Komödiantische herausgestellt, das „bei Brecht alles andere zudeckt".
Andre Müller 1959	• Reform der klassischen Bühnenreform • größte Bühnensensation • Aufdecken der Machenschaften der Konzernherren • Aufzeigen der Arbeitslosigkeit des Elends der Massen • Behandlung von Fragen der Zeit
Karl Korn 1963	• aktuelles Stück, auch für den Menschen der Wohlstandsgesellschaft
Herbert Ihering 1968	• starke Aussagekraft • Kritik am Kapitalismus und gleichzeitig Kritik in Bezug auf die Darstellung im klassischen Drama
Manuel Gasser 1968	• Stück ist zeitgebunden und zeitlos. • immerwährender Kampf zwischen Gut und Böse

4.2 Die Aktualität des Dramas

Als Abschluss des Bausteins wie auch der gesamten Unterrichtsreihe geht es im letzten Abschnitt um eine kriteriengestützte Beurteilung des Dramas aus der Perspektive der Schülerinnen und Schüler. Hierbei sollen die subjektiven Leseerfahrungen im Mittelpunkt stehen. Darüber hinaus werden einzelne der im Rahmen der Unterrichtseinheit erworbenen Kenntnisse aufgegriffen und diskutiert.

Im Folgenden werden drei unterschiedliche Vorschläge einer literaturkritischen Auseinandersetzung mit dem Gegenstand skizziert, die z. T. miteinander verknüpft umgesetzt werden können.

Schülerrezensionen

Die Schülerinnen und Schüler haben sich in diesem Baustein mit verschiedenen Theaterrezensionen auseinandergesetzt. Auf der Grundlage ihrer Leseerfahrungen schreiben sie nun eine eigene Rezension. Eventuell sollten dabei verschiedene Publikationsmedien zur Auswahl gestellt werden (z. B. Schülerzeitung, Feuilleton der Tageszeitung etc.).

■ *Verfassen Sie eine Rezension zum Drama „Die heilige Johanna der Schlachthöfe". Legen Sie dabei Ihre persönlichen Leseerfahrungen zugrunde.*

- *Beachten Sie bei Ihrem Text die wesentlichen Bestandteile einer Rezension:*
  - *Bibliografische Angaben (Autor, Titel, Verlag, Erscheinungsjahr)*
  - *Angaben zum Autor*
  - *Angaben zum Inhalt des Dramas*
  - *Angaben zum Aufbau*
  - *Angaben zu möglichen Deutungsaspekten*
  - *Formulierung eines begründeten Urteils (Leseempfehlung, Abraten von der Lektüre)*

Die Besprechung der Schülerrezensionen kann zunächst in Kleingruppen erfolgen und anschließend im Plenum anhand einzelner Beispiele fortgeführt und gebündelt werden. Hierbei dürfte es auch für die Lehrperson interessant sein, welche Schwerpunkte die Verfasser in ihrer Besprechung besonders hervorheben. Haben die Schülerinnen und Schüler sich für unterschiedliche Publikationsmedien entschieden, ist es auch lohnend, zu untersuchen, wie sich der Adressatenbezug inhaltlich und sprachlich in den Texten manifestiert.
Im Sinne einer Abstraktion werden anschließend aus den genannten Aspekten im Unterrichtsgespräch Kriterien der literarischen Wertung abgeleitet. Hierbei geht es darum, gemeinsam zu reflektieren, auf welchen Kriterien die subjektive Bewertung basiert. Es ist zu erwarten, dass Beurteilungsaspekte wie Aktualität der dargestellten Probleme oder die sprachlich-künstlerische Gestaltung des Dramas eine Rolle spielen.

Folgende Kriterien können bei der Bearbeitung eine Rolle spielen:

Mögliche Kriterien literarischer Wertung

- Aktualität
- Realitätsbezug, Bezug zur eigenen Lebenswelt
- Vermittlung historischer Zusammenhänge
- Anschaulichkeit, Verständlichkeit
- Sprache
- ...

Brief an das Schulministerium

Durch die Schulministerien der Länder werden verbindliche Unterrichtsinhalte festgelegt, deren Behandlung in der zentral gestellten Abiturprüfung vorausgesetzt wird. Die den Schulen vorgegebenen Unterrichtsschwerpunkte stellen dabei keine dauerhafte Festlegung dar, sondern werden in bestimmten zeitlichen Abständen geändert. Dass die jeweiligen Vorgaben auch auf Kritik bei den Lehrerinnen und Lehrern sowie Schülerinnen und Schülern stoßen, ist nicht überraschend, spiegeln sich doch in der Beurteilung dessen, was in den Schulen gelesen werden sollte, immer auch persönliche literaturkritische Standpunkte, spezifische Vorlieben und subjektive Leseerfahrungen wider.
Die Schülerinnen und Schüler erhalten folgenden Arbeitsauftrag:

- *„Die heilige Johanna der Schlachthöfe“ – ein geeignetes Drama für den Unterricht?*
  Verfassen Sie einen Brief an das Schulministerium, in dem Sie zu dieser Frage begründet Stellung nehmen. Gehen Sie dabei von Ihren Lektüre- und Unterrichtserfahrungen aus.

Die Auswertung der Briefe kann in leicht modifizierter Form analog zu den oben beschriebenen Verfahren erfolgen, wobei die didaktische Relevanz des Gegenstandes stärker in den Mittelpunkt rücken dürfte.

Durchführung einer Podiumsdiskussion

Alternativ kann abschließend eine Podiumsdiskussion durchgeführt werden. Als Leitfrage kann dabei entweder die allgemeine Beurteilung des Romans oder die Frage nach der Eignung als Schullektüre als Orientierungsrahmen vorgegeben werden.
Auch in organisatorischer Hinsicht können zwei unterschiedliche Wege beschritten werden: Einerseits kann die Diskussion als Schülerdiskussion durchgeführt werden, wobei die Lernenden ihre subjektiven Erfahrungen zum Ausgangspunkt machen, andererseits ist denkbar, die Diskussion zunächst auf der Rollenebene zu bestreiten (mit anschließender Aufhebung der Rollen).
Im Folgenden wird exemplarisch ein Vorgehen skizziert (Eignung der Lektüre für den Unterricht/Podiumsdiskussion) auf der Rollenebene, welche gegebenenfalls in einzelnen Punkten zu modifizieren ist:
Der Einstieg erfolgt durch eine kurze Information der Lehrperson zum Vorhaben. Anschließend werden Arbeitsgruppen gebildet, denen die beiden unterschiedlichen Arbeitsaufträge nach dem Zufallsprinzip zugewiesen werden. Arbeitsaufträge und Rollenkarten sind abgedruckt auf **Arbeitsblatt 31,** S. 146. Bevor die Schülerinnen und Schüler in ihrer jeweiligen Gruppe Argumente für ihre These entwickeln, erarbeiten sie zunächst literarische Wertungskriterien, die sie ihrer Argumentation zugrunde legen. Der Text „Kriterien für die Auswahl der Unterrichtsinhalte“ (**Arbeitsblatt 30,** S. 145) kann zusätzliche Anregungen liefern. Die einzelnen Gruppen sollen aber eigenverantwortlich entscheiden, ob und in welchem Maß sie auf die Kriterien aus der Literaturdidaktik bzw. aus den Lehrplänen zurückgreifen wollen. Im Anschluss erarbeiten sie auf der Basis ihrer Dramenkenntnis sowie der Auswahlkriterien Argumente, die sie in der Diskussion vorbringen möchten, um ihre Position zu stützen.
Für die Durchführung des Streitgesprächs entsendet jede Gruppe ein Mitglied in die Diskussionsrunde. Die Sitzordnung ist entsprechend zu gestalten. Jede Teilnehmerin/jeder Teilnehmer erhält zu Beginn die Möglichkeit eines kurzen Statements, anschließend treten alle Teilnehmer in die Diskussion ein, tragen weitere Argumente vor und entkräften die der Gegenseite. Die Moderation des Streitgesprächs kann einer Schülerin oder einem Schüler

übertragen werden. Zwei weitere Schüler führen ein Protokoll und sichern die wichtigsten Argumente auf einer Folie.
Am Ende der Diskussion ermöglichen die Moderatoren den Zuhörern, Fragen an die Diskutanten zu stellen. Auch hierbei sollte die Rollenebene eingehalten werden (siezen während des Gesprächs).
In der nachfolgenden Phase wird die Rollenebene aufgehoben. Die Zuhörer geben den Akteuren eine kurze Rückmeldung der gespielten Diskussion. Anschließend fassen die Protokollanten die wichtigsten Argumente der Pro- und Kontra-Seite noch einmal zusammen. Im folgenden Unterrichtsgespräch nehmen die Schülerinnen und Schüler aus ihrer eigenen Perspektive begründet Stellung zu der Leitfrage. Gegebenenfalls kann die Lehrperson die „Kriterien zur Auswahl der Unterrichtsinhalte" (**Arbeitsblatt 30,** S. 145) heranziehen und diese vor dem Hintergrund des Romans mit der Lerngruppe diskutieren.
Zum Abschluss des Vorhabens reflektieren die Lernenden die Planung und Durchführung des Streitgesprächs im Hinblick auf dessen Ertrag. Darüber hinaus sollten die Podiumsteilnehmer die Möglichkeit erhalten, sich zu Problemen bei der Antizipation ihrer Rollen zu äußern.
Für die Gruppenarbeit können die Arbeitsaufträge für die einzelnen Rollen (Befürworter und Gegner) wie auf **Arbeitsblatt 31,** S. 146 formuliert werden.

Notizen

Das Stück in der Diskussion: „Inspektor" – Ihr aber jubelt ...

Zur Uraufführung in Hamburg, 30.4.1959

„Das kommt von der Bildung. Die macht dämlich!" [...]
Das kommt von der Bildung, die macht dämlich: daran musste ich denken, als ich von der großen Theaterpremiere im Deutschen Schauspielhaus in Hamburg las.
Das war am Abend vor dem 1. Mai. Da haben sie ein Stück von Bertolt Brecht aufgeführt.
Brecht – den kennen Sie doch? Ein Kommunist. Brecht, der nach dem 17. Juni 1953 an Pieck[1] und Ulbricht[2] telegrafierte: „Es ist mir ein Bedürfnis, Ihnen in diesem Augenblick meine Verbundenheit mit der SED auszusprechen!" [...]
Und das Stück heißt „Die heilige Johanna der Schlachthöfe". Es ist alt, in den Zwanzigerjahren geschrieben. Es spielt in Chicago, wo die riesigen Schlachthäuser sind.
Es ist ein kommunistisches Stück. Die Besitzenden – die sind alle schlecht, und die Arbeiter – die sind alle gut. Wer Geld hat, der ist verlogen und gemein und zynisch. Er raucht Zigarren und verhöhnt die Armen. Wer aber kein Geld hat, der ist gut. Er leidet und hungert, verzweifelt und geht zugrunde.
Das Ganze trieft von Hass und Gemeinheit. Ein primitiver Singsang aus der Mottenkiste des Klassenkampfes, halbwahr schon damals, als er geschrieben wurde – Lüge und mehr als Lüge heute. Vorgetragen in jenem drohenden Bänkelsängerton, der die betrunken macht, die sich so gern von ihren Gefühlen und Gefühlchen wegschwemmen lassen.
Kein Hoffnungsstrahl in dem Stück? Aber doch! „Gibt es hier nicht Leute, die etwas unternehmen?", fragt verzweifelt das Mädchen Johanna. Und der Arbeiter antwortet: „Ja, die Kommunisten!"
Na, siehste! Wenn die Not am größten ...
Dann ist zwar Gott nicht am nächsten, aber das Politbüro[3]. Gott – der kommt schlecht weg bei diesem Dichter Brecht.
„Darum, wer unten sagt, daß es einen Gott gibt ... Den soll man mit dem Kopf auf das Pflaster schlagen ... Bis er verreckt ist."
Hübsch, wie?
Inszeniert hat's Gustaf Gründgens. Die Hauptrolle spielt Brechts Tochter. Helene Weigel, Brechts Witwe, sah zu und war begeistert.
Und begeistert war auch das Premierenpublikum. Es gab Beifall bei offener Szene. Der Beifall am Schluss wollte nicht enden. Von weit her waren die Herrschaften gekommen. Das saß da in Frack und großer Garderobe, und klatschte und klatschte ...
Leute, da komme ich nicht mehr mit!
Da wird euch eine Karikatur eurer eigenen Welt vorgesetzt, ein böses Zerrbild, verlogen und voller Hass. Da wird euch von der Bühne herab gesagt, was ihr tut und sprecht und glaubt, Verbrechen ist – dass ihr selbst Verbrecher seid. Da wird euch gesagt: wartet nur! Eure Welt ist faul und morsch und übel! Bald seid ihr dran, bald müsst ihr selbst euren Kopf auf den Hackblock legen ...
Und der Hackblock, der steht schon bereit!
Das wird euch gesagt. Ihr aber – ihr jubelt und klatscht. Das ist Kunst, nicht wahr? Das ist große Dichtung, nicht wahr? Wenn man die mit dem Kopf auf das Pflaster schlägt, die an Gott glauben; wenn man Gott verflucht und bei den Kommunisten Hilfe sucht – das findet ihr schön, nicht wahr?
Aber so ist es geschehen: am Vorabend des 1. Mai. Geklatscht haben sie da. Begeistert geklatscht ...

Aus: Berliner Zeitung vom 4.5.1959. Wiederabdr. in: Jan Knopf (Hrsg.) Brechts „Heilige Johanna der Schlachthöfe". Frankfurt: Suhrkamp Verlag 1986, S. 221 – 223

[1] Friedrich Wilhelm Reinhold Pieck (1876 – 1969): dt. Politiker, Sozialdemokrat, später Kommunist. Mitbegründer der SED (Sozialistische Einheitspartei Deutschlands)

[2] Walter Ulbricht (1893 – 1973): von 1960 – 1973 Vorsitzender des Staatsrats der DDR. Unter seiner Führung entwickelte sich die DDR zum sozialistischen Staat; führender Funktionär der SED

[3] Politbüro: zentrales Gremium einer kommunistischen Partei

- *Lesen Sie die Rezension und stellen Sie den Schwerpunkt der Kritik heraus. Was wird an dem Stück positiv hervorgehoben? Was wird bemängelt?*
- *Wie bewerten Sie die Kritik?*

Walther Karsch: Rezension

Der Tagesspiegel, 3.5.1959

[...] Die Uraufführung in Hamburg war ein triumphales Ereignis des Theaters, und ein makabres zugleich. Gustav Gründgens tat das Einzige, was zu tun war, um die Blößen und die ungeheuerlichen Infamien, die Primitivitäten und die gesellschaftliche Überlebtheit dieser „Heiligen Johanna“ zuzudecken – er ironisierte. Brecht gab seinerzeit die blutige Karikatur einer blutigen Wirklichkeit; aber nicht mehr. Der Versuch, in den blutigen Karikaturen der zweifelhaften Gentlemen aus den Chicagoer Schlachthöfen von damals den Typ des Kapitalisten und damit den Kapitalisten selbst zu treffen, ist ihm missglückt. Er musste missglücken wie alle Versuche, die sich zu sehr an die sogenannte Wirklichkeit hielten, noch dazu an eine durch die Brille der Ideologie gesehene Wirklichkeit. Dabei geht man im ersten Teil noch recht bereitwillig mit; amüsiert sich etwa darüber, wie der Fleischkönig Mauler [...] unter dem sentimentalen Vorwand, der Ochsen Sterben nicht mehr ansehen zu können, sich seiner Anteile an seiner Fleischfabrik entledigt, wohl wissend, dass sie bald nur noch wenig wert sein werden. Und man ist ehrlich erregt über die Schändlichkeit, mit der Mauler und sein Makler Slift dem Mädchen Johanna Dark, einem der „Schwarzen Strohhüte“, am Beispiel des Verhaltens einiger vom kapitalistischen System besonders hart betroffener Menschen einzureden versuchen, es lohne sich nicht, für die Armen zu wirken, denn sie seien schlecht. Ausgezeichnet auch noch, wie die Mutlosigkeit der Arbeiter in der großen Wirtschaftskrise gezeigt wird, ihre Kleingläubigkeit, ihre Zweifel an der Solidarität der anderen. Von tragischer Wucht dann das Schwanken Johannas zwischen dem Glauben an die Güte, an das Gute in jedem Menschen, auch dem Ausbeuter, dem Willen, den Schwachen zu helfen, und der Angst vor dem damit, laut Brecht, notwendigen Bekenntnis zur Gewalt.

So weit, so gut. Und nicht zu leugnen, dass Brechts Jamben ebenso wie seine Prosa Fülle, Kraft und Bilderreichtum haben. Doch dann wird es mühsam. Die Detailkenntnisse über Börsenmanöver, die Brecht vor uns ausbreitet, waren ihm sicher ein blutig ernst gemeintes dramaturgisches Mittel, um „vorzuzeigen, was ist“. Heute sind sie nur noch unerträglich durch die ironischen Lichter, die Gründgens ihnen aufsetzt. Die Primitivität, mit der die Heilsarmee, das sind die „Schwarzen Strohhüte“, als käufliche Helfer des Kapitals hingestellt werden, ist erschütternd. Nicht, weil es gegen den guten Geschmack geht (gegen den verstößt fast jede große Tragödie, und mit Recht) –, sondern weil es auf so eine plumpe Weise geschieht. Eben auf die plumpe Weise des marxistischen Extremisten, für den jeder, der versucht, die Klassengegensätze anders als durch die Gewalt des Klassenkampfes zu beseitigen, moralisch minderwertig ist. Die moralische Höherwertigkeit sieht dann nach der „Bekehrung“ Johannas zur Gewalt so aus: „Darum wer unten sagt, daß es einen Gott gibt/Und kann sein unsichtbar und hülfe ihm doch/Den soll man mit dem Kopf auf das Pflaster schlagen/Bis er verreckt ist.“
Auch bei dieser Stelle war das Premierenpublikum im Hamburger Deutschen Schauspielhaus noch so verzückt von des Hausherrn genialer Inszenierung, dass ihm die Infamie offenbar nicht aufgegangen ist. Ob man Gründgens darum gram sein soll, dass er Brecht überbrechtete, indem er die Karikatur karikierte, indem er die Fleischkönige, die Makler, die Aufkäufer, die Viehzüchter zu Figuren einer (wenn auch blutigen) Burleske[1] machte? [...]

In: Der Tagesspiegel vom 3.5.1959. Zit. nach: J. Dyck u.a.: Brechtdiskussion. Kronberg/Taunus: Scriptor Verlag 1974, S. 93 – 94

[1] Burleske: Schwank, Posse

- *Lesen Sie die Rezension und stellen Sie den Schwerpunkt der Kritik heraus. Was wird an dem Stück positiv hervorgehoben? Was wird bemängelt?*
- *Wie bewerten Sie die Kritik?*

Willy Haas: Rezension

Die Welt, 4.5.1959

[...]

Echter großer Dichter

Seltsam ist, dass Brechts Drama, nach vielerlei literarischen Faxen, Parodien, Grimassen und Purzelbäumen, die Menschen dennoch ergreift. Wie ein Schuljunge zeigt er seine ganze beträchtliche Bildung, er parodiert Shakespeares Königsdramen, die antiken Dramen mit Chören, und die Schlussszene ist eine tolle Mixtur aus Schillers „Jungfrau von Orleans“ und dem parodierten Mysterium des Schlusses von Faust II.

Brecht, dieser ewige Experimentator, Literaturmixer und Umdichter, ist dennoch ein echter großer Dichter, wenn er tief in den eigenen Dichterbusen greift und sich genau auf das verlässt, was er offenbar am meisten an sich verachtet hat: seine blinde Intuition, sein Genie.

Es sind ganz gewiss nicht sozialistische oder gar marxistische Grundmotive, die ihn hier inspirieren: sondern, wie immer bei Brecht, eigentlich theologische, religiöse, inbrünstige, die sich mit blutigem Hohn gegen sich selbst kehren: das tief katholische Element der Buße, Erweckung und Erhöhung zum Licht, der großen Ekstase und des Todes erschüttern sogar noch hier, wo sie auf den Kopf gestellt werden. Er nimmt alle dramatischen Avantgarden[1] von der Seite, die er zutiefst zu verachten vorgibt.

Entfernter als die Steinzeit

Das eigentliche dramaturgische Motiv ist freilich ganz unbeschreiblich flach, und aus keinerlei Tiefen geboren oder erfasst: dass ein Brief an einen Adressaten nicht abgegeben wird und daraus eine schreckliche Katastrophe folgt, könnte ebensogut das Motiv eines völlig verstaubten Salonlustspiels von Scribe[2] um 1860 sein. Brecht ist ein geborener Dichter, aber kein eigentlicher Dramatiker, der das Essenzielle seiner Tragödie in sein Motiv selbst tief hineinsenkt.

Es ist sehr tapfer, dass Gründgens dieses vergessene, niemals aufgeführte kommunistische Propagandadrama von 1930 und 1931 herausgebracht hat [...]

Wir wollen gern annehmen, dass die erstaunliche Inaktualität des Stoffes ihm seinen Entschluss erleichtert hat. Wie immer die Zukunft aussehen mag, in den ausgemergelten, zerlumpten, verhungerten, fanatischen Proletariergestalten dieses Dramas von 1931 wird kein Mensch einen amerikanischen Industriearbeiter von heute, mit Chromauto, Kühlschrank, Radio und Television wiedererkennen. Dieses Drama ist – momentan – weiter von uns entfernt als das Steinzeitalter. Alles Stoffliche darin ist völlig falsch und prähistorisch geworden und geht uns nichts mehr an [...]

Gründgens hat alles herausgebracht, auch den blutigsten Hohn. Er hat alles sehr scharf akzentuiert und gepfeffert und pointiert, das Propagandistische, Satirische, Kommunistische und Atheistische; aber ebenso das Komödiantische, die travestierten Chöre, das Harlekinspiel; und dabei hat sich herausgestellt, dass das Komödiantische bei Brecht alles andere zudeckt. Dass die revolutionäre Situation für uns völlig veraltet ist [...]

In: Die Welt Vom 4.5. 1959. Zit. nach: J. Dyck u.a.: Brechtdiskussion. Kronberg/Taunus: Scriptor Verlag 1974, S. 94 – 95

1 Avantgarde: Vorkämpfer einer Idee oder Richtung

2 Scribe: Gemeint ist Eugène Scribe (1791 – 1861), frz. Dramatiker.

- *Lesen Sie die Rezension und stellen Sie den Schwerpunkt der Kritik heraus. Was wird an dem Stück positiv hervorgehoben? Was wird bemängelt?*
- *Wie bewerten Sie die Kritik?*

André Müller: Ein neues Gesicht Gustaf Gründgens'

Zur Uraufführung in Hamburg, 30.4.1959

Das Hamburger Schauspielhaus war bis auf den letzten Platz gefüllt, als am 30. April, am Vorabend des 1. Mai, die Uraufführung des von Bertolt Brecht 1931/32 geschriebenen Stücks „Die heilige Johanna der Schlachthöfe" stattfand. Fast alles, was im Bereich des deutschen Theaters Rang und Namen hat, war vertreten, um mit der Uraufführung des Stücks gleichzeitig Gustaf Gründgens' erste Brecht-Inszenierung zu erleben. Das Resultat war eine der größten Bühnensensationen, die das deutschsprachige Theater in den letzten Jahren auszuweisen hat. Helene Weigel, die Witwe Bertolt Brechts, fasste diesen Hamburger Theaterabend in dem einen Satz zusammen: „Das hat Gründgens großartig gemacht."

Bertolt Brecht hat „Die heilige Johanna der Schlachthöfe" während der großen Weltwirtschaftskrise von 1929 bis 1932 geschrieben. Er ist der einzige deutsche Dichter, der es gewagt hat, die großen Fragen der damaligen Zeit auf der Bühne darzustellen. Die Krise selbst, die Machenschaften der großen Konzernherren, die ungeheure Arbeitslosigkeit der Massen, das Elend und die Not sind der eigentliche Stoff, dem er sich mit diesem Stück stellt. Ein ungeheurer Stoff, von dem damals behauptet wurde und von dem heute noch behauptet wird, dass er sich auf der Bühne nicht mehr darstellen lasse. Brecht hat ihn dargestellt, aus marxistischer Sicht und mit den Mitteln des epischen Theaters, das soll heißen: um bloßzulegen, um zu entlarven, um den Zuschauern klarzumachen, „daß das Unglück nicht entsteht wie der Regen, sondern von etlichen gemacht wird, welche ihren Vorteil davon haben", um ihnen einzuhämmern, dass dieses ganze System der kapitalistischen Produktionsweise abgeschafft werden muss. Ein kommunistisches Stück also! Einwandfrei! Und doch alles andere als eine schematisierende Schwarz-Weiß-Malerei; ein großes Stück, im großen Stil geschrieben und die Fragen der Zeit groß behandelnd.

Auf die Idee, diesen Stoff mit der Gestalt der historischen Jeanne d'Arc, der Jungfrau von Orleans, zu verbinden, kam Brecht durch die Feiern, die 1931 in der katholischen Welt anlässlich der 500. Wiederkehr des Todestages der Jeanne d'Arc stattfanden. Da gleichzeitig in den Ländern, wo die Arbeitslosigkeit besonders großen Massencharakter angenommen hatte, die Heilsarmee ihre reformerische Tätigkeit mit dem Geld der Konzernherren aufnahm, die an der Krise schuld waren, machte er seine Johanna Dark zu einem Offizier der Heilsarmee, die allerdings den Sündenfall begeht, wissen zu wollen, woher das Elend kommt und von wem es gemacht wird.

Brecht stellt so eine lebendige Frau in den Mittelpunkt des Geschehens. Johanna Dark ist ehrlich, sie will wirklich den Armen und Ausgebeuteten helfen und glaubt, das durch ihre Tätigkeit bei den Schwarzen Strohhüten (der Heilsarmee) tun zu können. Aus der Tiefe der Chikagoer Schlachthöfe – wohin Brecht die Handlung verlegt, um das Geschehen zu verfremden – dringt sie zu dem Fleischkönig Pierpont Mauler vor, der sich in einem erbitterten Kampf mit seinen Konkurrenten befindet. [...]

Brecht schuf mit dieser Fabel die Möglichkeit, gleichzeitig die kapitalistischen Börsenpraktiken bloßzustellen, den Mechanismus aufzudecken, der zu Elend und Arbeitslosigkeit führt, die Machenschaften zu entlarven, mit denen selbst die Großen sich noch in der Krise bereichern.

Das alles geschieht im hohen Tonfall der klassischen Königsdramen. Die idealistische Bezogenheit der großen Form wird durch die nackten Fleischgeschäfte bloßgestellt. Brecht stellt klassische Formen aus, parodiert, travestiert, setzt immer wieder satirische Effekte und zeigt gleichzeitig die Anwendbarkeit der großen Form auf der Grundlage des epischen Theaters. So ist das Stück gleichzeitig Formkritik, wo es Kritik der abgenutzten Inhalte der klassischen Bühnenform ist. [...]

Es hat fast dreißig Jahre gedauert, bis Gustaf Gründgens ein Stück von Bertolt Brecht inszeniert hat. Mit dem Stück „Die heilige Johanna der Schlachthöfe" hat er eins der schönsten und politisch schärfsten Stücke Brechts aufgeführt. Dass sich Gründgens mit dieser Inszenierung neben dem großen Werk eines großen Dichters als großer Regisseur bewies, war der eigentliche Glücksfall des Abends.

In: Deutsche Volkszeitung Vom 16.5.1959. Zit. nach: Jan Knopf (Hrg.): Brechts „Heilige Johanna der Schlachthöfe". Frankfurt am Main: Suhrkamp 1986, S. 230–233

- *Lesen Sie die Rezension und stellen Sie den Schwerpunkt der Kritik heraus. Was wird an dem Stück positiv hervorgehoben? Was wird bemängelt?*
- *Wie bewerten Sie die Kritik?*

Karl Korn: Das große Gedicht vom Fleisch

Zur Frankfurter Aufführung, 15.12.1963

Wie warmer Frühlingsregen rauschte der Beifall am Sonntagabend kräftig auf, als der Hausherr und der Regisseur Harry Buckwitz nach der theatralischen Show der Kanonisierung der Heiligen der Fleischbank sich mit dem Ensemble dem Publikum der zweiten Frankfurter Eröffnungspremiere zeigte. [...]

Brecht erweist sich über den Theoretiker des epischen Theaters und den Lehrmeister der antiaristotelischen Dramatik hinaus stets aufs Neue als der größte Bühnendichter deutscher Zunge in unserer Zeit. Der Dichter der Mutter Courage und der Dreigroschenoper, des guten Menschen von Sezuan, des Kaukasischen Kreidekreises und der heiligen Johanna der Schlachthöfe setzt offene und heimliche Brecht-Gegner immer wieder in Verwirrung, setzt sie matt. Noch im härtesten Satz, dem am meisten missverstandenen der heiligen Johanna

Darum, wer unten sagt, daß es einen Gott gibt
Und kann sein unsichtbar und hülfe ihnen doch,
Den soll man mit dem Kopf auf das Pflaster schlagen,
Bis er verreckt ist

ist der Aufruhr derer, die unten leben, in die Not des religiösen Menschen schlechthin übersetzt. In diesem Satz ist keine Blasphemie gegen Gott, sondern der Schrei des Menschen, dass Gott unsichtbar bleibt, während gepredigt wird, er hülfe doch. Das verdeckte Pathos des Satzes steht und fällt mit der sprachlichen Fassung. Er ist wahr, weil und insofern er gedichtet ist. Das episch breit angelegte und doch dramatisch scharf gefasste Exempel der gesellschaftlichen Prozesse, das uns in der heiligen Johanna der Schlachthöfe vorgeführt wird, trägt alle Züge seiner Entstehungszeit, der ausgehenden Zwanziger- und beginnenden Dreißigerjahre, an sich. Aber hinter der Generalstreikparole, hinter dem Lehrstück von den Zusammenhängen zwischen Spekulation, Überproduktion, Unterbeschäftigung und zyklischen Wirtschaftskrisen erscheint dem Zuschauer, der in einer veränderten, im Gleichgewicht gehaltenen Weltwirtschaft und in einer Zeit der etablierten Gewerkschaftsmacht innerhalb der Industriegesellschaft lebt, doch das Bild seiner, der modernen Welt. Das Heilsarmeemädchen Johanna geht auch den Weg „in die Tiefe" des christlichen Gewissens. Sie, die als die naive Dienerin der Armeleutesuppenküche und tröstender Jesuslieder naiv und ahnungslos auszog, lernt der Armen Schlechtigkeit als der Armen Leid begreifen, sie lernt die Wohltätigkeit der Schwarzen Strohhüte als den Dienst ihrer „Kirche" im Sold der etablierten Macht durchschauen, sie lernt, dass die Arbeiter ihr die Solidarität versagen, und sie lernt – ihre bitterste Lektion –, dass Gewalt sein muss. Sie endet wie Jeanne d'Arc als Märtyrerin. Tod und Kanonisierung zu Chicago – eine mit bitterem Sarkasmus ins Moderne gewendete Parodie der Scheiterhaufenszene auf dem Marktplatz zu Rouen 1431, des Revisionsprozesses 1456 und der Heiligsprechung 1920. Das Klassenkampfmotiv tritt in den Hintergrund. Brecht ist immer der Bürger geblieben, dessen tiefe Unruhe wohl aus den alten Untergründen reformatorischer Gewissensnot stammte. Man kann und sollte die heilige Johanna der Schlachthöfe in unseren Jahren des armen Papstes Johannes und des Konzils besser verstehen.

Brechts aktuell-politische Absichten stehen teilweise nicht mehr zur Diskussion. Aber es wäre billig, das Stück darum zu belächeln, weil man es anders hat kommen sehen. Die Unruhe des Gewissens bleibt und mit ihr der Anstoß zur Beziehung auch auf unsere Wirklichkeit. Dies ist der eine Grund, der das Stück so lebendig erhält, so dass es im Jahre 1963 ein sogenanntes Wohlstandspublikum von links und von rechts in Atem hält. Der andere ist dramaturgisch zu verstehen.

In seinen Studien über das epische Theater hat Brecht geschrieben: „Wenn man sieht, daß unsere heutige Welt nicht mehr ins Drama (gemeint ist das herkömmliche der fünf Akte, des Schicksals als einheitlicher Macht) passt, dann passt eben das Drama nicht mehr in die Welt." Wie immer man mit geschärftem, kritischem Verstand und aus vermehrter Einsicht die Brecht'sche Demonstration der wirtschaftlichen und sozialen Machtkämpfe versteht und beurteilt, Brecht bleibt vorläufig der einzige Dramatiker der Weltliteratur, der gegenläufige soziale Tendenzen, Mächtegruppen und die Bewegung der Interessen auf die Bühne zu bringen wusste. Darin liegt der andere Grund dafür, dass New York und Paris, London und Lyon, Mailand und sogar das traditionsfeste Wien um Brecht nicht nur nicht herumkommen, sondern seiner Bühnenerfindung und Bühnensprache nicht entraten können.

[...]

Buckwitz ließ Brecht unverfremdet, gleichsam naiv spielen – und tat gut daran. Zwar wäre auch eine Brecht-Parodie denkbar. Doch legte es der Regisseur auf zwei Ziele an: die Stationswege der Johanna vom äußerlichen zum gelebten und erlittenen, aktiven

Christentum und das Lehrstück vom Auf und Ab der gesellschaftlichen Prozesse vorzuführen. Die Gefahr, dass ein individuelles Drama Johanna neben einem kollektiven, klassenkämpferischen herliefe, wurde vermieden. Die Protagonisten und Mauler und Johanna blieben ihren gesellschaftlichen Gruppen auch im Widerspruch verhaftet.

Zit. nach: Jan Knopf (Hrg): Brechts „Heilige Johanna der Schlachthöfe". Frankfurt am Main: Suhrkamp 1986, S. 230 – 233

- *Lesen Sie die Rezension und stellen Sie den Schwerpunkt der Kritik heraus. Was wird an dem Stück positiv hervorgehoben? Was wird bemängelt?*
- *Wie bewerten Sie die Kritik?*

Herbert Ihering: Wie kann das Theater dem Stück gerecht werden?

Zur Züricher Aufführung, 16.3.1968

Brechts „Heilige Johanna der Schlachthöfe" gehört zu seinen besten und leider zu seinen selten gespielten Stücken. Uraufgeführt wurde es erst einige Jahre nach Brechts Tod in einer Hamburger Inszenierung von Gustaf Gründgens. Vorher, 1932, ein Jahr vor Hitler, gab es nur eine Rundfunklesung mit Carola Neher und Fritz Kortner. Das Berliner Ensemble wollte die Premiere zu Brechts siebzigstem Geburtstag am 10. Februar herausbringen, musste die Aufführung aber wegen Erkrankung von Hanne Hiob verschieben.
Was stand der Aufführung der „Heiligen Johanna der Schlachthöfe" oft entgegen? Gerade die dichterische Kühnheit des Werkes. Denn Brecht versuchte hier, die Form der antiken Tragödie auf Situationen der modernen Industrie- und Marktwirtschaft anzuwenden. Schon dieser frühe Versuch bewies, dass die Distanz der Form, wenn sie so beherrscht wird, keine Entfernung der Fabel und des Themas, sondern ihre doppelte Durchdringung bedeuten kann. Realistisch dargestellt, können die Erlebnisse Johannas in den Schlachthöfen von Chicago ergreifen. Sie sollen es, aber sie sollen auch auf die Zustände hinweisen, die diese Tragödie erst herausfordern. Wenn nun, wie Brecht es hier getan hat, die Geschäftsmethoden des Fleischerkönigs Pierpont Mauler und seiner Handlanger in die Form des antiken Theaters transportiert werden, so erhält der alte Begriff von Schuld und Sühne eine radikal andere Bedeutung. Die Tragödie des Heilsarmeemädchens Johanna Dark, die in ihrem Kampf für Menschlichkeit einsieht, dass sie mit Gebeten und gläubigen Redensarten nicht auskommt, dass sie nicht allein, sondern in Gemeinschaft mit den Arbeitern kämpfen muss, ist ein Drama des Chicagoer Alltags. Wenn Brecht es in die Nähe der klassischen Tragödie stellt, dann wirkt dies nicht wie eine ausgeklügelte Formspielerei, sondern wie ein drohender Hinweis, dass die sozialistischen Kämpfe die Realität der Gegenwart und die Größe antiker Dramatik aufweisen. Die Realität wird verschärft durch den Blick über zweitausend Jahre zurück.
Wenn nun jemand daraus schließen wollte, dass Dramen aus einem sozialistischen Themenkreis der Gegenwart immer in die große Form übertragen werden müssten, so könnte das ein Abgleiten in stilisierenden Dilettantismus[1], Anlass zu Missverständnissen und wirklich die Gefahr einer formalistischen Absurdität verursachen. Aber in dem genialen Ausnahmefall Brechts hat der Versuch seine revolutionäre Berechtigung. Denn er verbindet Prosa und Vers zu einer Einheit von unheimlicher Aussagekraft. Seine Sprache übt Kritik am Kapitalismus und zugleich am antiken Drama, dessen Mittel sie anwendet. Brecht durchlichtet mit dichterischer Leuchtkraft Geschäft und Religion. Er zeigt, dass die kleinen Beispiele in Wahrheit groß sind, und entlarvt durch diese Röntgenstrahlung manch antikes Heldenbild. Er vergrößert und verkleinert zugleich, denn er rückt die kleinen Schicksale des Mädchens Johanna in die Größe der Antigone und das große Schicksal der Antigone in die Nachbarschaft der Schlachthöfe von Chicago.
Ich habe „Die heilige Johanna der Schlachthöfe" immer für eines der wichtigsten Stücke Brechts gehalten, weil es in seinen genialen Vorstößen zugleich kritisch und poetisch ist und für die Aufführung vielseitige Anregungen gibt. Nur eins verträgt das Werk nicht: Vertuschung der Fabel, Einnebelung der sozialen Gegensätze, Auflösung der sprachlichen Architektur und der mimischen, der gestischen Logik. Dieser Logik aber, dieser Härte und Klarheit der Fabel kann das Theater auf verschiedene Weise gerecht werden. [...]
Brecht bleibt – und das ist bei der „Heiligen Johanna der Schlachthöfe" besonders zu sagen – der schöpferische Anreger der Regisseure und Schauspieler.

Abdruck in: Jan Knopf: Brechts „Heilige Johanna der Schlachthöfe". Frankfurt am Main: Suhrkamp Verlag 1986, S. 254 – 255.

[1] dilettantisch: nicht fachmännisch, laienhaft

- *Lesen Sie die Rezension und stellen Sie den Schwerpunkt der Kritik heraus. Was wird an dem Stück positiv hervorgehoben? Was wird bemängelt?*
- *Wie bewerten Sie die Kritik?*

Manuel Gasser: Rezension

Die Weltwoche, Zürich, 22.3.1968

[...]

Brechts hervorstechendstes Stilmittel ist hier die Anspielung auf Literaturdenkmäler der Vergangenheit, die bis zum Zitat, bis zur Parodie getrieben wird. Die griechische Tragödie, die geistliche Lyrik des Barocks, Schillers „Jungfrau" geistern durch diesen amerikanischen Hexensabbat. Die mannigfachsten Erinnerungsgeschichten im Zuschauer werden so gleichzeitig angesprochen.

Wie alle große Kunst, ist das Stück zugleich zeitgebunden und zeitlos. Man kann von ihm ablesen, wie ein Dichter zu Beginn der Dreißigerjahre unseres Jahrhunderts den Zustand der Gesellschaft gesehen und erlitten hat; auf der anderen Hand steht es als Exemplum für menschliche Größe und menschliche Unzulänglichkeit für den immerwährenden, nie entschiedenen Kampf zwischen Gut und Böse.

In: Die Weltwoche, Zürich, 22.3.1968. Zit. nach: Monica Wyss: Brecht in der Kritik. München: Kindler Verlag 1977, S. 380f.

- *Lesen Sie die Rezension und stellen Sie den Schwerpunkt der Kritik heraus. Was wird an dem Stück positiv hervorgehoben? Was wird bemängelt?*
- *Wie bewerten Sie die Kritik?*

Harro Müller-Michaels: Kriterien für die Auswahl der Unterrichtsinhalte

Historizität und Aktualität bedeuten, dass der literarische Text Einblicke in die historischen Zusammenhänge vermitteln muss, aus denen er entstanden ist (was sind die Fragen, auf die er eine Antwort gibt?), zugleich aber mit seinem Sinnpotenzial in die Gegenwart hineinreichen muss, mit dem er den Schülern etwas sagen kann oder sie ihm etwas zu sagen haben (welche sind die Fragen, die noch immer gelten?) [...].

Strukturalität und Anschaulichkeit meinen zunächst, dass die Literatur zum Studium wichtiger literarischer Formen anregen muss: Genres der Lyrik, der Epik und Dramatik, Autobiografien, Auszüge aus Poetiken, aus literarischer Kritik können Grundlagen für weiterführende eigene Entdeckungen in Literaturgeschichte und im literarischen Leben der Gegenwart werden [...].

Wissen und Handeln sind gegenüber den bisher genannten Kriterien mehr auf die Methoden als auf Merkmale der Inhalte gerichtet. Dabei ist das Wissen zunächst auf Kenntnisse aus wichtigen Abschnitten der Literaturgeschichte und auf systematische Gliederung der Gattungen und Genres bezogen. Die Schüler sollten über die Behandlung von Einzelwerken einen Einblick in bedeutende Epochen der Literaturgeschichte und in Typologien zur Ordnung der vielfältigen literarischen Werke bekommen. Dann aber ist das Wissen auch auf Stoffe, Motive, Figuren der Literatur selber gerichtet. Es ist ja ein Merkmal der Literatur, dass bestimmte Motive, Stoffe und Themen zu verschiedenen Zeiten immer wieder aufgenommen und produktiv umgearbeitet worden sind (vgl. die antiken Mythen, biblische Episoden, Brennpunkte der Geschichte) [...].

Exemplarität und Enzyklopädik als Prinzipien sollen sicherstellen, dass die ausgewählten Gegenstände einerseits repräsentativ zur Gewinnung eines Verständnisses der Strebensziele und Leiden einer Epoche („Nathan“ und die Aufklärung, „Woyzeck“ und der Vormärz, „Malte Laurids Brigge“ und die Jahrhundertwende) sowie der Strukturen, Inhalte, Funktionen von wiederkehrenden Genres der Literatur sein sollen (analytisches Drama, Ich-Erzählung, engagiertes Gedicht, Elemente des Komischen, Tragischen etc.), dass sie andererseits aber auch in Zusammenhänge gestellt werden können, auf die Aufmerksamkeit und Lernen bezogen sind: „Nathan“ und die Frage „Was ist Aufklärung?“, „Woyzeck“ und Tendenzen, Themen, Formen sowie weitere literarische Beispiele des Vormärz, „Maltes“ Aufzeichnungen von Erfahrungen in Paris und die Entfremdung der Menschen in den Werken der Jahrhundertwende vom Naturalismus bis zum Expressionismus, „Groß und klein“ als Ausdruck von Sprach- und Orientierungslosigkeit in Werken der Gegenwart [...].

Aus: Harro Müller-Michaels: Deutschkurse. Modell und Erprobung angewandter Germanistik. Weinheim: Beltz Athenäum Verlag, 2. Auflage 1994, S. 37 ff.

Richtlinien und Lehrpläne

Kriterien für die Auswahl literarischer Texte sind ihre thematische, (literar-)historische oder kulturelle Bedeutung, ihre sprachliche und künstlerische Qualität sowie ihr Gattungsbezug.

[...] Die *thematische* Bedeutung zeigt sich in der Anbindung

- an Probleme der Lebenswelt,
- an aktuelle Fragen,
- an die Interessen und Fragestellungen der Schülerinnen und Schüler.

Die (literar-)historische und kulturelle Bedeutung sowie die sprachliche und künstlerische Qualität zeigen sich

- in nachhaltiger Wirkungsgeschichte,
- in aktueller Rezeption,
- in ihrer kulturhistorischen Repräsentanz (Akzentuierung der Umbrüche vom 18. zum 19., vom 19. zum 20. Jahrhundert und der Gegenwart),
- (für den Leistungskurs) in der Berücksichtigung von Literatur vor 1700 und des Umbruchs der Nachkriegszeit.

Aus: Richtlinien und Lehrpläne für die Sekundarstufe II – Gymnasium/Gesamtschule in Nordrhein-Westfalen. Deutsch. Frechen: Ritterbach Verlag. 1999, S. 1B

- *Vergleichen Sie Ihre Beurteilungskriterien zur Leitfrage „Die heilige Johanna – ein geeignetes Drama für den Unterricht?“ mit denen des Literaturdidaktikers sowie der Richtlinien.*
- *Überlegen Sie, ob Sie die dargestellten Kriterien oder Teile davon für sich übernehmen wollen.*

Podiumsdiskussion: „Die heilige Johanna der Schlachthöfe“ – ein geeignetes Drama für den Unterricht?

Arbeitsaufträge und Rollenkarten

Rollenkarte: Befürworter

„Die heilige Johanna der Schlachthöfe“ – ein geeignetes Drama für den Unterricht

– Durchführung einer Podiumsdiskussion –

Arbeitsauftrag für die Gruppenarbeit

- Bereiten Sie sich in Ihrer Gruppe auf eine Podiumsdiskussion vor, indem Sie ...
  1. *Bewertungskriterien diskutieren und festlegen, die Sie bei der Beurteilung der Leitfrage zugrunde legen wollen,*
  2. *Ihre Kriterien mit denen des Literaturdidaktikers sowie der Richtlinien vergleichen (**Arbeitsblatt 30**) und überlegen, ob Sie diese Kriterien oder Teile davon für sich übernehmen wollen,*
  3. *Argumente sammeln und strukturieren, die Ihr Vertreter in der Diskussion vortragen soll.*

Rollenkarte: Gegner

„Die heilige Johanna der Schlachthöfe“ – kein geeignetes Drama für den Unterricht

– Durchführung einer Podiumsdiskussion –

Arbeitsauftrag für die Gruppenarbeit

- Bereiten Sie sich in Ihrer Gruppe auf eine Podiumsdiskussion vor, indem Sie ...
  1. *Bewertungskriterien diskutieren und festlegen, die Sie bei der Beurteilung der Leitfrage zugrunde legen wollen,*
  2. *Ihre Kriterien mit denen des Literaturdidaktikers sowie der Richtlinien vergleichen (**Arbeitsblatt 30**) und überlegen, ob Sie diese Kriterien oder Teile davon für sich übernehmen wollen,*
  3. *Argumente sammeln und strukturieren, die Ihr Vertreter in der Diskussion vortragen soll.*

Klausurvorschläge und Facharbeitsthemen

Klausurvorschläge für das Schauspiel „Die heilige Johanna der Schlachthöfe“

Die Texte und Erwartungshorizonte zu den Klausuren 1 und 5 finden sich im **Zusatzmaterial 11** und **Zusatzmaterial 12**.

Klausur 1: „Wieder läuft/Die Welt die alte Bahn unverändert“

- *Analysieren Sie den vorliegenden Auszug (S. 141 ff.) aus dem Schauspiel „Die heilige Johanna der Schlachthöfe“. Untersuchen Sie dabei, wie die Figuren Johanna, Graham, die Schwarzen Strohhüte und die Viehzüchter und Schlächter konzipiert sind. Gehen Sie dazu auf den Gesprächsverlauf, die Sprache und die Handlungsabsichten der Figuren ein. Deuten Sie die Szene im Gesamtzusammenhang des Dramas.*
- *Erläutern Sie auf der Grundlage Ihrer Kenntnisse des Schauspiels, inwiefern sich Johannas Menschenbild verändert hat. Beziehen Sie Herders Überlegungen in Ihre Ausführungen mit ein.*

Klausur 2: „Denn es hat sich herumgesprochen, daß das Unglück nicht entsteht wie der Regen“

- *Analysieren Sie die Rede Synders (S. 68 „Meine lieben Schwarzen Strohhüte“ bis „Von diesem Geld werden wir […] Miete zahlen“ und S. 70: „Wir Schwarzen Strohhüte haben gehört“ bis „und ein Lohn dafür winkt“) unter besonderer Berücksichtigung seines beabsichtigten strategischen Vorgehens.*

Klausur 3: „Denn warum ist diese Schlechtigkeit in der Welt?“

- *Ordnen Sie die Rede Johannas (S. 52, „Denn warum ist diese Schlechtigkeit in der Welt?“ bis S. 53, „denn die da draußen haben eben keine Kaufkraft“) in den Handlungsverlauf ein.*
- *Analysieren Sie die Rede Johannas unter besonderer Berücksichtigung ihrer Vorstellung von einem kapitalistischen System. Zeigen Sie dabei, inwieweit sie sich auf das marxistische Menschen- und Gesellschaftsbild bezieht.*

Klausur 4: „Da sitzen welche, Wenige, oben/Und Viele unten“

- *Analysieren Sie den Dramenauszug (Bild 9 g) „Schlachthöfe“, S. 106: „Die Zeitungsleute stehen auf“ bis S. 108: „Daß es nur durch Gewalt geht und/Wenn ihr es selber macht“ unter besonderer Berücksichtigung der Darstellung Johannas.*
- *Erläutern Sie auf der Grundlage Ihrer Analyseergebnisse das marxistische Menschen- und Gesellschaftsbild.*

Klausur 5: „Frei wurde eben ein Arbeitsplatz!“ [Auszug Szene 2d, S. 17 – S. 20]

- *Analysieren Sie die vorliegende Szene aus dem Schauspiel Brechts „Die heilige Johanna der Schlachthöfe“. Untersuchen Sie dabei, wie die einzelnen*

Figuren konzipiert sind. Gehen Sie dazu auf den Gesprächsverlauf, die Sprache und die Handlungsabsichten der Figuren ein. Deuten Sie die Funktion der Szene im Gesamtzusammenhang des Schauspiels.

- *Johanna äußert am Ende ihres Monologs: „Sie/Berührt kein Lied mehr, zu ihnen dringt/In solche Tiefe kein Wort." Erläutern Sie diese Aussage in der Tragweite für ihren weiteren Erkenntnisprozess. Berücksichtigen Sie auch Johannas zugrunde liegendes Menschenbild.*

Klausur 6:

- *Analysieren Sie die Rede des Arbeiterführers, S. 96: „Hört alle zu" bis S. 97: „[...] wart vor Mutter Schmittens Kantine auf die Vertrauensleute!"*
- *Begründen Sie, inwieweit sich hier die marxistische Theorie des Klassenkampfes spiegelt. Beziehen Sie weitere Textstellen, die Ihnen aus dem Unterricht bekannt sind, in Ihre Überlegungen ein.*
  *Alternativ kann der erste Arbeitsauftrag mit dem Text „Manifest der Kommunistischen Partei" von Marx/Engels (**Arbeitsblatt 22**) verknüpft werden.*

Facharbeitsthemen

Thema 1

Der Humanismusgedanke im Drama „Iphigenie auf Tauris" von Johann Wolfgang von Goethe und das Menschenbild Johannas im Schauspiel „Die heilige Johanna der Schlachthöfe" von Bertolt Brecht - Ein Vergleich

Thema 2

Die Schlachthaus-Thematik im Roman „Der Dschungel" von Upton Sinclair und in Brechts Schauspiel „Die heilige Johanna der Schlachthöfe"

Bertolt Brecht: Über experimentelles Theater (1939) [Auszug]

Kam der Verkehr zwischen Bühne und Publikum auf der Basis der Einfühlung zustande, dann konnte der Zuschauer nur jeweils soviel sehen, wie der Held sah, in den er sich einfühlte. Und er konnte bestimmten Situationen auf der Bühne gegenüber nur solche Gefühlsbewegungen haben, wie die „Stimmung" auf der Bühne ihm erlaubte. Die Wahrnehmungen, Gefühle und Erkenntnisse des Zuschauers waren denjenigen der auf der Bühne handelnden Personen gleichgeschaltet. Die Bühne konnte kaum Gemütsbewegungen erzeugen, Wahrnehmungen gestatten und Erkenntnisse vermitteln, welche auf ihr nicht suggestiv repräsentiert werden. [...] Die gesellschaftlichen Phänomene traten so als ewige, natürliche, unänderbare und unhistorische Phänomene auf und standen nicht zur Diskussion. [...] Die Frage lautete also: Ist Kunstgenuß überhaupt möglich ohne Einfühlung oder jedenfalls auf einer anderen Basis als Einfühlung? [...] Das Prinzip besteht darin. An Stelle der Einfühlung die *Verfremdung* herbeizuführen.

Was ist Verfremdung?

Einen Vorgang oder einen Charakter verfremden heißt zunächst einfach, dem Vorgang oder dem Charakter das Selbstverständliche, Bekannte, Einleuchtende zu nehmen und über ihn Staunen und Neugierde zu erzeugen. Nehmen wir wieder den Zorn des Lear über die Undankbarkeit seiner Töchter. Vermittels der Einfühlungstechnik kann der Schauspieler diesen Zorn so darstellen, daß der Zuschauer ihn für die natürlichste Sache der Welt ansieht, daß er sich gar nicht vorstellen kann, wie Lear nicht zornig werden könnte, daß er mit Lear völlig solidarisch ist, ganz und gar mit ihm mitfühlt, selber in Zorn verfällt. Vermittels der Verfremdungstechnik hingegen stellt der Schauspieler diesen Learschen Zorn so dar, daß der Zuschauer über ihn staunen kann, daß er sich noch andere Reaktionen des Lear vorstellen kann als gerade die des Zornes. Die Haltung des Lear wird verfremdet, das heißt, sie wird als eigentümlich, auffallend, bemerkenswert dargestellt, als gesellschaftliches Phänomen, das nicht selbstverständlich ist. Dieser Zorn ist menschlich, aber nicht allgemein menschlich, es gibt Menschen, die ihn nicht empfänden. Nicht bei allen Menschen und nicht zu allen Zeiten müssen die Erfahrungen, die Lear macht, Zorn auslösen. Zorn mag eine ewig mögliche Reaktion der Menschen sein, aber dieser Zorn, der Zorn, der sich so äußert und seine solche Ursache hat, ist zeitgebunden.

Verfremden heißt also historisieren, heißt Vorgänge und Personen als historisch, also als vergänglich darstellen. Dasselbe kann natürlich auch mit Zeitgenossen geschehen, auch ihre Haltungen können als zeitgebunden, historisch, vergänglich dargestellt werden. Was ist damit gewonnen? Damit ist gewonnen, daß der Zuschauer die Menschen auf der Bühne nicht mehr als ganz unveränderbare, unbeeinflussbare, ihrem Schicksal hilflos ausgelieferte dargestellt sieht. Er sieht: dieser Mensch ist so und so, weil die Verhältnisse so und so sind, und die Verhältnisse sind so und so, weil der Mensch so und so ist. Er ist aber nicht nur so vorstellbar, wie er ist, sondern auch anders, so wie er sein könnte, und auch die Verhältnisse sind anders vorstellbar, als sie sind. Damit ist gewonnen, daß der Zuschauer im Theater eine neue Haltung bekommt. Er bekommt den Abbildern der Menschenwelt auf der Bühne gegenüber jetzt dieselbe Haltung, die er als Mensch dieses Jahrhunderts der Natur gegenüber hat. Er wird auch im Theater empfangen als der große Änderer, der in die Naturprozesse und die gesellschaftlichen Prozesse einzugreifen vermag, der die Welt nicht mehr nur hinnimmt, sondern sie meistert. Das Theater versucht nicht mehr, ihn besoffen zu machen, ihn mit Illusionen auszustatten, ihn die Welt vergessen zu machen, ihn mit seinem Schicksal auszusöhnen, Das Theater legt ihm nunmehr die Welt vor zum Zugriff.

Aus: Bertolt Brecht. Schriften zum Theater 3. Frankfurt a.M.: Suhrkamp Verlag 1963, S. 98ff.

- *Lesen Sie den Textauszug „Über experimentelles Theater". Erläutern Sie den Unterschied zwischen epischem und herkömmlichem Theater. Welche Möglichkeiten bietet das epische Theater im Gegensatz zum traditionellen, an Aristoteles orientierten Theater?*
- *Fassen Sie den Inhalt des Textes zusammen und halten Sie in Ihrem Kurs einen Kurzvortrag. Suchen Sie weitere Beispiele.*

Klaus M. Wrede: Die gewerkschaftliche Lohnpolitik in Hochkonjunktur und Depression [Auszug]

Die deutsche Gewerkschaftsbewegung hielt es in Auseinandersetzung mit Karl Marx für ihre Aufgabe, das Solidaritätsgefühl der Arbeiter zu stärken und zum Ausgleich der ausbeuterischen Lohnverhältnisse beizutragen. Durch die allmähliche Abkehr der Sozialdemokratie und der freigewerkschaftlichen Arbeiterbewegung vom Gedankengut der Marx'schen Gesellschaftslehre und durch die Hinwendung zur kapitalistischen Gesellschaftsordnung betrachteten sie sich als Interessenvertretung der Arbeiter.

Die naive Kaufkrafttheorie

1. Das generelle Kaufkraftargument[...]

Das generelle Kaufkraftargument – auch naive Kaufkrafttheorie genannt – spielte schon in den Jahren vor dem Ersten Weltkrieg eine Rolle in der gewerkschaftlichen Lohndiskussion, ohne allerdings zu größerer Bedeutung zu gelangen.
Man argumentierte in recht naiver Weise etwa so, dass eine Lohnerhöhung die Konsumkraft hebe und die Produktion anrege, wodurch eine Vollbeschäftigung aller menschlichen und sachlichen Produktionskräfte sichergestellt werden könne. Die einzige Voraussetzung dafür sei ein genügend intensiver, permanenter Lohndruck der Gewerkschaften auf die Unternehmer.

2. Kritik am generellen Kaufkraftargument

Die naive Kaufkrafttheorie ist aus folgenden Überlegungen heraus unhaltbar:

1. Nicht jede Erhöhung der tariflichen Lohnsätze ist identisch mit einer Steigerung des Volkswirtschaftlichen Gesamt-Lohneinkommens. Überdeckt der beschäftigungspolitische Kontraktionseffekt (Kostensteigerung) den nachfragepolitischen Expansionseffekt (Kaufkraftsteigerung) einer Lohnerhöhung, so schrumpft das Beschäftigungsvolumen der Volkswirtschaft zusammen, anstatt sich auszudehnen.
2. Dass zur Vollbeschäftigung der menschlichen und sachlichen Produktionsmittel deren Komplementarität eine durch Lohndruck nicht zu erfüllende Voraussetzung bildet, wird ebenso übersehen, wie die entscheidende Bedeutung der Kapitalneubildung für den sozialökonomischen Fortschritt.

3. Entscheidend fällt ins Gewicht, dass dasjenige, was den Arbeitern in ihrer Produzenteneigenschaft an Kaufkraft zuwächst, ihnen und anderen in ihrer Eigenschaft als Konsumenten wieder verloren gehen muss. Denn entweder steigen aufgrund der höheren Lohnkosten die Preise in gleichem Maße mit. Dann sind es die Konsumenten, unter ihnen nicht zuletzt die Arbeiter selbst (die ja die größte Konsumentengruppe bilden), die den Kaufkraftverlust zu tragen haben. Oder der Markt lässt eine Überwälzung der zusätzlichen Lohnkosten auf die Preise nicht zu. Dann fällt der Kaufkraftverlust den Unternehmern als Gewinnschmälerung zur Last. Per Saldo der Volkswirtschaft hat sich eine Kaufkraft in keinem Falle erhöht. Es ist lediglich eine Verschiebung in der Person der Nachfragenden und der Art der nachgefragten Güter (früher mehr Produktionsgüter, heute mehr Konsumgüter) eingetreten.

Aus: Klaus M. Wrede: Produktivität und Distribution im Lichte der deutschen gewerkschaftlichen Lehrmeinungen der Weimarer Epoche (1918–1933). Volkswirtschaftliche Schriften. Heft 56, Berlin 1960, S. 81–83

- *Erklären Sie, was unter „naiver Kaufkrafttheorie" verstanden wird.*
- *Versuchen Sie, die Kritik am naiven Kaufkraftargument mit eigenen Worten darzustellen.*

Bertolt Brecht: Das Badener Lehrstück vom Einverständnis [Auszug]

Dieses Lehrstück thematisiert die Beziehung zwischen Individuum und Gemeinschaft, zwischen technischem und sozialem Fortschritt.
Ein abgestürzter Flieger muss über sein Tun Rechenschaft ablegen. Sein Absturz führt letztlich zur Frage nach dem Nutzen gesellschaftlichen Fortschritts und nach dem Wert des Einzelnen innerhalb einer Gemeinschaft. Der Flieger, allein durch seine Faszination der Technik beeinflusst und das Wohl der Gemeinschaft vernachlässigend, kann nach seinem Absturz keine Hilfe von der Gemeinschaft erwarten. Dem Gestürzten wird Hilfe verweigert, er muss sterben. Der Gestürzte hat sich von den Interessen der Gemeinschaft, die er zu Beginn seines Aufbruchs noch präsent hatte, entfernt. Er wird vor seinem Tod über sein Verhalten belehrt; dies übernimmt ein Sprecher des Chores, der die aufgeklärte Seite der Gemeinschaft präsentiert. Das folgende Gleichnis vom Denkenden soll dem Gescheiterten die Wichtigkeit des von ihm Geforderten bewusst machen:

Der Sprecher

1. Wer etwas entreißt, der wird etwas festhalten. Und wem etwas entrissen wird, der wird es auch festhalten. Und wer etwas festhält, dem wird etwas entrissen. Welcher von uns stirbt, was gibt der auf? Der gibt doch nicht nur seinen Tisch oder sein Bett auf! Wer von uns stirbt, der weiß auch, ich gebe auf, was da vorhanden ist, mehr als ich habe, schenke ich weg. Wer von uns stirbt, der gibt die Straße auf, die er kennt, und auch, die er nicht kennt. Die Reichtümer, die er hat, und auch, die er nicht hat. Die Armut selbst. Seine eigene Hand. Wie nun wird der einen Stein heben, der nicht geübt ist? Wie wird der einen großen Stein heben? Wie wird, der das Aufgeben nicht geübt hat, seinen Tisch aufgeben, oder: alles aufgeben, was er hat und was er nicht hat? Die Straße, die er kennt, und auch, die er nicht kennt. Die Reichtümer, die er hat, und auch, die er nicht hat? Die Armut selbst? Seine eigene Hand?
2. Als der Denkende in einen großen Sturm kam, saß er in einem großen Fahrzeug und nahm viel Platz ein. Das erste war, daß er aus seinem Fahrzeug stieg, das zweite war, daß er seinen Rock ablegte, das dritte war, daß er sich auf den Boden legte. So überwand er den Sturm in seiner kleinsten Größe.
[...]
3. Um einen Menschen zu seinem Tode zu ermutigen, bat der eingreifend Denkende ihn, seine Güter aufzugeben. Als er alles aufgegeben hatte, blieb nur das Leben übrig. Gib mehr auf, sagte der Denkende.
4. Wenn der Denkende den Sturm überwand, so überwand er ihn, weil er den Sturm kannte und er einverstanden war mit dem Sturm. Also, wenn ihr das Sterben überwinden wollt, so überwindet ihr es, wenn ihr das Sterben kennt und einverstanden seid mit dem Sterben. Wer aber den Wunsch hat, einverstanden zu sein, der hält bei der Armut. An die Dinge hält er sich nicht! Die Dinge können genommen werden, und dann ist da kein Einverständnis. Auch an das Leben hält er sich nicht. Das Leben wird genommen werden, und dann ist da kein Einverständnis. Auch an die Gedanken hält er sich nicht, die Gedanken können auch genommen werden, und dann ist da auch kein Einverständnis.

Aus: Bertolt Brecht: Stücke. Band 3. Berlin: Aufbau Verlag 1958, S. 299–302

- *Was versteht Brecht hier unter dem Begriff „Einverständnis“?*
- *Gefordert wird das einverständliche Aufgeben all dessen, was dem Menschen genommen werden kann. Vergleichen Sie diese Forderung mit Johannas Entscheidung, sich schließlich vom Proletariat abzuwenden.*

5

Johann Gottfried Herder (1744 – 1803): Briefe[1] zu Beförderung der Humanität

Herder ist als Sprachphilosoph und Geschichtsphilosoph, Theologe, Kunsttheoretiker und Literaturkritiker hervorgetreten. Zu seiner Zeit sehr bekannt waren seine beiden geschichtsphilosophischen Schriften „Ideen zur Philosophie der Geschichte der Menschheit“ (1784 – 1791) und „Briefe zur Beförderung der Humanität“ (1793), die großen Einfluss auf das Denken Goethes und Schillers nahmen.
Goethe hatte Herder in Straßburg kennengelernt. Auf seine Vermittlung hin wurde Herder Generalsuperintendent (das höchste Kirchenamt) und Hofprediger in Weimar.

Sie fürchten, dass man dem Wort Humanität einen Fleck anhängen werde, könnten wir nicht das Wort ändern? Menschheit, Menschlichkeit, Menschenrechte, Menschenpflichten, Menschenwürde, Menschenliebe? Menschen sind wir allesamt und tragen sofern die Menschheit an uns, oder wir gehören zur Menschheit. Leider aber hat man in unserer Sprache dem Wort Mensch und noch mehr dem barmherzigen Wort Menschlichkeit so oft eine Nebenbedeutung von Niedrigkeit, Schwäche und falschem Mitleid angehängt, dass man jenes nur mit einem Blick der Verachtung, dies mit einem Achselzucken zu begleiten gewohnt ist. „Der Mensch!“, sagen wir jammernd oder verachtend und glauben einen guten Menschen aufs Lindeste mit dem Ausdruck zu entschuldigen, „es habe ihn die Menschlichkeit übereilet“. Kein Vernünftiger billigt es, dass man den Charakter des Geschlechts, zu dem wir gehören, so barbarisch hinabgesetzt hat; man hat hiermit unweiser gehandelt, als wenn man den Namen seiner Stadt oder Landsmannschaft zum Ekelnamen machte. Wir also wollen uns hüten, dass wir zu Beförderung solcher Menschlichkeit keine Briefe schreiben. Der Name Menschenrechte kann ohne Menschenpflichten nicht genannt werden; beide beziehen sich aufeinander, und für beide suchen wir ein Wort.
So auch Menschenwürde und Menschenliebe. Das Menschengeschlecht, wie es jetzt ist und wahrscheinlich noch lange sein wird, hat seinem größten Teil nach keine Würde; man darf es eher bemitleiden als verehren. Es soll aber zum Charakter seines Geschlechts, mithin auch zu dessen Wert und Würde gebildet werden. Das schöne Wort Menschenliebe ist so trivial worden, dass man meistens die Menschen liebt, um keinen unter den Menschen wirksam zu lieben. All diese Worte enthalten Teilbegriffe unseres Zwecks, den wir gern mit einem Ausdruck bezeichnen möchten.
Also wollen wir bei dem Wort Humanität bleiben, an welches unter Alten und Neueren die besten Schriftsteller so würdige Begriffe geknüpft haben. Humanität ist der Charakter unsres Geschlechts; er ist uns aber nur in Anlagen angeboren und muss uns eigentlich angebildet werden. Wir bringen ihn nicht fertig auf die Welt mit; auf der Welt aber soll er das Ziel unseres Bestrebens, die Summe unserer Übungen, unser Wert sein; denn eine Angelität[2] im Menschen kennen wir nicht, und wenn der Dämon[3], der uns regiert, kein humaner Dämon ist, werden wir Plagegeister der Menschen. Das Göttliche in unserm Geschlecht ist also Bildung zur Humanität; alle großen und guten Menschen, Gesetzgeber, Erfinder, Philosophen, Dichter, Künstler, jeder edle Mensch in seinem Stande, bei der Erziehung seiner Kinder, bei der Beobachtung seiner Pflichten, durch Beispiel, Werk, Institut und Lehre hat dazu mitgeholfen. Humanität ist der Schatz und die Ausbeute aller menschlichen Bemühungen, gleichsam die Kunst unsers Geschlechtes. Die Bildung zu ihr ist ein Werk, das unablässig fortgesetzt werden muss, oder wir sinken, höhere und niedere Stände, zur rohen Tierheit, zur Brutalität zurück.
Sollte das Wort Humanität also unsre Sprache verunzieren? Alle gebildeten Nationen haben es in ihre Mundart aufgenommen; und wenn unsre Briefe einem Fremden in die Hand kämen, müssten sie ihm wenigstens unverfänglich scheinen; denn Briefe zur Beförderung der Brutalität wird dich kein ehrliebender Mensch wollen geschrieben haben. (1793)

Aus: Johann Gottfried Herder: Briefe zu Beförderung der Humanität. Hrg. Von Walter Beyschlag. Augsburg: Walter Beyschlag Verlag 1946, S. 10 ff.

[1] **Briefe:** Es handelt sich um Briefe an einen fiktiven Adressaten. – [2] **Angelität:** Engelhaftigkeit – [3] **Dämon:** hier: Geist

- *Tragen Sie Aspekte zusammen, die Herder mit dem Begriff „Humanität“ verbindet.*
- *Stellen Sie dar, wie Herder einen besseren Zustand der Menschheit anstreben will.*

Grundzüge der Klassik

Die Literatur der sogenannten „Weimarer Klassik" oder der „Deutschen Klassik", wie sie auch genannt wird, gehört zweifellos in den größeren Rahmen des europäischen, sich auf antike Vorbilder berufenden Klassizismus. Seit Winckelmann [...] war die antike Kunst immer mehr zum strahlend-verklärten Vorbild avanciert. Um sie anzuschauen und nachzuahmen, zog man vor allem nach Rom. Goethe folgte somit einem Trend der Zeit, als er 1786 von Weimar aufbrach und nach Rom fuhr. Der Beginn dieser Reise markiert in der deutschen Literaturgeschichte zugleich den Beginn der „klassischen Periode der deutschen Literatur" deren Ende gewöhnlich mit dem Todesjahr Schillers 1805 angegeben wird. [...]
Im Unterschied zum Begriff des „Klassizismus" drückt das Wort „Klassik" bekanntlich mehr aus als nur das Prinzip eines antikisierenden Kunststils. „Klassik" war und ist die Bezeichnung der Kultur, Kunst und Literatur des griechisch-römischen Altertums selbst – daher z.B. „klassische Philologie". Schon in der Antike hatte das Wort aber daneben auch die Bedeutung des schlechthin Mustergültigen und Normativen. Schließlich wurde es später in verschiedenen Sprachen als Periodenbegriff benutzt, um den Höhepunkt der eigenen Nationalliteratur anzugeben, die in produktiver Nachschöpfung der Antike ihre Eigenart entwickelte.
In Deutschland setzte sich der Begriff „Klassik" vor allem in Bezug auf die Dichtung des reifen Goethe und Schiller um die Mitte des 19. Jahrhunderts durch. Dabei war zweifellos nationales Wunschdenken im Spiel. Eine politisierende Literaturgeschichtsschreibung wollte mit dieser Terminologie nicht nur die Glanzzeit der deutschen Literatur in nationalem Stolz hervorheben, sondern auch die kulturpolitische Einheit Deutschlands zu einer Zeit betonen, da die politischen Einheitsbestrebungen als gescheitert galten. Seitdem ist der Periodenbegriff der Klassik ein fester, wenn auch umstrittener Bestandteil der deutschen Literaturgeschichte. Der Begriff des Klassizismus erfuhr dabei eine entsprechende Abwertung, indem er die bloße Nachahmung der Antike und eine daraus abgeleitete verstandesmäßige, ästhetische Doktrin bezeichnet, wie sie seit der Renaissance in verschiedenen Ländern Europas mehrfach zu beobachten sind, in Deutschland etwa am Anfang des 18. Jahrhunderts bei Gottsched u.a. [...]
Zu den wichtigsten Ideen der deutschen Klassik gehört die Vorstellung von der Autonomie der Kunst. Danach soll das Kunstwerk ausschließlich den ihm eigenen immanenten Gesetzen folgen und keinen von außen herangetragenen Begriffen oder Ideen und keinem Nützlichkeitsdenken unterworfen sein. Damit hatte die in der Aufklärung so beliebte Formel des „prodesse et delectare"[1] ihre Gültigkeit verloren. Dieser Gedanke, dass das Kunstwerk ein für sich bestehendes und in sich vollendetes Ganzes sei, liegt z.B. der Schrift Über die bildende Nachahmung des Schönen (1788) zugrunde, die Karl Philipp Moritz in gemeinsamer Gedankenarbeit mit Goethe in Rom geschrieben hatte und die dann später von Goethe in der Italienischen Reise abgedruckt wurde. Den gleichen Gedanken finden wir aber auch in Schillers Briefen an den Freund Körner aus dem Jahre 1788 und vor allem in Kants ästhetischem Hauptwerk Kritik der Urteilskraft aus dem Jahre 1790 [...].
So wichtig wie die Idee der Autonomie für die Ästhetik war die Idee der Humanität für die Anthropologie und Ethik der deutschen Klassik. Wie die Kunst wurde auch der Mensch als ein autonomer Wert an sich, losgelöst von jedem Zweckdenken, aufgefasst. Lessings Nathan der Weise (1779), Goethes Iphigenie auf Tauris (1787), Schillers Don Karlos (1787) verkünden alle das Evangelium der reinen Menschlichkeit jenseits amoralischer Ichsucht und politischer Machtgier. Hier begegnen sich Aufklärung und Klassik, ja der Humanitätsglaube der Aufklärung erreicht in der deutschen Klassik geradezu seinen idealistischen Höhepunkt.
Charakteristisch für die stilisierende und idealisierende Tendenz der Klassik ist die äußere Form dieser Dramen. Sowohl Iphigenie als auch Don Karlos waren zunächst in Prosa geschrieben wie alle Dramen des Sturm und Drang, wurden aber nachträglich in die gleiche Versform wie Lessings Nathan (Blankvers) umgegossen als die der Idealität klassischer Dramen gemäße Form. Der derbe und drastische Realismus des Sturm und Drang, der die Jugenddramen Goethes und Schillers charakterisiert, war damit dem typisierenden und symbolisierenden Stil der Klassik gewichen. Das Individuelle und „Charakteristische" tritt im dichterischen Stil und in der ästhetischen Theorie hinter das Allgemeine zurück. In Schillers schonungsloser Kritik von Bürgers lyrischem Stil (Über Bürgers Gedichte, 1791) wie in Goethes Abhandlung von 1789, Einfache Nachahmung der Narren, Manier, Stil, manifestiert sich diese neue Kunstauffassung, die u.a. eine klare Distanzierung gegenüber den eigenen Jugendwerken bedeutete. Neben „Autonomie", „Humanität" und „Idealität" gehörte auch „Bildung" als

[1] prodesse et delectare: (lat.) „nützen und erfreuen"

das Ideal einer harmonisch-organischen Entwicklung autonomer Menschlichkeit zu den Basiskonzepten der Weimarer Klassik. Ästhetisches, Moralisches und Pädagogisches verbinden sich hier zu einer Idealvorstellung, die der utopischen Züge nicht entbehrt.

Aus: Geschichte der deutschen Literatur. Bd. 1: Vom Mittelalter bis zur Romantik, hrsg. von Sengt Algol Sorensen. München: Verlag CH. Beck 1997, S. 252 ff. (= Beck'sche Reihe 121 6)

■ *Arbeiten Sie die Merkmale der Klassik heraus. Erstellen Sie gegebenenfalls eine Mindmap und präsentieren Sie Ihre Ergebnisse in einem Kurzvortrag.*

Gunst und Güte der reichen Männer

Ausgehend vom philanthropischen Wirken des amerikanischen Multimillionärs Andrew Carnegie (1835–1919), der in der Stahlbranche tätig war, wird die Verlogenheit seiner Wohltätigkeit beleuchtet.

In den Annalen des amerikanischen Kapitalismus gibt es kein bemerkenswerteres Beispiel von einem Multimillionär, der seinen Namen fortpflanzt und den Beifall der ganzen Welt gewinnt, indem er ungeahnte Summen für öffentliche Zwecke stiftet – als Andrew Carnegie. Noch vor wenigen Jahrzehnten sah man in der Stiftung von einer Million Dollar, oder auch eines Teils davon, für wohltätige, religiöse oder erziehliche Zwecke durch einen Multimillionär eine Großtat. Mit der üblichen Phrase des Tages begrüßte man sie als „fürstliche Gabe" und pries den Stifter als freigebigen Philanthropen. Manche Leute sprachen freilich den Verdacht aus, er würde sich für seine Verschwendung schon schadlos halten, indem er die Preise für die Waren erhöhen oder dem Volke eine andere Form industrieller Besteuerung auferlegen würde. Aber diese zynische Haltung war weder üblich noch populär. Die Kreise, die von der Gunst und Güte der reichen Männer profitierten, waren ja gerade diejenigen, welche die öffentliche Meinung beherrschten. Kirchen, Universitäten, Verleger und Politiker waren dem Reichtum im großen Ganzen ebenso unterwürfig wie heutzutage.

Nun zeigte sich unwandelbar immer wieder dieselbe Erscheinung: wie rücksichtslos und brutal die Laufbahn des Multimillionärs auch gewesen war, durch was für fortlaufende Betrügereien und Räubereien er sein Vermögen auch erworben haben mochte – sobald er einen Bruchteil davon für philanthropische Zwecke weggab, durchlief sein Charakter, soweit das breite Publikum in Betracht kommt, eine vollständige Wandlung. Man bezeichnete ihn nicht länger als den gierigen Räuber; die Stimmen derer, die sein Siegeswagen zermalmt hatte, wurden von dem lauten Lobgeschrei übertönt, das seinen Wohltaten folgte. Seine Opfer wurden begraben, und der Bericht von seinen Missetaten wurde obskuren Strafregistern anvertraut, die mehr und mehr in Vergessenheit gerieten. Die Bibliothek aber und das Hospital, die er gebaut, oder das Asyl und die Universität, die er gegründet oder beschenkt hatte, dauerten fort als sichtbare, bleibende Zeugnisse seiner philanthropischen Güte.

So war die soziale Absolution, so war der erhebliche Glanz aristokratischer Gesinnung leicht zu gewinnen. Und gleichzeitig wurden weit größere Vorteile für die ganze Kapitalistenklasse erzielt: die Institutionen, die die Schenkungen der großen Kapitalisten annahmen, wurden dadurch der sozialen Ordnung, die diese großen Vermögen erzeugte, noch ergebener. Die direkten Schenkungen baren Geldes waren bindend genug; noch bindender aber waren die Schenkungen von Aktien und Anteilen, wodurch Kirchen, Universitäten und andere Institutionen interessierte Verteidiger des Systems wurden, das den „sicheren Papieren", aus denen ein so großer Teil ihres Einkommens floss, ihren Wert verlieh.

Bertolt Brecht: Die heilige Johanna der Schlachthöfe, in: Staatstheater Darmstadt, Spieljahr 1988, S. 100–101

- *Notieren Sie stichpunktartig die wichtigsten Aussagen des Textes.*
- *Wie wird in diesem Text ein Philanthrop dargestellt?*
- *Überprüfen Sie, inwiefern diese Darstellung mit dem Verhalten Maulers übereinstimmt.*

Die Lage der Arbeitslosen

Der amerikanische Publizist Hubert Renfro Knickerbocker (1898 – 1949) schildert die Not der Arbeiter in Berlin im Jahre 1931:

Nach den Angaben des Arbeitsamtes in Neukölln beträgt der Reichsdurchschnitt der Unterstützung, die ein beschäftigungsloser Arbeiter mit Frau und Kind bezieht, 51 Mark im Monat. Gemäß den Berechnungen dieser offiziellen Stelle kommen Miete, Beleuchtung, Beheizung und unvermeidliche Nebenausgaben auf ein unerbitterliches Minimum von 32 Mark und 50 im Monat. Für die Ernährung dreier Menschen bleiben also 18 Mark 50 im Monat übrig. [...] Nach einer Statistik des Arbeitsamtes kann der Berliner Unterstützungsempfänger 45 Pfund Brot für 6 Mark kaufen; einen Zentner Kartoffeln für 2 Mark 50; 9 Pfund Margarine für 3 Mark; 15 Liter Milch für 4 Mark 50; 20 Pfund Kohl für 2 Mark; 10 Heringe, Salz und Zucker für 1 Mark – und damit wären seine 18 Mark 50 aufgebraucht. Das bedeutet täglich ein halbes Brot, ein Pfund Kartoffeln, 100 Gramm Kohl, fünfzig Gramm Margarine und dreimal im Monat einen Hering pro Kopf.

Aufgrund dieser Berechnung habe ich in meiner eigenen Küche die Tagesverpflegung einer Person ausgewogen.

Das Rohmaterial für drei Mahlzeiten [besteht aus einer mitteldicken] Scheibe Brot, einem Stückchen Kohl, das ungefähr faustgroß ist, und einem Stückchen Margarine von etwa 16 Kubikzentimetern. Das ist die Wochentagsration, und an drei Sonntagen im Monat kann jeder Erwachsene außerdem noch einen Hering essen, während das Kind jeden Sonntag einen Hering essen und wohl täglich einen halben Liter Milche bekommen kann.

Hubert Renfro Knickerbocker: Die Lage der Arbeitslosen. In: ders.: Deutschland so oder so? Berlin 1932. Zit. nach: Hans-Jürgen Lendzian (Hrg.): Zeiten und Menschen 3. Paderborn: Schöningh Verlag 2009, S. 89

- *Wie wirkte sich die Wirtschaftskrise auf den Alltag der Menschen aus?*
- *Vergleichen Sie die vorgesehene Tagesration, die der Text gibt, mit Ihrem eigenen Konsum.*

Bertolt Brecht: Erklärung des Sinns der „Heiligen Johanna der Schlachthöfe“

In seinen Schriften zum Theater setzt sich Brecht mit dem Anspruch seines Schauspiels „Die heilige Johanna der Schlachthöfe“ auseinander und er klärt die Wirkungsabsicht und Intention.

In Zeiten, wo für sehr große Massen des Volkes das herrschende gesellschaftliche System, das Arbeit und Broterwerb regelt, unerträgliche Härten verursacht, kann es nicht wundernehmen, wenn diese Massen (selber oder durch den Mund derer, die für sie sprechen) die großen geistigen Systeme überprüfen, welche die Lebenshaltung in moralischer und religiöser Hinsicht zu gestalten suchen. Für die Institutionen, die diese Systeme vertreten, wie die Kirchen, Schulen usw., stellt sich das so dar: Riesige Teile der Arbeiterschaft, unzufrieden mit dem herrschenden gesellschaftlichen System, erklären diese Institutionen für organisatorisch und geistig verknüpft und verbündet mit der gesellschaftlichen Ordnung, die für sie keine Lebensmöglichkeit mehr schafft, und wenden sich von bestimmten religiösen und moralischen Gedankengängen ab.

Aus: Bertolt Brecht: Schriften zum Theater 2. Frankfurt: Suhrkamp Verlag 1963, S. 140

- *Welche Sicht haben die Arbeiter auf das Unrechtsregime?*
- *Wie beurteilen die Vertreter des herrschenden Systems die Reaktionen der Arbeiter?*

Bertolt Brecht: Ist „Die heilige Johanna der Schlachthöfe“ ein realistisches Werk?

Inwiefern es sich bei der Handlung im Drama „Die heilige Johanna der Schlachthöfe“ um ein realistisches Abbild der Gesellschaft handelt, thematisiert Brecht im folgenden Textauszug

Leute, die sich über den Unterschied zwischen Realismus und Materialismus nicht klar sind, werden dieses Werk kaum für ein realistisches halten. Es ist sogar fraglich, ob sie es als ein materialistisches Werk bezeichnen würden. Schon das Formale würde sie wohl täuschen.

Außer den stofflichen Komplexen sind nämlich auch noch gewisse historische Darstellungsweisen der Stoffelemente ausgestellt, so daß das Werk unter anderm auch zu einer Untersuchung verschiedener Darstellungsweisen wird, ein zweifellos verwirrender Umstand! Die Verbundenheit einer bestimmten Handlungsweise der Menschen mit ihrer Ausdrucksweise (die sie in der Kunst findet – siehe besonders die Schlußszene!) mag verwirren, aber auf diese Weise werden bestimmte Darstellungsweisen zerstört, indem ihre soziale Funktion gezeigt wird, und das ist realistisch gehandelt!

Nun ist aber schon Stilisierung[1] selber ein Moment, das unrealistisch wirkt, besonders, wenn die Jetztzeit stilisiert erscheint. (Ältere Dichtungen wirken auch, wenn sie starke Stilisierung enthalten, oft noch realistisch.) Die Vorgänge spielen sich in der Natur tatsächlich erkennbar anders ab, erkennbar anders, weil sie nicht nur mit den unmerklichen Verkürzungen der üblichen perspektivischen Zeichnung dargestellt werden. Ein Moment der Mannigfaltigkeit fehlt in der Stilisierung, das in der Realität da ist. Es ist entfernt, weil Vieldeutigkeit nicht geduldet werden soll, aber Vieldeutigkeit ist ebenfalls ein Moment der Realität! Tatsächlich ergibt Stilisieren ohne Dialektik[2] keine realistischen Werke. Ein gewisses leichtfertiges Abstrahieren ist nicht Sache eines Realisten. Dennoch abstrahiert er. Die Formel „Verwandlung des imperialistischen Krieges in den Bürgerkrieg“, der die Formel „Imperialistischer Krieg als eine Erscheinung des Bürgerkriegs“ zugrunde liegt, ist eine Stilisierung. Erst ihre nähere Konkretisierung zeigt den Realisten, ihre Verknüpfung mit der Praxis, der eigenen und fremden, ist Realismus.

Untersuchungen über die Wirksamkeit etwa des Verhaltens des Johanna-Mauler-Typus in unserer Zeit sind zweifellos Unternehmungen von Realisten auch dann, wenn das Feld, auf dem sie sich auswirkt, konstruiert ist.

Aus: Bertolt Brecht: Schriften zum Theater 2. Frankfurt: Suhrkamp Verlag 1963, S. 141 – 142

[1] nach einem bestimmten Ideal oder Muster geformte Darstellung

[2] Gegensätzlichkeit

■ *Beantworten Sie auf der Grundlage des Textes folgende Frage: Inwiefern ist „Die heilige Johanna der Schlachthöfe“ ein realistisches Werk?*

Klausur 1 (Text und Bewertungsbogen)

Bertolt Brecht: Die heilige Johanna der Schlachthöfe [Auszug Szene 12]

JOHANNA *während sie von den Mädchen wieder in die Uniform der Schwarzen Strohhüte eingekleidet wird:*
Wieder beginnt das Lärmen der Betriebe, man hört es.
Und versäumt ist wieder
Ein Einhalt.
Wieder läuft
Die Welt die alte Bahn unverändert.
Als es möglich war, sie zu verändern
Bin ich nicht gekommen: als es nötig war
Daß ich kleiner Mensch half, bin ich
Ausgeblieben. [...]

JOHANNA: Geredet habe ich auf allen Märkten
Und der Träume waren unzählige, aber
Den Geschädigten war ich ein Schaden
Nützlich war ich den Schädigern.

DIE SCHWARZEN STROHHÜTE:
Ach, es bleibt am Ende alle
Mühe Stückwerk unbeseelt
Wenn der Stoff dem Geiste fehlt. [...]

JOHANNA: Eines habe ich gelernt und weiß es für euch
Selber sterbend:
Was soll das heißen, es ist etwas in euch und
Kommt nicht nach außen! W a s wißt ihr wissend
Was keine Folgen hat?
Ich zum Beispiel habe nichts getan.
Denn nichts werde gezählt als gut, und sehe es aus wie immer, als was
Wirklich hilft, und nichts gelte als ehrenhaft mehr, als was
Diese Welt endgültig ändert: sie braucht es.
Wie gerufen kam ich den Unterdrückern!
Oh, folgenlose Güte! Unmerkliche Gesinnung!
Ich habe nichts geändert.
Schnell verschwindend aus dieser Welt ohne Furcht
Sage ich euch:
Sorgt doch, daß ihr eine Welt verlassend
Nicht nur gut wart, sondern verlaßt
Eine gute Welt!

GRAHAM: Man muß dafür sorgen, daß ihre Reden nur durchgelassen werden, wenn sie vernünftig sind. Wir dürfen nicht vergessen, daß sie auf den Schlachthöfen gewesen ist.

JOHANNA: Denn es ist eine Kraft zwischen oben und unten, größer als
Zwischen dem Berg Himalaja und dem Meer
Und was oben vorgeht
Erfährt man unten nicht
Und nicht oben, was unten vorgeht.
Und es sind zwei Sprachen oben und unten
Und zwei Maße zu messen
Und was Menschengesicht trägt
Kennt sich nicht mehr.

DIE SCHLÄCHTER UND VIEHZÜCHTER *sehr laut, so daß Johanna überschrien wird:*
Soll der Bau sich doch erheben

Muß es Unten und Oben geben.
Darum bleib an einem Ort
Jeder, wo er hingehört.
Fort und fort
Tue er das ihm Gemäße
Da er, wenn er sich vergäße
Unsre Harmonien stört.
Unten ist der Untere wichtig
Oben ist der Richtige richtig.
Wehe dem, der je sie riefe
Die unentbehrlichen
Aber begehrlichen
Die nicht zu missenden
Aber es wissenden
Elemente der untersten Tiefe!
JOHANNA: Die aber unten sind, werden unten gehalten
Damit die, die oben sind, oben bleiben.
Und der Oberen Niedrigkeit ist ohne Maß
Und auch wenn sie besser werden, so hülfe es
Doch nichts, denn ohnegleichen ist
Das System, das sie gemacht haben:
Ausbeutung und Unordnung, tierisch und also
Unverständlich.
DIE SCHWARZEN STROHHÜTE *zu Johanna:* Du mußt gut sein! Du mußt schweigen!

Aus: Bertolt Brecht: Die heilige Johanna der Schlachthöfe. Suhrkamp Verlag, 2001, S. 141 ff.

Johann Gottfried Herder: Aus den „Briefen zu Beförderung der Humanität"

Humanität ist der *Charakter unsres Geschlechts*; er ist uns aber nur in Anlagen angeboren und muss uns eigentlich angebildet werden. Wir bringen ihn nicht fertig auf die Welt mit; auf der Welt aber soll er das Ziel unseres Bestrebens, die Summe unsrer Übungen, unser Wert sein; denn eine *Angelität*[1] im Menschen kennen wir nicht, und wenn der Dämon, der uns regiert, kein humaner Dämon ist, werden wir Plagegeister der Menschen. Das *Göttliche* in unserm Geschlecht ist also *Bildung zur Humanität*, alle großen und guten Menschen, Gesetzgeber, Erfinder, Philosophen, Dichter, Künstler, jeder edle Mensch in seinem Stande, bei der Erziehung seiner Kinder, bei der Beobachtung seiner Pflichten, durch Beispiel, Werk, Institut und Lehre hat dazu mitgeholfen. Humanität ist der Schatz und die Ausbeute aller menschlichen Bemühungen, gleichsam die *Kunst unsres Geschlechts*. Die Bildung zu ihr ist ein Werk, das unablässig fortgesetzt werden muss, oder wir sinken, höhere und niedere Stände, zur rohen Tierheit, zur *Brutalität* zurück.

Aus: Herders Werke in fünf Bänden. Berlin/Weimar: Aufbau Verlag 1978, S. 76

[1] Angelität (von lat. angelus: der Engel): Engelhaftigkeit

- *Analysieren Sie das vorliegende Bild aus dem Schauspiel „Die heilige Johanna der Schlachthöfe". Untersuchen Sie dabei, wie die Figuren Johanna, Graham, die Schwarzen Strohhüte und die Viehzüchter und Schlächter konzipiert sind.*
  Gehen Sie dazu auf den Gesprächsverlauf, die Sprache und die Handlungsabsichten der Figuren ein. Deuten Sie die Szene im Gesamtzusammenhang des Dramas.
- *Erläutern Sie auf der Grundlage Ihrer Analyseergebnisse, inwiefern sich Johannas Menschenbild verändert hat. Beziehen Sie Herders Überlegungen in Ihre Ausführungen mit ein.*

Bewertungsbogen für ______________________________

1. Verstehensleistung

Teilaufgabe 1 Die Schülerin/der Schüler	maximale Punktzahl	erreichte Punkte
formuliert eine **funktionalisierte Einleitung**: Autor, Titel, Entstehungszeit, Epoche, Gattung, aufgabenbezogen	3	
stellt die **Vorgeschichte** der Szene dar: • Vorhaben Johannas: Änderung des kapitalistischen Systems durch idealistische Vorstellungen • dreimaliger Gang in die Tiefe, um die Ursachen der Armut herauszufinden • Erkenntnis Johannas, im Klassenkampf versagt zu haben	4	

stellt den **Inhalt** der Szene dar:
• Johannas Reaktion auf ihr Versagen und ihre Erkenntnis:
  • Selbstvorwurf; es hat keine Systemänderung gegeben
  • die Welt braucht Veränderung
  • Aufruf zur Veränderung
• Grahams Einschreiten zur Verhinderung von Johannas Appell
• Klassenunterschiede, die sich nicht aufheben lassen; Entfremdung des Menschen vom Menschen
• Gegenstimmen der Schlächter und Viehzüchter als Vertreter des kapitalistischen Systems
	9	

untersucht das **Gesprächsverhalten** der Figuren, etwa: • Johanna: geplagt von Selbstvorwürfen, unveränderte Verhältnisse, verpasste Chance zur Veränderung; Erkenntnis, den Bedürftigen nicht geholfen und die Mächtigen unterstützt zu haben; Handeln und Wissen müssen Folgen haben; Veränderung der Welt notwendig, Klassengegensätze führen zu unmenschlichem Verhalten; Anklage an die Herrschenden als Vertreter eines ausbeuterischen Systems • Graham: kritische Bewertung von Johannas Aussagen aus Angst vor eigenen Repressalien • Schlächter und Viehzüchter: Verteidigung des herrschenden Systems; Notwendigkeit von „Unten und Oben“ (V. 52) • Schwarze Strohhüte: Zweifel an grundlegender Veränderung; Aufforderung an Johanna „Du mußt gut sein“ (V. 75) als Ausdruck ihrer kapitalistischen Gesinnung	9	

untersucht die **Handlungsabsichten** der Figuren, etwa:
• Johanna:
  • Eingeständnis von Schuld
  • Einblick in den Aufbau des kapitalistischen Systems führt zum Willen nach Veränderung
  • Appell zur Veränderung der Welt bzw. des Systems
  • Eingeständnis ihrer Machtlosigkeit gegenüber den Mächtigen
• Graham/Schlächter und Viehzüchter:
  • Interesse am Erhalt des Systems in dem Wissen um Ausnutzung und Ausbeutung von Menschen
	9	

erläutert **zusammenfassend** die Konzeption der Figuren, etwa: • Johanna als sich schuldig Bekennende und von Gewissensbissen Geplagte; Erkenntnisgewinn, dass eine idealistische Einstellung nicht zur Systemänderung führt • Graham/Schlächter und Viehzüchter zeigen, dass die Realität des Wirtschaftslebens mit Idealismus nichts zu tun hat	6	

erläutert die **sprachliche Gestaltung**, etwa: • Selbsteinschätzung Johannas als „kleiner Mensch" (V. 10), der nichts bewirken könne, steht im Gegensatz zu Brechts Vorstellung von dem Einzelnen als Veränderer • Dialektik von Reich und Arm entspricht marxistischer Lehre, z. B. „Geschädigte" vs. „Unterdrücker" (vgl. V. 14, V. 29); „oben" vs. „unten" (V. 42 f.) • Appelle als Ausdruck politischer Position zum Systemerhalt vs. zur Systemänderung: „Sorgt doch [...] verlaßt/Eine gute Welt" (V. 34 f.) vs. „Man muß dafür sorgen, daß ihre Reden nur durchgelassen werden, wenn sie vernünftig sind" (V. 37 f.) • Darstellung in Versen als episches Element der Verfremdung mit dem Ziel, das humanistische Menschenbild im Sinne Herders, Schillers und Goethes als utopisches zu entlarven	5	
deutet die **Funktion der Szene** im Gesamtzusammenhang des Dramas, etwa: • Johannas menschliches und politisches Versagen • humanistisches Denken und Handeln führt zu keiner Systemveränderung • das kapitalistische System basiert auf der Dialektik von Arm und Reich, von oben und unten	3	
erfüllt ein weiteres aufgabenbezogenes Kriterium (5).		
Summe 1. Teilaufgabe	**48**	

Teilaufgabe 2 **Die Schülerin/der Schüler**	**maximale Punktzahl**	**erreichte Punkte**
formuliert eine inhaltsbezogene Überleitung	3	
erläutert den Humanismusbegriff Herders, etwa: • Humanität ist „der Charakter unsres Geschlechts" (Z. 1); „Ziel unseres Bestrebens" (Z. 5); „unser Wert" (Z. 6); „Kunst unsres Geschlechts" (Z. 17 f.), die Bildung zur Humanität ist „das Göttliche in unserem Geschlecht" (Z. 9 f.) • der humane Charakter ist „nur in Anlagen angeboren" (Z. 2) und muss daher durch unaufhörliches Bemühen zur Entfaltung gebracht werden, um nicht in die „rohe Tierheit" (Z. 20) und „Brutalität" (Z. 21) zurückzufallen	9	
erläutert Johannas Erkenntnis, etwa: • Anlagen zur Humanität können nicht bzw. nur eingeschränkt durch Erziehung entfaltet werden, die Sozialisation eines Menschen, das gesellschaftliche Sein bestimmt Denken und Handeln • Vorstellung von einem dem Humanismus entsprechenden Menschenideal ist eine Utopie; der Einzelne steht dabei im Mittelpunkt, eine Veränderung gesellschaftlicher Verhältnisse scheitert • Humanität und Kapitalismus widersprechen sich • in der historischen Realität ist für diese Utopie kein Platz	12	
erfüllt ein weiteres aufgabenbezogenes Kriterium (5).		
Summe 2. Teilaufgabe	**24**	
Summe Verstehensleistung	**72**	

2. Darstellungsleistung

Die Schülerin/der Schüler	maximale Punktzahl	erreichte Punkte
strukturiert ihren/seinen Text kohärent, schlüssig, stringent und gedanklich klar: • angemessene Gewichtung der Teilaufgaben in der Durchführung • gegliederte und angemessen gewichtete Anlage der Arbeit • schlüssige Verbindung der einzelnen Arbeitsschritte • schlüssige gedankliche Verknüpfung von Sätzen	6	
formuliert unter Beachtung der fachsprachlichen und fachmethodischen Anforderungen: • Trennung von Handlungs- und Metaebene • begründeter Bezug von beschreibenden, deutenden und wertenden Aussagen • Verwendung von Fachtermini in sinnvollem Zusammenhang • Beachtung der Tempora • korrekte Redewiedergabe (Modalität)	6	
belegt Aussagen durch angemessenes und korrektes Zitieren: • sinnvoller Gebrauch von vollständigen oder gekürzten Zitaten in begründender Funktion	3	
drückt sich allgemeinsprachlich präzise, stilistisch sicher und begrifflich differenziert aus: • sachlich-distanzierte Schreibweise • Schriftsprachlichkeit • begrifflich abstrakte Ausdrucksfähigkeit	5	
formuliert lexikalisch und syntaktisch sicher, variabel und komplex (und zugleich klar).	5	
schreibt sprachlich richtig	3	
Summe Darstellungsleistung	28	

Gravierende Verstöße gegen die sprachliche Richtigkeit und äußere Form führen zu Punktabzug um ...

einen Notenpunkt [ ] **zwei Notenpunkte [ ]**

Bewertung:	maximale Punktzahl	erreichte Punkte
Summe insgesamt (Verstehens- und Darstellungsleistung):	100	

Note	Punkte	erreichte Punktezahl
sehr gut plus	15	100 – 95
sehr gut	14	94 – 90
sehr gut minus	13	89 – 85
gut plus	12	84 – 80
gut	11	79 – 75
gut minus	10	74 – 70
befriedigend plus	9	69 – 65
befriedigend	8	64 – 60
befriedigend minus	7	59 – 55
ausreichend plus	6	54 – 50
ausreichend	5	49 – 45
ausreichend minus	4	44 – 39
mangelhaft plus	3	38 – 33
mangelhaft	2	32 – 27
mangelhaft minus	1	26 – 20
ungenügend	0	19 – 0

Klausur 5 (Text und Bewertungsbogen)

Bertolt Brecht: Die heilige Johanna der Schlachthöfe [Auszug Szene 2d]

VOR DEN LENNOXSCHEN FLEISCHFABRIKEN

[...]

Ein Arbeiter kommt gelaufen.

DER ARBEITER:
Frei wurde eben ein Arbeitsplatz!
Drüben winkt er, der lohnende
In der fünften Fabrik!
Äußerlich ist er ein Abtrittsloch.
Lauft!

Drei Arbeiter lassen die vollen Teller stehen und laufen weg.

JOHANNA: Hallo, ihr, wo lauft ihr denn hin? Wenn man euch von Gott erzählt! Das wollt ihr nicht hören! Was?!

EIN MÄDCHEN VON DEN SCHWARZEN STROHHÜTEN:
Die Suppe ist aus.

DIE ARBEITER:
Das Süppchen ist aus
Fettlos war es und wenig, aber
Besser wie nichts.

Alle wenden sich ab und stehen auf.

JOHANNA: Ja, bleibt aber nur sitzen, das schadet gar nichts, die große himmlische Suppe nämlich, die geht nicht aus.

DIE ARBEITER:
Wann endlich werdet ihr
Aufmachen eure Schabekeller
Ihr Menschenmetzger?

Es bilden sich Gruppen.

EIN MANN:
Wie bezahl ich mein Häuschen jetzt, das schmucke feuchte
In dem wir zu zwölft sind? Siebzehn
Raten hab ich bezahlt und verfällt jetzt die letzte:
Werfen sie uns auf die Straße, und nimmermehr
Sehen wir den gestampften Boden mit dem gelblichen Gras
Und nie mehr atmen wird
Die gewohnte verpestete Luft.

EIN ZWEITER MANN *in einem Kreis:*
Da stehen wir mit Händen wie Schaufeln
Und Nacken wie Rollwagen und wollen verkaufen
Die Hände und Nacken
Und niemand erwirbt sie.

DIE ARBEITER:
Und unser Werkzeug, ein riesiger Haufen
Dampfhämmer und Kräne
Versperrt hinter Mauern!

JOHANNA: Ja, was ist denn? Jetzt wenden die sich einfach weg! So, habt ihr jetzt gegessen? Wohl bekomm's und danke. Warum habt ihr denn bis jetzt zugehört?

EIN ARBEITER: Für die Suppe.

JOHANNA: Wir fahren fort. Singet!

Die Schwarzen Strohhüte *singen:*
Geht hinein in die Schlacht
Wo das Gewühl am stärksten ist!
Singet nur, singet mit Macht! Noch ist es Nacht!
Aber der Morgen kommt schon mit Macht!
Bald auch zu euch kommt der Herr Jesus Christ.
Eine Stimme *hinten:* Bei Mauler gibt's noch Arbeit!
Die Arbeiter bis auf wenige Frauen ab.
Johanna *finster*: Packt die Musikinstrumente zusammen. Habt ihr gesehen, wie
Sie fortliefen, als die Suppe aus war!
Das erhebt sich nicht höher als
Bis zu einer Schüssel Rand. Das
Glaubt an nichts mehr, was es nicht
In seiner Hand hat – wenn's an die Hand glaubt.
Lebend von Minute zu Minute unsicher
Können die sich nicht mehr erheben
Vom niedersten Boden. Denen
Ist nur mehr der Hunger gewachsen. Sie
Berührt kein Lied mehr, zu ihnen dringt
In solche Tiefe kein Wort.
Zu den Umstehenden:
Wir Schwarzen Strohhüte kommen uns vor, als sollten wir mit unsern Löffeln einen hungernden Erdteil sättigen.
Die Arbeiter kommen zurück. Geschrei von fern.
Die Arbeiter *vorn*: Was ist das für ein Geschrei? Ein riesiger Strom von Leuten aus der Richtung der Packhöfe!
Stimme *hinten:*
Auch Mauler und Cridle schließen!
Die Maulerschen Fabriken sperren aus!
Die zurückflutenden Arbeiter:
Laufend nach Arbeit, begegneten wir auf halbem Wege
Einem ganzen Strom von Verzweifelten
Die ihre Arbeit verloren hatten und
Uns nach Arbeit fragten.
Ein Arbeiter *vorn:*
Wehe! Auch von dort kommt ein Zug Menschen!
Unübersehbar! Auch Mauler
Hat geschlossen. Wohin mit uns?
Die Schwarzen Strohhüte *zu Johanna:* Komm jetzt mit. Wir sind durchfroren und naß und müssen essen.
Johanna: Dann will ich aber wissen, wer an all dem schuld ist.

Aus: Bertolt Brecht: Die heilige Johanna der Schlachthöfe. Frankfurt a. M.: Suhrkamp Verlag, S. 17 f.

- *Analysieren Sie die vorliegende Szene aus dem Schauspiel Brechts „Die heilige Johanna der Schlachthöfe". Untersuchen Sie dabei, wie die einzelnen Figuren konzipiert sind. Gehen Sie dazu auf den Gesprächsverlauf, die Sprache und die Handlungsabsichten der Figuren ein. Deuten Sie die Funktion der Szene im Gesamtzusammenhang des Schauspiels.*
- *Johanna äußert am Ende ihres Monologs: „Sie/Berührt kein Lied mehr, zu ihnen dringt/In solche Tiefe kein Wort." Erläutern Sie diese Aussage in der Tragweite für ihren weiteren Erkenntnisprozess. Berücksichtigen Sie auch Johannas zugrunde liegendes Menschenbild.*

Bewertungsbogen für ______________________

1. Verstehensleistung

Teilaufgabe 1 Die Schülerin/der Schüler	maximale Punktzahl	erreichte Punkte
formuliert eine **aufgabenbezogene Einleitung** unter Berücksichtigung von Autor, Titel, Textsorte, Zeit.	3	
stellt kurz den **Inhalt der Szene** dar: • Die Schwarzen Strohhüte verteilen Suppe vor den Schlachthöfen • Die Arbeiter sind unzufrieden über die Schließung der Schlachthöfe; unterschiedliche, individuelle Einwände werden in ihrer Unterhaltung deutlich • Johanna findet wenig Gehör bei den Arbeitern • Dem Gerücht, es gebe freie Arbeitsplätze, glauben die Arbeiter und verlassen Johanna; sie laufen weg • Johanna erkennt die Existenznot der Arbeiter und will die Gründe für die Armut wissen	3	
untersucht auf **inhaltlicher** Ebene die **Gestaltung der Figur der Johanna** im Hinblick auf ihren Anspruch, den Arbeitern zu helfen: <u>Johanna</u> • versucht, zu trösten und zu ermutigen, ihre Situation auszuhalten; die „himmlische Suppe“ (Z. 15 – 16) gehe nie aus im Gegensatz zur tatsächlichen Suppe, die real nicht mehr ausgeteilt werden kann • zeigt Unverständnis darüber, dass sich die Arbeiter nach dem Essen abwenden und dem Ruf, es gebe Arbeitsplätze, folgen • erkennt ihre Hilflosigkeit in dieser Situation	9	

untersucht auf **inhaltlicher** Ebene die **Gestaltung der Figuren der Arbeiter**:
<u>Die Arbeiter</u>
• warten auf freie Arbeitsplätze
• sind angewiesen auf die Suppe der Schwarzen Strohhüte
• beschreiben eigene unterschiedliche, individuelle existenzielle Sorgen:
  – Verlust von Eigentum bei Nichteinhaltung der Ratenzahlung
  – bieten sich als Arbeitskräfte an und werden nicht eingestellt
  – vorhandenes Werkzeug bleibt ungenutzt
	9	

untersucht auf **inhaltlicher** Ebene die **Gestaltung der Figuren der Schwarzen Strohhüte**: <u>Die Schwarzen Strohhüte</u> • verteilen Suppe, die wenig gehaltvoll ist und zudem nicht ausreicht, an die Arbeiter; diese Art der Sparsamkeit ist Ausdruck mangelnder finanzieller Mittel und Ausdruck eines lediglich äußerst begrenzten Hilfsangebots • trösten die Arbeiter mit religiöser Verkündigung, die sie aber nicht erreicht • erkennen ihre Hilflosigkeit • verlassen das Schlachthofgelände, als die Lage unüberschaubar wird (vgl. Z. 8)	9	
untersucht die **sprachliche und formale Gestaltung**, etwa: • Metaphorik: „Menschenmetzger“ (Z. 23) als abwertende Bezeichnung für das menschenverachtende Verhalten der Fleischkönige; „Schabekeller“ (Z. 22) als Hinweis auf die katastrophalen Arbeitsbedingungen in den Schlachthäusern, „himmlische Suppe“ (Z. 18 f.) als Trostwort, das seine Funktion verfehlt • Vergleiche: „Hände wie Schaufeln“ (Z. 34), „Nacken wie Rollwagen“ (Z. 35) als Zeichen von Kraft und körperlicher Deformierung durch harte Arbeit • Ironie, Sarkasmus: „das schmucke feuchte“ [Häuschen], (Z. 26); „gewohnte verpestete Luft“ (Z. 32) • Sprechen in Versen als Element der Verfremdung; dem klassisch-humanistischen Prinzip einer festen göttlichen, gesetzmäßigen Ordnung steht die reale Struktur des kapitalistischen Systems gegenüber; Kritik Brechts am humanistischen-idealistischen Menschenbild	9	

formuliert eine reflektierte Schlussfolgerung im Hinblick auf die Gestaltung der Figuren, etwa: • Johannas Wunsch, den Arbeitern zu helfen, basiert auf der Verkündigung christlicher Werte • Sie stellt fest, dass ihre Worte die Arbeiter nicht erreichen • Die existenzielle Not kann nicht durch religiöse Worte beseitigt werden	6	
erläutert den Stellenwert der Szene für den Handlungsverlauf des Stücks: Beginn ihres Erkenntnisprozesses; Wunsch, Grund und Ursache für die existenzielle Not der Arbeiter erforschen zu können	3	
erfüllt ein weiteres aufgabenbezogenes Kriterium (5).		
Summe 1. Teilaufgabe	51	

Teilaufgabe 2 **Die Schülerin/der Schüler**	maximale Punktzahl	erreichte Punkte
formuliert eine inhaltsbezogene Überleitung: Johannas Wunsch, die Ursachen der Armut zu erforschen nach der Schließung der Fabriken durch Mauler	3	
beschreibt Johannas Sicht auf die Arbeiter, etwa: • Enttäuschung über das Desinteresse der Arbeiter • indirekte Anklage an die Arbeiter und zugleich desillusionierende Feststellung: „Das ergebt sich nicht höher als/Bis zu einer Schüssel Rand." (V. 57 f.)	6	
erläutert Johannas Reaktionen auf das Verhalten der Arbeiter, etwa: • existenzielle Not und Hunger führen zur Abkehr der elenden Massen von religiösen Vertröstungen • Einsicht in die Notwendigkeit, nach den Ursachen des Elends zu forschen, ergibt sich aus der Tatsache, dass der Fleischkönig die Fabrik geschlossen hat • dreimaliger Gang in die Tiefe; Einsicht in die gesellschaftlichen Verhältnisse und Bemühen um deren Veränderung; Unterstützung der Arbeiter • der gute Wille allein bewirkt nichts • Scheitern und Tod Johannas	6	
verfasst eine reflektierte Schlussfolgerung, etwa im Hinblick auf das Verhältnis zwischen dem Ideal des humanistischen Menschenbildes und dem Menschenbild des Marxismus	6	
erfüllt ein weiteres aufgabenbezogenes Kriterium (5)		
Summe 2. Teilaufgabe	21	
Summe Inhaltsleistung	72	

2. Darstellungsleistung

Die Schülerin/der Schüler	maximale Punktzahl	erreichte
strukturiert ihren/seinen Text kohärent, schlüssig, stringent und gedanklich klar: • angemessene Gewichtung der Teilaufgaben in der Durchführung • gegliederte und angemessen gewichtete Anlage der Arbeit • schlüssige Verbindung der einzelnen Arbeitsschritte • schlüssige gedankliche Verknüpfung von Sätzen	6	

formuliert unter Beachtung der fachsprachlichen und fachmethodischen Anforderungen: • Trennung von Handlungs- und Metaebene • begründeter Bezug von beschreibenden, deutenden und wertenden Aussagen • Verwendung von Fachtermini in sinnvollem Zusammenhang • Beachtung der Tempora • korrekte Redewiedergabe (Modalität)	6	
belegt Aussagen durch angemessenes und korrektes Zitieren: • sinnvoller Gebrauch von vollständigen oder gekürzten Zitaten in begründender Funktion	3	
drückt sich allgemeinsprachlich präzise, stilistisch sicher und begrifflich differenziert aus: • sachlich-distanzierte Schreibweise • Schriftsprachlichkeit • begrifflich abstrakte Ausdrucksfähigkeit	5	
formuliert lexikalisch und syntaktisch sicher, variabel und komplex (und zugleich klar)	5	
schreibt sprachlich richtig	3	
Summe Darstellungsleistung	28	

Gravierende Verstöße gegen die sprachliche Richtigkeit und äußere Form führen zu Punktabzug um ...

einen Notenpunkt [ ] **zwei Notenpunkte [ ]**

Bewertung	maximale Punktzahl	erreichte Punktzahl
Summe insgesamt (Verstehens- und Darstellungsleistung):	100	

Note	Punkte	erreichte Punktezahl
sehr gut plus	15	100 – 95
sehr gut	14	94 – 90
sehr gut minus	13	89 – 85
gut plus	12	84 – 80
gut	11	79 – 75
gut minus	10	74 – 70
befriedigend plus	9	69 – 65
befriedigend	8	64 – 60
befriedigend minus	7	59 – 55
ausreichend plus	6	54 – 50
ausreichend	5	49 – 45
ausreichend minus	4	44 – 39
mangelhaft plus	3	38 – 33
mangelhaft	2	32 – 27
mangelhaft minus	1	26 – 20
ungenügend	0	19 – 0

Literaturverzeichnis

Primärliteratur:

Bertolt Brecht: Die heilige Johanna der Schlachthöfe. Suhrkamp Verlag, Berlin 2006
Ders.: Schriften zum Theater 2. Suhrkamp Verlag, Frankfurt/M. 1963
Ders.: Versuche 13 – 17; Heft 5 – 8. Aufbau Verlag, Berlin 1963
Friedrich Schiller: Die Jungfrau von Orleans. Hrsg. v. Johannes Diekhans. Schöningh Verlag, Paderborn 2012
Upton Sinclair: Der Dschungel. Hrsg. von Dieter Herms. Rowohlt Verlag, Hamburg 2000
Alexander Döblin: Berlin Alexanderplatz. Deutscher Taschenbuch Verlag, München 2008

Sekundärliteratur:

Bertolt Brecht: Die heilige Johanna der Schlachthöfe. Staatstheater Darmstadt 1988
Dyck, J. u. a.: Brechtdiskussion. Scriptor Verlag, GmbH Kronberg/Taunus 1974
Gerth, Klaus u. a.: Texte für die Sekundarstufe. Kommentare und methodische Inszenierungen. 6. Jahrgangsstufe 1973, S. 163f. Schroedel Verlag, Hannover
Heer, Hannes: Burgfrieden oder Klassenkampf. Zur Politik der sozialdemokratischen Gewerkschaften 1930 – 1933. Luchterhand Verlag Berlin 1971
Hinderer, Walter (Hrsg.): Brechts Dramen. Neue Interpretationen. Reclam Verlag, Stuttgart 1984
Ihering, Herbert: Bert Brecht hat das dichterische Antlitz Deutschlands verändert. Gesammelte Kritiken zum Theater Brechts. Hrsg. von Klaus Völker, Kindler Verlag, München 1980
Jendreiek, Helmut: Bertolt Brecht. Drama der Veränderung. Düsseldorf 1969
Grimm, Reinhold: Bertolt Brecht. Die Struktur seines Werkes. Erlanger Beiträge zur Sprach- und Kunstwissenschaft Bd. V, Nürnberg 1962
Knopf, Jan (Hrsg.): Brechts „Heilige Johanna der Schlachthöfe“. Materialien. Suhrkamp Verlag, Berlin 1968
Ders. (Hrsg.): Brecht Handbuch Band I. Stücke. Verlag, J.B. Metzler, Stuttgart 2001
Mayer, Hans: Bertolt Brecht und die Tradition. Verlag, Günther Neske. Pfullingen 1961
Ders.: Bertolt Brecht in der Geschichte. Suhrkamp Verlag, Frankfurt/Main 1971
Müller, Klaus-Detlef: Bertolt Brecht. Epoche – Werk – Wirkung. C.H. Beck, München 2009
Ders.: Die Funktion der Geschichte im Werk Bertolt Brechts. Studien zum Verhältnis von Marxismus und Ästhetik. Studien zur deutschen Literatur Bd. 7. Niemeyer Verlag, Tübingen 1972
Voigts, Manfred: Brechts Theaterkonzeptionen. Entstehung und Entwicklung bis 1931. Wilhelm Fink Verlag, München 1977
Wrede, Klaus M.: Produktivität und Distribution im Lichte der deutschen gewerkschaftlichen Lehrmeinungen der Weimarer Epoche (1918 – 1933). Volkswirtschaftliche Schriften, Heft 56. Berlin 1960
Wyss, Monika: Brecht in der Kritik. Rezensionen aller Brecht-Uraufführungen. Kindler Verlag, München 1977